企業納稅實務

主編◎肖 敏、馬 媛、肖 薇

目 錄

項目一 企業納稅工作流程認知 ………………………………… 1

任務一 稅收的基本知識 …………………………………………（1）
 一、稅收特徵 …………………………………………………（1）
 二、稅種分類 …………………………………………………（2）
 三、稅收制度構成要素 ………………………………………（3）
 四、中國現行稅種 ……………………………………………（6）

任務二 稅務登記 …………………………………………………（7）
 一、開業稅務登記的對象 ……………………………………（7）
 二、開業稅務登記的範圍和時限 ……………………………（8）
 三、開業稅務登記的主要內容 ………………………………（8）
 四、企業辦理開業稅務登記流程 ……………………………（9）
 五、稅務登記表的受理與審核 ………………………………（10）
 六、稅務登記證的核發 ………………………………………（10）
 七、變更稅務登記的適用範圍及時間要求 …………………（10）
 八、變更稅務登記的程序、方法 ……………………………（11）
 九、企業變更稅務登記流程 …………………………………（11）
 十、辦理地點 …………………………………………………（11）
 十一、所需資料 ………………………………………………（12）
 十二、停業登記 ………………………………………………（12）
 十三、復業登記 ………………………………………………（12）
 十四、註銷稅務登記的適用範圍及時間要求 ………………（12）
 十五、註銷稅務登記的程序、方法 …………………………（13）
 十六、註銷稅務登記流程 ……………………………………（13）
 十七、外出經營活動報驗登記辦理流程 ……………………（14）

1

十八、注意事項 ……………………………………………………… (14)
任務三　發票管理和填制 …………………………………………… (14)
　　一、發票的含義 ……………………………………………………… (14)
　　二、發票的種類及使用範圍 ………………………………………… (15)
　　三、發票領購的適用範圍 …………………………………………… (15)
　　四、發票領購手續 …………………………………………………… (16)
　　五、發票購買方式 …………………………………………………… (16)
　　六、領購發票流程和操作 …………………………………………… (16)
　　七、發票的開具要求 ………………………………………………… (18)
　　八、發票填開的操作要點 …………………………………………… (19)
任務四　稅收法律責任 ……………………………………………… (22)
　　一、稅收法律責任基本概念 ………………………………………… (22)
　　二、稅收法律責任的形式 …………………………………………… (22)
　　三、稅收法律責任的具體規定 ……………………………………… (24)

項目二　增值稅納稅實務　26

任務一　增值稅基本認知 …………………………………………… (26)
　　一、增值稅基本稅制要素 …………………………………………… (26)
　　二、增值稅徵收管理 ………………………………………………… (35)
任務二　增值稅應納稅額的計算 …………………………………… (37)
　　一、銷項稅額的計算 ………………………………………………… (37)
　　二、進項稅額的計算 ………………………………………………… (42)
　　三、小規模納稅人應納稅額的計算 ………………………………… (45)
　　四、進口業務增值稅應納稅額的計算 ……………………………… (46)
任務三　增值稅會計處理 …………………………………………… (47)
　　一、一般納稅人會計科目的設置 …………………………………… (47)
　　二、一般納稅人的會計核算 ………………………………………… (48)
　　三、小規模納稅人的會計核算 ……………………………………… (59)
任務四　增值稅出口退稅 …………………………………………… (60)
　　一、出口退稅的基本政策 …………………………………………… (60)
　　二、出口貨物退稅的適用範圍 ……………………………………… (60)
　　三、出口貨物的退稅率 ……………………………………………… (61)
　　四、出口退稅的範圍、申報 ………………………………………… (61)
　　五、出口退稅的應用舉例 …………………………………………… (63)

目　錄

任務五　增值稅納稅申報與繳納 ⋯⋯⋯⋯⋯⋯⋯⋯⋯⋯⋯⋯⋯⋯（65）
　　一、納稅義務發生時間 ⋯⋯⋯⋯⋯⋯⋯⋯⋯⋯⋯⋯⋯⋯⋯⋯⋯（65）
　　二、納稅期限 ⋯⋯⋯⋯⋯⋯⋯⋯⋯⋯⋯⋯⋯⋯⋯⋯⋯⋯⋯⋯⋯（66）
　　三、增值稅納稅申報操作流程 ⋯⋯⋯⋯⋯⋯⋯⋯⋯⋯⋯⋯⋯⋯（66）
　　四、納稅地點 ⋯⋯⋯⋯⋯⋯⋯⋯⋯⋯⋯⋯⋯⋯⋯⋯⋯⋯⋯⋯⋯（67）
　　五、增值稅專用發票的管理 ⋯⋯⋯⋯⋯⋯⋯⋯⋯⋯⋯⋯⋯⋯⋯（68）

項目三　消費稅納稅實務　73

任務一　消費稅基本認知 ⋯⋯⋯⋯⋯⋯⋯⋯⋯⋯⋯⋯⋯⋯⋯⋯⋯（73）
　　一、消費稅的概念、特點及作用 ⋯⋯⋯⋯⋯⋯⋯⋯⋯⋯⋯⋯⋯（73）
　　二、消費稅的徵稅對象 ⋯⋯⋯⋯⋯⋯⋯⋯⋯⋯⋯⋯⋯⋯⋯⋯⋯（75）
　　三、消費稅的徵稅範圍 ⋯⋯⋯⋯⋯⋯⋯⋯⋯⋯⋯⋯⋯⋯⋯⋯⋯（76）
　　四、消費稅的稅目及稅率 ⋯⋯⋯⋯⋯⋯⋯⋯⋯⋯⋯⋯⋯⋯⋯⋯（77）
任務二　消費稅應納稅額的計算 ⋯⋯⋯⋯⋯⋯⋯⋯⋯⋯⋯⋯⋯⋯（79）
　　一、從價定率計算公式 ⋯⋯⋯⋯⋯⋯⋯⋯⋯⋯⋯⋯⋯⋯⋯⋯⋯（80）
　　二、從價定率計算的分類 ⋯⋯⋯⋯⋯⋯⋯⋯⋯⋯⋯⋯⋯⋯⋯⋯（80）
　　三、從量定額計算方法 ⋯⋯⋯⋯⋯⋯⋯⋯⋯⋯⋯⋯⋯⋯⋯⋯⋯（86）
　　四、從價從量複合計稅計算方法 ⋯⋯⋯⋯⋯⋯⋯⋯⋯⋯⋯⋯⋯（87）
任務三　外購或委託加工應稅消費品的相關規定 ⋯⋯⋯⋯⋯⋯⋯（90）
　　一、扣除範圍的規定 ⋯⋯⋯⋯⋯⋯⋯⋯⋯⋯⋯⋯⋯⋯⋯⋯⋯⋯（90）
　　二、扣除金額計算方法 ⋯⋯⋯⋯⋯⋯⋯⋯⋯⋯⋯⋯⋯⋯⋯⋯⋯（90）
　　三、其他規定 ⋯⋯⋯⋯⋯⋯⋯⋯⋯⋯⋯⋯⋯⋯⋯⋯⋯⋯⋯⋯⋯（91）
任務四　消費稅的會計處理 ⋯⋯⋯⋯⋯⋯⋯⋯⋯⋯⋯⋯⋯⋯⋯⋯（92）
　　一、會計科目的設置 ⋯⋯⋯⋯⋯⋯⋯⋯⋯⋯⋯⋯⋯⋯⋯⋯⋯⋯（92）
　　二、一般銷售的核算 ⋯⋯⋯⋯⋯⋯⋯⋯⋯⋯⋯⋯⋯⋯⋯⋯⋯⋯（93）
　　三、視同銷售的會計處理 ⋯⋯⋯⋯⋯⋯⋯⋯⋯⋯⋯⋯⋯⋯⋯⋯（94）
　　四、包裝物應交消費稅的會計處理 ⋯⋯⋯⋯⋯⋯⋯⋯⋯⋯⋯⋯（98）
　　五、委託加工應稅消費品的會計處理 ⋯⋯⋯⋯⋯⋯⋯⋯⋯⋯（100）
　　六、進口應稅消費品的會計處理 ⋯⋯⋯⋯⋯⋯⋯⋯⋯⋯⋯⋯（102）
任務五　消費稅出口退稅 ⋯⋯⋯⋯⋯⋯⋯⋯⋯⋯⋯⋯⋯⋯⋯⋯（103）
　　一、出口退稅的含義 ⋯⋯⋯⋯⋯⋯⋯⋯⋯⋯⋯⋯⋯⋯⋯⋯⋯（103）
　　二、出口退稅率的規定 ⋯⋯⋯⋯⋯⋯⋯⋯⋯⋯⋯⋯⋯⋯⋯⋯（103）
　　三、出口應稅消費品退（免）稅政策 ⋯⋯⋯⋯⋯⋯⋯⋯⋯⋯（103）
　　四、消費稅出口退稅的計算 ⋯⋯⋯⋯⋯⋯⋯⋯⋯⋯⋯⋯⋯⋯（104）

五、消費稅出口退稅后的管理 ·· (105)
任務六　消費稅納稅申報與繳納 ·· (105)
　　一、納稅義務發生時間 ·· (105)
　　二、納稅期限 ··· (106)
　　三、納稅地點 ··· (106)
　　四、消費稅的納稅申報 ·· (107)

項目四　關稅納稅實務 ·· 109

任務一　關稅基本認知 ··· (109)
　　一、關稅基本稅制要素 ·· (109)
　　二、關稅徵收管理 ·· (111)
任務二　關稅應納稅額的計算 ·· (113)
　　一、關稅的計稅依據 ·· (113)
　　二、應納稅額的計算 ·· (115)
任務三　關稅的會計處理 ·· (117)
　　一、會計科目的設置 ·· (117)
　　二、自營進口關稅的會計處理 ·· (118)
　　三、代理進口關稅的會計處理 ·· (119)
任務四　關稅納稅申報與繳納 ·· (121)
　　一、關稅納稅期限與徵收 ·· (121)
　　二、關稅退還與保全 ·· (121)

項目五　企業所得稅納稅實務 ·· 123

任務一　企業所得稅基本認知 ·· (123)
　　一、企業所得稅的含義 ·· (123)
　　二、企業所得稅的特點 ·· (123)
　　三、企業所得稅的納稅義務人 ·· (124)
　　四、徵稅對象的確定 ·· (125)
　　五、所得來源地的確定 ·· (125)
　　六、企業所得稅的稅率及優惠政策 ······································ (126)
任務二　企業所得稅應納稅額的計算 ······································· (130)
　　一、企業應納稅所得額的確定 ·· (130)
　　二、應納稅所得額的計算方法 ·· (144)

三、資產的稅務處理 …………………………………………… (145)
　　四、源泉扣繳 …………………………………………………… (150)
　　五、應納稅額的計算 …………………………………………… (151)
　任務三　特別納稅調整 …………………………………………… (156)
　　一、特別納稅調整具體規定 …………………………………… (156)
　　二、關聯方 ……………………………………………………… (157)
　　三、關聯企業之間關聯業務的稅務處理 ……………………… (157)
　　四、特別納稅調整的內容 ……………………………………… (157)
　　五、調整方法 …………………………………………………… (157)
　任務四　企業所得稅的會計處理 ………………………………… (158)
　　一、企業所得稅計稅基礎與暫時性差異 ……………………… (158)
　　二、會計科目的設置 …………………………………………… (161)
　　三、遞延所得稅資產的確認和計量 …………………………… (162)
　　四、遞延所得稅負債的確認和計量 …………………………… (163)
　　五、所得稅費用的確認和計量 ………………………………… (164)
　　六、資產負債表債務法的應用 ………………………………… (165)
　　七、應付稅款法下的所得稅會計處理 ………………………… (166)
　任務五　企業所得稅納稅申報與繳納 …………………………… (167)
　　一、企業所得稅納稅地點 ……………………………………… (167)
　　二、企業所得稅納稅期限 ……………………………………… (167)
　　三、企業所得稅納稅申報 ……………………………………… (168)

項目六　個人所得稅納稅實務 …………………………… 169

　任務一　個人所得稅基本認知 …………………………………… (169)
　　一、個人所得稅的基本稅制要素 ……………………………… (169)
　　二、個人所得稅徵收管理 ……………………………………… (174)
　　三、個人所得稅的稅收優惠 …………………………………… (177)
　任務二　個人所得稅應納稅額的計算 …………………………… (180)
　　一、工資、薪金所得的應納稅額的計算 ……………………… (181)
　　二、個體工商戶的生產、經營所得應納稅額的計算 ………… (184)
　　三、企事業單位的承包、承租經營所得應納稅額的計算 …… (187)
　　四、勞務報酬所得應納稅額的計算 …………………………… (188)
　　五、稿酬所得應納稅額的計算 ………………………………… (189)
　　六、特許權使用費所得應納稅額的計算 ……………………… (190)

企業納稅實務

　　七、利息、股息、紅利所得應納稅額的計算 ················ (190)
　　八、財產租賃所得的應納稅額的計算 ···················· (191)
　　九、財產轉讓所得應納稅額的計算 ······················ (191)
　　十、偶然所得應納稅額的計算 ·························· (192)
任務三　個人所得稅的會計處理 ···························· (192)
　　一、個體工商戶生產、經營所得個人所得稅的會計核算 ······ (192)
　　二、代扣代繳個人所得稅的會計核算 ···················· (193)
任務四　個人所得稅納稅申報與繳納 ························ (194)
　　一、納稅人自行申報納稅 ····························· (194)
　　二、納稅申報地點、期限和管理 ························ (198)

項目七　其他地方性稅種納稅實務　　201

任務一　城市維護建設稅和教育費附加納稅實務 ················ (201)
　　一、城市維護建設稅的概念和特點 ······················ (201)
　　二、納稅義務人 ···································· (202)
　　三、稅率 ··· (202)
　　四、納稅地點 ····································· (202)
　　五、納稅期限 ····································· (203)
　　六、減稅、免稅 ···································· (203)
　　七、應納稅額的計算 ································ (204)
　　八、教育費附加的基本認知 ··························· (204)
　　九、城市維護建設稅和教育費附加的會計處理 ·············· (205)
任務二　房產稅納稅實務 ································· (206)
　　一、房產稅的概念 ·································· (206)
　　二、納稅義務人及徵稅對象 ··························· (207)
　　三、徵稅範圍 ····································· (207)
　　四、稅率 ··· (208)
　　五、房產稅應納稅額的計算 ··························· (208)
　　六、房產稅的會計處理 ······························ (210)
任務三　印花稅納稅實務 ································· (211)
　　一、印花稅基本認知 ································ (211)
　　二、計稅依據 ····································· (214)
　　三、計稅方法 ····································· (215)
　　四、稅收優惠 ····································· (216)

目　錄

　　五、印花稅的會計處理 …………………………………………（216）
　　六、印花稅的徵收管理 …………………………………………（217）
任務四　車船稅納稅實務 ……………………………………………（218）
　　一、車船稅基本認知 ……………………………………………（218）
　　二、車船稅應納稅額的計算 ……………………………………（220）
　　三、車船稅的會計處理 …………………………………………（222）
　　四、車船稅納稅申報與繳納 ……………………………………（222）
任務五　土地增值稅納稅實務 ………………………………………（223）
　　一、土地增值稅的概念 …………………………………………（223）
　　二、納稅義務人 …………………………………………………（223）
　　三、徵稅範圍 ……………………………………………………（224）
　　四、稅率 …………………………………………………………（225）
　　五、土地增值稅應納稅額的計算 ………………………………（225）
　　六、土地增值稅會計處理 ………………………………………（228）
　　七、土地增值稅的徵收管理 ……………………………………（230）
任務六　契稅納稅實務 ………………………………………………（231）
　　一、契稅基本認知 ………………………………………………（231）
　　二、契稅應納稅額的計算 ………………………………………（232）
　　三、契稅的會計處理 ……………………………………………（234）
　　四、契稅的徵收管理 ……………………………………………（234）
任務七　城鎮土地使用稅納稅實務 …………………………………（235）
　　一、城鎮土地使用稅基本認知 …………………………………（235）
　　二、城鎮土地使用稅應納稅額的計算 …………………………（236）
　　三、城鎮土地使用稅會計處理 …………………………………（237）
　　四、稅收優惠與徵收管理 ………………………………………（237）
任務八　資源稅納稅實務 ……………………………………………（239）
　　一、資源稅基本認知 ……………………………………………（239）
　　二、資源稅應納稅額的計算 ……………………………………（241）
　　三、資源稅的會計處理 …………………………………………（243）
　　四、稅收優惠與徵收管理 ………………………………………（244）

參考文獻　……………………………………………………………　246

項目一　企業納稅工作流程認知

1. 能夠依法為企業辦理開業、變更、停復業及註銷稅務登記。
2. 能夠依法為企業領購發票。
3. 能夠依法為企業申報納稅。
4. 能夠依法為企業繳納稅款。

任務一　稅收的基本知識

一、稅收特徵

稅收是政府為了滿足社會公共需要，憑藉政治權力，強制、無償地取得參與社會剩餘產品的分配，取得財政收入的一種形式。

1. 強制性

強制性是指國家以社會管理者身分、用法律形式，對徵、納雙方權利與義務的制約，是稅收的保障。國家徵稅是憑藉政治權力，而不是憑藉財產所有權。納稅人必須依法納稅，否則會受到法律制裁。

2. 無償性

無償性是指國家對納稅人徵稅既不需要直接償還，也不付出任何直接形式的報酬。它是稅收的核心。就納稅人個體來說，稅收具有無償性；但是就納稅人整體來說，稅收其實是有償性的，因為這些稅收收入都用於提供公共產品，服務社會，服務於納稅人整體。

3. 固定性

固定性是指國家徵稅必須通過法律形式，事先規定徵稅對象、稅率、納稅期限等徵稅標準，並保持相對的連續性和穩定性，是對強制性和無償性的規範和約束。但是固定性不意味著徵稅標準的一成不變，因此固定性只是在一定時間內保持相對的固定。

稅收的三大特徵是相互聯繫的統一體，缺一不可。稅收「三性」是區別稅與非稅的根本標誌。

二、稅種分類

1. 按照徵稅對象分類

按照徵稅對象可以將稅收分為以下幾類：

（1）流轉稅。流轉稅是以商品或勞務的流轉額為徵稅對象的稅種。商品流轉額是指商品買賣過程中發生的交易額。勞務流轉額是提供或接受勞務過程中發生的交易額。主要有增值稅、消費稅和關稅等。

（2）所得稅。所得稅是以納稅人一定期間的所得額為徵稅對象的稅種。中國的所得稅主要有企業所得稅和個人所得稅兩類。

（3）資源稅。資源稅是以對開發、佔有自然資源獲取的收入為徵稅對象的稅種。中國的資源稅主要有礦產資源稅、城鎮土地使用稅等。

（4）財產稅。財產稅是以納稅人擁有或支配的財產為徵稅對象的稅種。中國的財產稅有房產稅、車船稅等。

（5）行為稅。行為稅是以納稅人的特定行為為徵稅對象的稅種。中國的行為稅主要有印花稅、車輛購置稅、契稅等。

2. 按照稅收的徵收管理權和收入支配權分類

稅收按照徵收管理權和收入支配權可以分為中央稅、地方稅和中央地方共享稅。

（1）中央稅。中央稅是指稅收管理權歸中央，相應的收入歸中央。消費稅、車輛

購置稅是典型的中央稅。

(2) 地方稅。地方稅是指稅收管理權歸地方，相應的收入歸地方。房產稅、車船稅、印花稅等屬於地方稅。

(3) 中央地方共享稅。中央地方共享稅是稅收管理權主要在中央，收入在中央和地方之間按比例分成。增值稅、企業所得稅（2002年以后）、個人所得稅（2002年以后）等都屬共享稅。

3. 按照稅收和價格的組成關係分類

稅收按照和價格的關係分為價外稅和價內稅。

(1) 價外稅。價外稅是稅款不包含在計稅依據中，計稅依據由成本和利潤組成。增值稅是價外稅。

(2) 價內稅。價內稅是稅款包含在計稅依據中，計稅依據由成本、利潤和稅金組成。中國目前大多數稅種都是價內稅。

4. 按照計稅標準分類

稅收按照計稅標準分類可分為從價稅和從量稅。

(1) 從價稅。從價稅是指計稅依據為徵稅對象的價格或金額，按一定比例徵收的稅種。稅率形式為比例稅率或累進稅率。增值稅、企業所得稅、個人所得稅、車輛購置稅等都是從價稅。

(2) 從量稅。從量稅是指計稅依據為徵稅對象的數量單位（如重量、容積、面積等），按固定稅額徵收的稅種。資源稅、車船稅、城鎮土地稅等都是從量稅。

5. 按照稅收負擔是否易於轉嫁分類

(1) 直接稅。直接稅是指稅收負擔不發生轉嫁的稅種。納稅人就是負稅人。所得稅、財產稅等是直接稅。

(2) 間接稅。間接稅是指稅收負擔隨著商品流通轉嫁給他人的稅種。所有流轉稅都是間接稅。

三、稅收制度構成要素

1. 納稅人

納稅人（taxpayer）是指稅法規定的直接負有納稅義務的單位和個人，也稱「納稅主體」。它解決了對誰徵稅的問題，是稅法的基本要素之一。納稅人既可以是自然人，

也可以是法人。

負稅人是實際負擔稅款的單位和個人，是稅收負擔的最終承擔者。納稅人和負稅人有時一致，有時不一致。當稅負可以轉嫁時，納稅人和負稅人不一致；當稅負不能轉嫁時，納稅人和負稅人一致。

扣繳義務人既不是納稅主體，也非實際負擔稅款的負稅人，而是法律、行政法規規定負有扣繳稅款義務的單位和個人。代扣代繳義務人是有義務從依法持有的納稅人收入中扣除應納稅款並代為繳納的單位和個人。代收代繳義務人是有義務在納稅人的經濟往來中收取納稅人的應納稅款並代為繳納的單位和個人。

2. 徵稅對象

徵稅對象（object of taxation）又稱「課稅對象」「徵稅客體」，規定了對什麼徵稅，是區別一種稅與另一種稅的重要標誌，決定了各個不同稅種的名稱。

徵稅對象數量的表現形式是計稅依據，又稱為「稅基」，是對徵稅對象量的規定。它解決了對徵稅對象徵稅的計算問題，是計算應納稅額的數量依據。增值稅的徵稅對象是增值額，計稅依據是銷售額；企業所得稅的徵稅對象是企業的所得額，計稅依據是應納稅所得額。

3. 稅目

稅目（item of tax）是徵稅對象的具體化，反映具體的徵稅範圍，代表了徵稅的廣度，是對徵稅對象質的界定。不是所有稅種都需要規定稅目，有些稅種徵稅對象複雜，需要設置稅目；有些稅種徵稅對象簡單，無需設置稅目，企業所得稅沒有設置稅目。

4. 稅率

稅率（tax rate）是應納稅額與徵稅對象數量（計稅依據）之間的比率，是計算應納稅額的尺度，代表徵稅的深度，同時也是衡量稅收負擔的重要標誌。現行稅率有如下三種（見表1-1）：

（1）比例稅率。比例稅率是對同一徵稅對象，不分稅額大小採用相同的徵收比例。增值稅、企業所得稅等都是採用比例稅率。

（2）定額稅率。定額稅率是對徵稅對象的計算單位直接規定一個固定的稅額，它不隨徵稅對象數量的變化而變化。資源稅、車船稅等採用定額稅率。

（3）累進稅率。累進稅率是將徵稅對象數量劃分成若干個等級，從低到高規定相應的稅率，數額越大稅率越高。目前中國採用的累進稅率有超額累進稅率和超率累進稅率。

超額累進稅率是將徵稅對象按數額大小劃分為若干個等級，分別規定與等級相對應的稅率，以徵稅對象數額超過前一級的部分為基礎計算應納稅額的稅率形式。個人所得稅是典型的超額累進稅率。

超率累進稅率是以徵稅對象的相對比率（銷售利潤率、增值率等）為累進依據，

項目一 企業納稅工作流程認知

按超率累進方式計算應納稅額的稅率形式。這種稅率的關鍵就是確定徵稅對象的相對比率。土地增值稅目前採用超率累進稅率。

三種稅率的比較見表 1-1：

表 1-1 三種稅率比較

項目	比例稅率	定額稅率	累進稅率
特點	稅率不隨徵稅對象數額的變動而變動	稅率不受徵稅對象價值量的影響	
優點	計算簡便，同一徵稅對象的不同納稅人稅收負擔相同	計算簡便	體現了量能負擔原則
缺點	沒有體現量能負擔原則	不利於財政收入增加	計算複雜
主要形式	產品比例稅率、行業比例稅率、地區差別比例稅率、幅度比例稅率等。	地區差別定額稅率、分類分項定額稅率	全額累進稅率、超額累進稅率、全率累進稅率和超率累進稅率
操作方法	徵稅對象數額×比例稅率	徵稅對象數量×定額稅率	徵稅對象數額×全額累進稅率−速算扣除數

5. 納稅期限

納稅期限（term of tax）是按照稅法規定發生納稅義務后繳納稅款的時間限定。具體包括以下三個方面：一是納稅義務發生的時間。二是納稅期限。納稅期限是稅法規定的納稅義務發生后向稅務機關申報納稅的期限。中國現行納稅期限有按期納稅、按次納稅兩種。三是繳款期限。繳款期限是稅法規定的納稅期滿后將稅款繳入國庫的時間。

6. 納稅環節

納稅環節（taxable level）是指稅法規定的在流轉過程中的徵稅對象繳納稅款的環節。按照稅種徵稅環節的多少，將稅種劃分為「一次課徵制」和「多次課徵制」，增值稅屬於「多次課徵制」稅種，消費稅屬於「一次課徵制」稅種。合理選擇納稅環節可以起到保護稅源，保證財政收入的目的。

7. 納稅地點

納稅地點（place of tax payment）是按照稅法規定向稅務機關申報納稅的具體地點。不同稅種納稅地點不一定相同。中國稅法規定的納稅地點主要有機構所在地、勞務提供地、財產資源所在地及報關地等。

8. 稅收減免

稅收減免（tax relief）是按照稅法規定對某些納稅人給予的鼓勵或照顧措施。減稅是減徵納稅人部分應納稅款；免稅是免徵納稅人全部應納稅款。稅收減免包括法定減

5

免、臨時減免、特定減免等。

稅收減免的形式主要有：

（1）稅基式減免。稅基式減免是直接減少計稅依據的減免方式。起徵點、免徵額都屬於此種方式。它的適用範圍最廣泛。

（2）稅率式減免。稅率式減免是直接降低稅率的減免方式。它在流轉稅中運用最多。

（3）稅額式減免。稅額式減免是直接減少應納稅額的減免方式，具體包括全部免徵、減半徵收等。它的適用範圍最窄，僅在特殊情況下使用。

9. 違章處理

違章處理（tax citation processing）是對納稅人違反稅法行為採取的懲罰措施。具體措施有加收滯納金、罰款、強制執行等。

四、中國現行稅種

中國現行稅種有 19 種，具體如表 1-2 所示：

表 1-2　中國現行稅種的稅收管理權及徵管機構

序號	稅種	管理權限	徵管機構	備註
1	增值稅	中央地方共享稅	國稅	含海關代徵增值稅
2	消費稅	中央稅	國稅	含海關代徵消費稅
3	關稅	中央稅	海關代徵	
4	企業所得稅	中央地方共享稅。鐵道部、各銀行總行及海洋石油企業繳納的部分歸中央，其餘部分中央和地方政府按 60% 和 40% 的比例分配	鐵道部門、各銀行總行及海洋石油企業繳納的部分歸國稅，其餘部分歸地稅	2002 年開始
5	個人所得稅	中央地方共享稅。中央和地方政府按 60% 和 40% 的比例分配	地稅	2002 年開始
6	資源稅	海洋石油企業繳納的部分歸中央，其餘部分的比例分成同企業所得稅相同	海洋石油企業的資源稅由國家稅務局負責徵收管理，其他資源稅由地方稅務局負責徵收	
7	土地增值稅	地方稅	地稅	
8	城鎮土地使用稅	地方稅	地稅	

項目一　企業納稅工作流程認知

表 1-2（續）

序號	稅種	管理權限	徵管機構	備註
9	耕地占用稅	地方稅	地稅	
10	房產稅	地方稅	地稅	
11	車船稅	地方稅	地稅	
12	契稅	地方稅	地稅	
13	印花稅	除證券交易印花稅外屬地方稅	地稅	
14	車輛購置稅	中央稅	國稅	2001 年開徵，2006 年改為中央稅
15	城市維護建設稅	鐵道部、各銀行總行、各保險總公司集中繳納的部分歸中央，其他歸地方	地稅	
16	菸葉稅	地方稅	地稅	
17	筵席稅	地稅	地方政府決定是否開徵	
18	固定資產投資方向調節稅			2000 年停徵

任務二　稅務登記

　　稅務登記是整個稅收徵收管理的首要環節，是稅務機關對納稅人的基本情況及生產經營項目進行登記管理的一項基本制度，也是納稅人已經納入稅務機關監督管理的一項證明。根據法律、法規規定，具有應稅收入、應稅財產或應稅行為的各類納稅人，都應依照有關規定辦理稅務登記。本涉稅事項適用於單位納稅人、個人獨資企業、一人有限公司辦理稅務登記。稅務登記分為設立稅務登記、變更稅務登記、停業（復業）登記和註銷稅務登記。根據《中華人民共和國稅收徵管法》（下稱《稅收徵管法》）和國家稅務總局印發的《稅務登記管理辦法》的規定，中國稅務登記制度包括以下內容：

一、開業稅務登記的對象

　　開業稅務登記是指納稅人在新成立時，或者在外地設立分支機構和從事生產、經

營的場所時，應向稅務機關申請辦理的納稅登記。

根據有關規定，開業稅務登記的納稅人分為以下兩類：

1. 領取營業執照從事生產、經營的納稅人

①企業，即從事生產經營的單位或組織，包括國有、集體、私營企業、中外合資合作企業、外商獨資企業，以及各種聯營、聯合、股份制企業等。

②企業在外地設立的分支機構和從事生產、經營的場所。

③個體工商戶。

④從事生產、經營的事業單位。

2. 其他納稅人

根據有關法規的規定，不從事生產、經營，但依照法律、法規的規定負有納稅義務的單位和個人，除臨時取得應稅收入或發生應稅行為，以及只繳納個人所得稅、車船稅的外，都應按規定向稅務機關辦理稅務登記。

二、開業稅務登記的範圍和時限

①從事生產、經營的納稅人，應當自領取營業執照之日起 30 日內，向生產、經營地或者納稅義務發生地的主管稅務機關辦理稅務登記，如實填寫稅務登記表，並按照稅務機關的要求提供有關證件、資料。

②除上述以外的其他納稅人及國家機關和個人，應當自納稅義務發生之日起 30 日內，持有關證件向所在地主管稅務機關申報辦理稅務登記。

稅務登記的範圍和時限如表 1-3 所示：

表 1-3　稅務登記的範圍和時限

開業稅務登記範圍	時限要求（先工商，后稅務）
從事生產經營的納稅人——企業，企業在外地設立的分支機構和從事生產經營的場所，個體工商戶，從事生產、經營的事業單位	自領取營業執照之日起 30 日內
非從事生產經營的納稅人，除臨時取得應稅收入或發生應稅行為及只繳納個人所得稅、車船稅的以外	應當自有關部門批准之日起 30 日內，或者自依法成為法定納稅義務人之日起 30 日內

三、開業稅務登記的主要內容

①單位名稱、法定代表人或業主姓名及居民身分證、護照，或者其他證明身分的合法證件。

②住所、經營地點。

③登記註冊類型及所屬主管單位。
④核算方式。
⑤行業、經營範圍、經營方式。
⑥註冊資金（資本）、投資總額、開戶銀行及帳號。
⑦經營期限、從業人數、開戶銀行及帳號。
⑧財務負責人、辦稅人員。
⑨其他有關事項。

四、企業辦理開業稅務登記流程

1. 流程

企業辦理開業稅務登記流程如圖1-1所示：

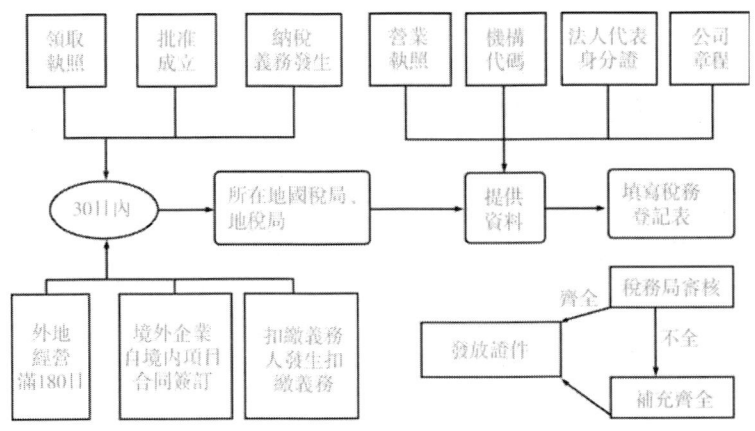

圖1-1 企業辦理開業稅務登記流程

2. 納稅人辦理稅務登記時應提供的證件、資料

①營業執照或其他核準執業證件及工商登記表，或者其他核準執業登記表複印件。
②有關機關、部門批准設立的文件。
③有關合同、章程、協議書。
④法定代表人和董事會成員名單。
⑤法定代表人（負責人）或業主居民身分證、護照，或者其他證明身分的合法證件。
⑥組織機構統一代碼證書。
⑦住所或經營場所證明。
⑧委託代理協議書複印件。
⑨屬於享受稅收優惠政策的企業，還應包括需要提供的相應證明、資料，稅務機

關需要的其他資料、證件。

五、稅務登記表的受理與審核

1. 受理

稅務機關對申請辦理稅務登記的單位和個人提供的申請稅務登記報告書，以及要求報送的各種附列資料、證件進行查驗，對手續完備、符合要求的，方可受理登記，並根據其經濟類型發給相應的稅務登記表。

2. 審核

稅務機關對納稅人填報的稅務登記表、提供的證件和資料，應當在收到之日起30日內審核完畢，對符合規定的，予以登記；對不符合規定的，不予登記，並應在30日內予以答覆。

六、稅務登記證的核發

稅務機關對納稅人填報的稅務登記表及附送資料、證件審核無誤的，應在30日內發給稅務登記證件。其具體規定如下：

①對從事生產、經營並經工商行政管理部門核發營業執照的納稅人，核發稅務登記證及其副本。

②對未取得營業執照或工商登記核發臨時營業執照從事生產、經營的納稅人，暫核發稅務登記證及其副本，並在正、副本右上角加蓋「臨時」章。

③對納稅人非獨立核算的分支機構及非從事生產、經營的納稅人（除臨時取得應稅收入或發生應稅行為，以及只繳納個人所得稅、車船稅的外），核發註冊稅務登記證及其副本。

④對外商投資企業、外國企業及外商投資企業分支機構，分別核發外商投資企業稅務登記證及其副本、外國企業稅務登記證及其副本、外商投資企業分支機構稅務註冊證及其副本。

對既沒有稅收納稅義務又無須領用收費（經營）票據的社會團體，可以只登記不發證。

七、變更稅務登記的適用範圍及時間要求

1. 適用範圍

納稅人辦理稅務登記后，如果發生這些情形之一，則應當辦理變更稅務登記：改變名稱、改變法定代表人、改變經濟性質或經濟類型、改變住所和經營地點（不涉及主管稅務機關變動的）、改變生產經營或經營方式、增減註冊資金（資本）、改變隸屬關係、改變生產經營期限、改變或增減銀行帳號、改變生產經營權屬，以及改變其他

稅務登記內容。

2. 時間要求

納稅人稅務登記內容發生變化，應當自工商行政管理機關或其他機關辦理變更登記之日起30日內，持有關證件向原稅務登記機關申報辦理變更稅務登記。

納稅人稅務登記內容發生變化，不需要到工商行政管理機關或其他機關辦理變更登記的，應當自發生變化之日起30日內，持有關證件向原稅務登記機關申報辦理變更稅務登記。

八、變更稅務登記的程序、方法

①申請。納稅人申請辦理變更稅務登記時，應向主管稅務機關領取稅務登記變更表，如實填寫變更登記事項、變更登記前後的具體內容。

②提供相關證件、資料。

③填寫稅務登記變更表的內容。此表主要包括納稅人名稱、變更項目、變更前內容、變更后內容、上交的證件情況。

④受理。稅務機關對納稅人填報的表格及提交的附列資料、證件要進行認真審閱，在符合要求及資料證件提交齊全的情況下，予以受理。

⑤審核。主管稅務機關對納稅人報送的已填、登記完畢的變更表及相關資料，進行分類審核。

⑥發證。對需變更稅務登記證內容的，主管稅務機關應收回原稅務登記證（正、副本），按變更后的內容，重新制發稅務登記證（正、副本）。

九、企業變更稅務登記流程

企業變更稅務登記流程如圖1-2所示：

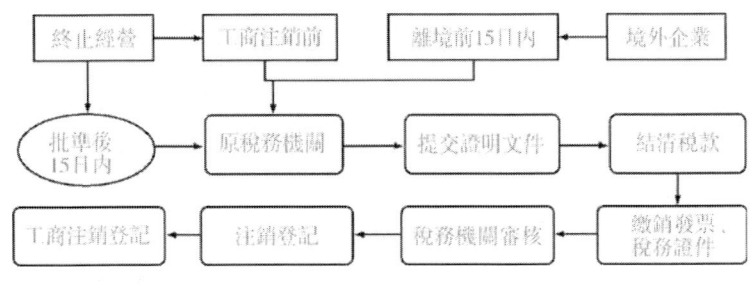

圖1-2　企業變更稅務登記流程

十、辦理地點

市區納稅人在所屬城區稅務局辦稅服務廳及當地政務服務中心國稅局、地稅局窗口辦理，各縣納稅人在其縣辦稅服務廳辦理。

十一、所需資料

①經所屬城區稅務局管理所、業務科簽章的稅務登記變更表。
②變更后的工商營業執照副本原件及其複印件。
③變更后的組織機構代碼證原件及其複印件。
④變更后的法人（或負責人）身分證複印件。
⑤變更后的房產證或租賃合同複印件。
⑥原稅務登記證正、副本原件。
⑦變更的其他相關證明文件。

十二、停業登記

實行定期定額徵收方式的納稅人，在營業執照核準的經營期限內需要停業的，應當向稅務機關提出停業登記，說明停業的理由、時間，停業前的納稅情況和發票的領、用、存情況，並如實填寫申請停業登記表。稅務機關經過審核（必要時可實地審查），應當責成申請停業的納稅人結清稅款並收回稅務登記證件、發票領購簿和發票，辦理停業登記。納稅人停業期間發生納稅義務，應當及時向主管稅務機關申報，依法補繳應納稅款。

十三、復業登記

納稅人應當於恢復生產、經營之前，向稅務機關提出復業登記申請，經確認后，辦理復業登記，領回或啟用稅務登記證件、發票領購簿及領購的發票，納入正常管理。

納稅人停業期滿不能及時恢復生產、經營的，應當在停業期滿前向稅務機關提出延長停業登記。納稅人停業期滿未按期復業又不申請延長停業的，稅務機關應當視為已恢復營業，實施正常的稅收徵收管理。

十四、註銷稅務登記的適用範圍及時間要求

1. 適用範圍

註銷稅務登記的適用範圍包括：納稅人因經營期滿而自動解散；企業因改組、分立、合併等原因而被撤銷；企業因資不抵債而破產；納稅人因住所、經營地址遷移而涉及改變原主管稅務機關；納稅人被工商行政管理部門吊銷營業執照；納稅人依法終止履行納稅義務的其他情況。

2. 時間要求

納稅人發生解散、破產、撤銷及其他情況，依法終止納稅義務的，應當在向工商

項目一　企業納稅工作流程認知

行政管理機關辦理註銷登記前，持有關證件向原稅務登記管理機關申報辦理註銷稅務登記。按照規定不需要在工商管理機關辦理註銷登記的，應當自有關機關批准或宣告終止之日起 15 日內，持有關證件向原稅務登記管理機關申報辦理註銷稅務登記。

納稅人因住所、生產、經營場所變動而涉及改變主管稅務登記機關的，應當在向工商行政管理機關申請辦理變更或註銷登記前，或者在住所、生產、經營場所變動前，向原稅務登記機關申報辦理註銷稅務登記，並在 30 日內向遷達地主管稅務登記機關申報辦理稅務登記。

納稅人被工商行政管理機關吊銷營業執照的，應當自營業執照被吊銷之日起 15 日內，向原稅務登記機關申報辦理註銷稅務登記。

十五、註銷稅務登記的程序、方法

①納稅人辦理註銷稅務登記時，應向原稅務登記機關領取註銷稅務登記申請審批表，如實填寫註銷登記事項內容及原因。

②提供有關證件、資料。納稅人如實填寫註銷稅務登記申請審批表，連同下列資料、證件報送稅務機關。

・註銷稅務登記申請書。
・主管部門批文或董事會、職代會的決議及其他有關證明文件。
・營業執照被吊銷的，應提交工商行政管理機關發放的註銷決定。
・主管稅務機關原發放的稅務登記證件（稅務登記證正、副本及登記表等）。
・其他有關資料。

③填寫註銷稅務登記表。

④稅務機關受理、核實。

十六、註銷稅務登記流程

註銷稅務登記流程如圖 1-3 所示：

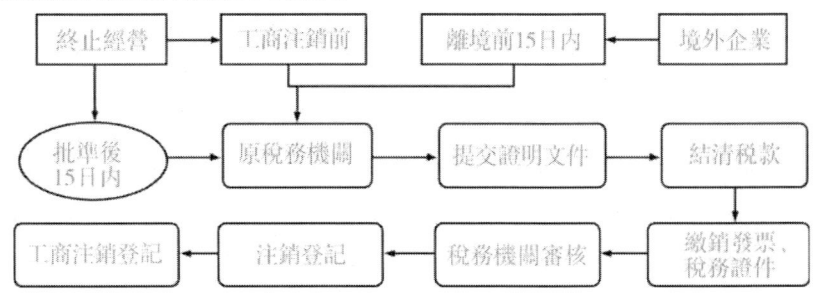

圖 1-3　註銷稅務登記流程

十七、外出經營活動報驗登記辦理流程

外出經營活動報驗登記辦理流程如圖1-4所示：

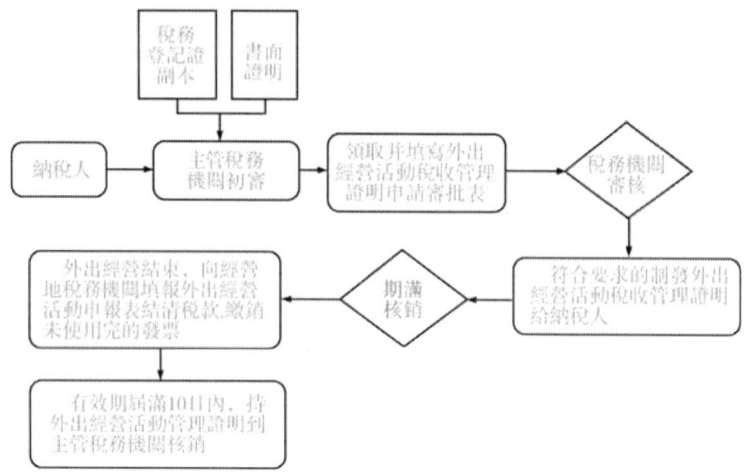

圖1-4 外出經營活動報驗登記辦理流程

十八、注意事項

①稅務機關按照一地一證的原則核發外出經營活動稅收管理證明。外出經營活動稅收管理證明的有效期限一般為30日，最長不得超過180日。

②納稅人外出經營活動結束，應當向經營地稅務機關填報外出經營活動情況申報表，並結清稅款，繳銷發票。

③納稅人應當在外管證有效期期滿后10日內，持外出經營活動稅收管理證明回原稅務登記地稅務機關辦理外出經營活動稅收管理證明繳銷手續。

任務三　發票管理和填制

一、發票的含義

發票是指在購銷商品、提供或接受服務，以及從事其他經營活動中，開具、收取

項目一　企業納稅工作流程認知

的收付款憑證。發票是財務收支的法定憑證，也是會計核算的原始憑證，還是稅務檢查的重要依據。

二、發票的種類及使用範圍

1. 增值稅專用發票及使用範圍

增值稅專用發票是增值稅一般納稅人銷售貨物或提供應稅勞務開具的發票，是購買方支付增值稅稅額並可按照增值稅有關規定據以抵扣增值稅進項稅額的憑證。增值稅專用發票只限於增值稅一般納稅人領購使用，增值稅小規模納稅人和非增值稅納稅人不得領購使用。如果小規模納稅人需要開具增值稅專用發票，可向其主管稅務機關申請代開。

2. 普通發票

普通發票是增值稅納稅人從事經營活動提供給對方的收、付款的書面證明。

普通發票主要由增值稅小規模納稅人使用，增值稅一般納稅人在不能開具增值稅專用發票的情況下也可使用普通發票。2011年起全國統一使用通用普通發票。

3. 專業發票

專業發票是指國有金融、保險企業的存貸、匯兌、轉帳憑證，保險憑證，國有郵政、電信企業的郵票、郵單、話務、電報收據，國有鐵路、民用航空企業和交通部門，國有公路、水上運輸企業的客票、貨票，等等。

經國家稅務總局或省、市、自治區稅務機關批准，專業發票可由政府主管部門自行管理，不套印稅務機關的統一發票監制章，也可根據稅收徵管的需要納入統一發票管理。

三、發票領購的適用範圍

領購發票必須具備一定的條件，並不是所有單位和個人都可以領購發票，它具有特定的對象和範圍。領購發票的對象主要有以下三類：

①依法辦理稅務登記的單位和個人，屬於法定的發票領購對象，在領取稅務登記證后可以申請領購發票。如果辦理變更或註銷稅務登記，則應同時辦理發票和發票領購簿的變更或繳銷手續。

②依法不需要辦理稅務登記的單位和個人，發生臨時經營業務需要使用發票的，可以憑單位介紹信和其他有效證件，到稅務機關代開發票。

③臨時到本省、自治區、直轄市以外區域從事經營活動的單位和個人，憑所在地稅務機關開具的外管證，在辦理納稅擔保的前提下，可向經營地稅務機關申請領購經營地的發票。

企業納稅實務

四、發票領購手續

納稅人辦理稅務登記後,即具有了領購普通發票的資格,無須辦理行政審批事項。納稅人可根據經營需要向主管稅務機關提出領購普通發票申請。主管稅務機關接到申請後,應根據納稅人生產經營等情況,確認納稅人使用發票的種類、聯次、版面金額及購票數量。確認期限為5個工作日,確認完畢後通知納稅人辦理領購發票事宜。需要臨時使用發票的單位和個人,可以直接向稅務機關申請辦理發票的開具。

五、發票購買方式

1. 批量供應

稅務機關根據用票單位業務量對發票需求量的大小,確定一定時期內的合理領購數量。

2. 交舊購新

用票單位交回舊的(即已填用過的)發票存根聯,經主管稅務機關審核後留存,才允許購領新的發票。主管稅務機關對舊發票存根聯進行審核,主要看是否按順序號完整保存,作廢發票是否全份繳銷,填開的內容是否真實、完整、規範等。

3. 驗舊購新

這種方式與交舊購新方式基本相同,主要區別是稅務機關審核舊發票存根聯以後,交由用票單位自己保管存根聯。

交舊購新和驗舊購新這兩種方式主要是針對財務制度不健全、經營流動性較大、較易發生短期經營行為、納稅意識不強的單位和個體工商戶實行的。主管稅務機關可以通過對舊票存根的審核,核查其發票使用的正確性和合法性,檢查其應繳稅款有無及時足額繳納。同時,可以通過對個體工商戶已使用發票的審查,掌握其納稅定額是否合理,為核定下期的應納稅定額提供參考依據。因此,採用這兩種方式,對於及時檢查、監督發票的使用情況和確保稅收收入的及時繳納都具有重要的意義。

六、領購發票流程和操作

1. 發票領購流程(見圖1-5)

項目一　企業納稅工作流程認知

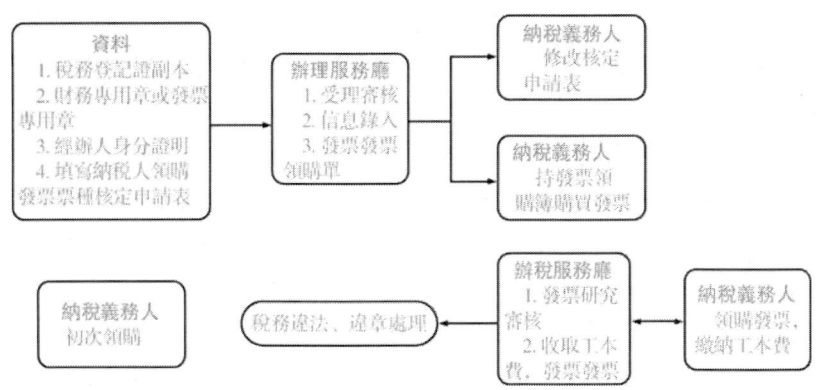

圖 1-5　發票領購流程

2. 發票領購業務操作

如果是初次領用，必須提出辦理發票準購證及購買發票的書面申請，並提交以下證件及資料：經辦人身分證、私章，稅務登記證副本，工商營業執照副本和財務專用章或發票專用章。稅務機關初審合格後，發給領購發票申請審批表（見表1-4）。申領人應認真填寫，並蓋好有關印章。

表 1-4　領購發票申請審批表

計算機代碼		行業	
納稅人名稱		法定代表人	
聯繫電話		發票管理人	
經營範圍			
納稅人申請	發票名稱	單位	計劃月用量
	申請理由： 　　　　　　　　　　　　　　　　　納稅人（公章） 　　　　　　　　　　　　　　　　　　年　月　日
以下由稅務機關填寫

表 1-4（續）

發票種類	發票代碼	發票名稱	單位	限購數量（金額）		購票方式
				數量	金額	

是否須提供發票擔保人或者繳納發票保證金： □是 □否	
受理人： 年　月　日	管理部門意見： 管理人員：　　　　　　　（公章） 部門負責人：　　　　　　年　月　日

七、發票的開具要求

1. 發票開具使用的要求

發票開具使用的具體要求如下：

①必須在發生經營業務並確認營業收入時，才能開具發票，未發生經營業務一律不得開具發票。

②不得轉借、轉讓或代開發票。

③未經稅務機關批准，不得拆本使用發票。

④不得自行擴大專用發票的使用範圍。

2. 發票開具時限的要求

發票在開具時既要確認是否發生了業務事項，還要確認是否符合稅法規定的開具時限。對於一般的銷售行為或提供勞務行為，發出商品或提供勞務並收到款項時為開具發票的時限。但也有特殊情形，以增值稅為例，不同業務事項的開具時限如表 1-5 所示：

項目一　企業納稅工作流程認知

表 1-5　增值稅專用發票開具的時限

結算方式	開具增值稅專用發票的時間
預收貨款、托收承付、委託銀行收款	貨物發出的當天
交款發貨	收到貨款的當天
賒銷、分期收款	合同約定的收款日期的當天
將貨物交給他人代銷	收到受託人送交的代銷清單的當天
其他視同銷售貨物行為	貨物移送的當天

3. 發票開具地點的要求

發票限於領購單位和個人在本省、自治區、直轄市內開具。省、自治區、直轄市稅務機關可以規定跨市、縣開具發票的辦法。任何單位和個人未經批准，不得跨規定的使用區域攜帶、郵寄、運輸空白發票，更不得攜帶、郵寄或運輸空白發票出入國境。

4. 電子計算機開具發票的要求

必須報經主管稅務機關批准，並使用稅務機關統一監制的機外發票。同時，開具后的存根聯應當按照順序號裝訂成冊，以備稅務機關檢查。稅務機關有統一開票軟件的，按統一軟件開具發票；無統一軟件的，由納稅人自行開具發票，其相關開票軟件要報稅務機關備案。

安裝稅控裝置的單位和個人，應當按照規定使用稅控裝置開具發票，並按期向主管稅務機關報送開具發票的數據。

使用非稅控電子器具開具發票的，應當將非稅控電子器具使用的軟件程序說明資料報主管稅務機關備案，並按照規定保存、報送開具發票的數據。

國家推廣使用網路發票管理系統開具發票，具體管理辦法由國務院稅務主管部門制定。

八、發票填開的操作要點

1. 發票的開具

一般情況下，收款方應當向付款方開具發票。

特殊情況下，由付款方向收款方開具發票：收購單位收購貨物或農副產品付款時；扣繳義務人支付個人款項時。

一般納稅人有如表1-6所示情形之一的，不得開具專用發票。

表1-6　一般納稅人不得開具專用發票的情形

類型	具體規定
下一環節不得抵扣進項稅額	（1）一般納稅人經營零售的菸、酒、食品、服裝、鞋帽（不包括勞保專用的部分）、化妝品等消費品
	（2）向消費者銷售應稅項目
	（3）向小規模納稅人銷售應稅項目
	（4）將貨物用於非應稅項目
	（5）將貨物用於集體福利或個人消費
	（6）將貨物無償贈送他人
不屬於增值稅徵稅範圍或有免稅待遇	（1）銷售免稅貨物，法律、法規及國家稅務總局另有規定的除外
	（2）銷售報關出口的貨物、在境外銷售應稅勞務
	（3）提供非應稅勞務（應當徵收增值稅的除外）、轉讓無形資產或銷售不動產
簡易徵收辦法	（1）銷售自己使用過的不得抵扣且未抵扣進項稅額的固定資產，不得抵扣且未抵扣進項稅額的固定資產包括： ①2009年1月1日以后購進的、不得抵扣且未抵扣進項稅額的固定資產 ②2008年12月31日以前購入的未抵扣進項稅額的固定資產
	（2）銷售舊貨

2. 發票的填寫

開具發票應當按照規定的時限、順序、逐欄、全部聯次一次性如實填開，並在發票聯或抵扣聯加蓋發票專用章。

任何單位和個人不得有下列虛開發票行為：

①為他人、為自己開具與實際經營業務情況不符的發票。

②讓他人為自己開具與實際經營業務情況不符的發票。

③介紹他人開具與實際經營業務情況不符的發票。

填開專用發票還要求字跡不得塗改等。填寫發票時應當使用中文，民族自治地方可以同時使用當地通用的一種民族文字，外商投資企業和外國企業可以同時使用一種外國文字。

項目一　企業納稅工作流程認知

3. 發票的取得

所有單位和從事生產、經營活動的個人在購買商品、接受服務，以及從事其他經營活動支付款項時，應當向收款方索取發票。索取發票時，不得要求變更品名和金額。

不符合規定的發票，一律不得作為財務報銷憑證，任何單位和個人有權拒收。

4. 發票的作廢

常見的發票作廢情況主要有以下3種：

①用票單位和個人開具發票后，如果發生銷貨退回需開紅字發票的，必須收回原發票並註明「作廢」字樣，或者取得對方的有效憑證。

②開具發票時發生錯誤、誤填等情況需要重開發票的，可以在原發票上註明「作廢」字樣后，重新開具。同時，如果專用發票開具后因購貨方不索取而成為廢票的，也應該按填寫有誤處理。

③發生銷售折讓的，在收回原發票並註明「作廢」字樣后，重新開具銷售發票。需要注意的是，開具專用發票填寫有誤的，應當另行開具，並在誤填的專用發票上註明「誤填作廢」4個字。

增值稅專用發票是作為增值稅一般納稅人銷售貨物或提供應稅勞務時開具、購買方按規定據以抵扣進項稅額的專用憑證，其管理規範與否直接關係到企業的切身利益。開錯發票的幾種常見情況和處理辦法如下：

①金額或稅額多開或少開，同時購銷雙方未作帳務處理。這種情況，購貨方可將原發票聯和抵扣聯退回（商品銷售發票即可退回發票聯），由銷貨方重新開具正確的發票。銷售方將原發票聯、抵扣聯和記帳聯加蓋「作廢」戳記，粘貼在原存根聯後面，註明原因。

②金額、稅額少填，同時一方或雙方已作帳務處理。這種情況，可由銷貨方按少開的差額，補開一張藍字專用發票，並在備註欄說明情況，同時對少開的金額應進行納稅申報。

③金額、稅額多填，同時一方或雙方已作帳務處理。

·銷貨方已作帳務處理，而購貨方未作帳務處理。可由購貨方將原發票聯、抵扣聯退回銷貨方，銷貨方憑以作銷貨退回處理，然后重新開具，開票日期填寫重新開具的日期，並重新申報納稅。銷貨方作銷貨退回處理，可憑購貨方退回的發票聯和抵扣聯填開相同的紅字專用發票，將記帳聯撕下，作為衝減銷項稅金的憑證，紅字發票聯

企業納稅實務

和抵扣聯不得取下,將退回的藍字發票的發票聯和抵扣聯粘貼在紅字發票聯和抵扣聯后面,並在上面註明藍字,放在紅字專用發票記帳聯的存放地點。

·購銷雙方均已作帳務處理。可由購貨方按照《增值稅專用發票使用規定》就其多開的部分差額,向稅務機關申請辦理「銷貨退回折讓」手續,取得紅字發票,各自衝減銷售金額、銷項稅金和進項金額、進項稅額。

④票面填寫不符合規定。如果開錯的專用發票只是票面填寫不符合規定,並不影響金額和稅額的,無論雙方是否已作帳務處理,一律採取換票方式,由購貨方將原票退回,銷貨方重新開具符合規定的專用發票。開票日期按重新開具的日期填寫,並註明「換票重開」字樣,退回的發票聯和抵扣聯加蓋「作廢」戳記,粘貼在新開的專用發票存根聯後。在填報「發票使用手冊」時,只填發票號碼,在銷貨金額或購貨金額欄註明「換票」字樣。

 任務四　稅收法律責任

一、稅收法律責任基本概念

稅收法律責任是指稅收法律關係的主體因違反稅收法律規範所應承擔的法律後果。稅收法律責任依其性質和形式的不同,可分為經濟責任、行政責任和刑事責任;依承擔法律責任主體的不同,可分為納稅人的責任、扣繳義務人的責任、稅務機關及其工作人員的責任。

明確規定稅收法律責任,不僅有利於維護正常的稅收徵納秩序,確保國家的稅收收入及時足額入庫,而且有利於增強稅法的威懾力,為預防和打擊稅收違法犯罪行為提供有力的法律武器,也有利於維護納稅人的合法權益。

二、稅收法律責任的形式

稅收法律責任的形式是指納稅人因不履行或不完全履行稅法規定的義務所應承擔

的法律后果的類型。根據現行規定，稅收法律責任的形式主要有 3 種，即經濟責任、行政責任和刑事責任。

（一）行政法律責任

稅法中的行政法律責任是行政違法引起的，用以調整和維護行政法律關係，具有一定的懲罰性。對於納稅主體而言，其行政法律責任形式主要是行政處罰；對於徵稅主體而言，稅務機關承擔的行政法律責任，主要有行政賠償責任和撤銷違法決定等，稅務機關工作人員承擔的行政法律責任主要是行政處分。

行政處罰主要有以下幾種方式。

①責令限期改正。這是稅務機關對違反法律、行政法規所規定的義務的譴責和申誡，主要是起到教育的作用，有一定的處罰作用，被稅收法律、法規廣泛採用。

②罰款。罰款是對違反稅收法律、法規，不履行法定義務當事人的一種經濟上的處罰，是稅務行政處罰中應用最廣泛的一種。因此，運用這一處罰形式必須依法行使，嚴格遵循法律、法規規定的數額、限度、權限、程序及形式。

③沒收財產。沒收財產是對行政管理相對一方當事人的財產權予以剝奪的處罰。沒收財產有兩種情況：一是對相對人非法所得的財物進行沒收；二是財物雖是相對人所有，但是其用於非法活動而被沒收。

④收繳未用發票和暫停供應發票。

⑤停止出口退稅權。

（二）刑事責任

刑事責任是對違反稅法行為情節嚴重，已構成犯罪的當事人或直接責任人所給予的刑事制裁。追究刑事責任以稅務違法行為情節嚴重、構成犯罪為前提。經濟責任和行政責任通常由稅務機關依法追究，而刑事責任則由司法機關追究。刑事責任是稅收法律責任中最嚴厲的一種制裁措施。

刑法規定稅務刑事處罰分為 5 種主刑（死刑、無期徒刑、有期徒刑、拘役和管制）和 3 種附加刑（罰金、剝奪政治權利和沒收財產）。

三、稅收法律責任的具體規定

(一) 納稅人違反稅法的行為及其法律責任

①納稅人違反稅收徵收管理法規的行為及其法律責任。

②偷稅行為及其法律責任。

③欠稅行為及其法律責任。

④抗稅行為及其法律責任。

⑤騙取出口退稅行為及其法律責任。

此外，《中華人民共和國刑法》還規定了虛開專用發票罪和虛開用於騙取出口退稅、抵扣稅款的其他發票罪，偽造或出售偽造的增值稅專用發票罪，非法出售增值稅專用發票罪，非法購買增值稅專用發票或購買偽造的增值稅專用發票罪，非法製造、出售其他發票罪，以及上述各罪的刑事責任。

(二) 扣繳義務人的違法行為及其法律責任

根據《稅收徵管法》的規定，扣繳義務人的違法行為及其法律責任具體包括如下內容。

①扣繳義務人未按規定設置、保管代扣代繳、代收代繳稅款帳簿或者保管代扣代繳、代收代繳稅款記帳憑證及有關資料的，由稅務機關責令限期改正，可處以 2,000 元以下的罰款；情節嚴重的，處以 2,000 元以上 5,000 元以下的罰款。

②扣繳義務人未按規定的期限向稅務機關報送代扣代繳、代收代繳稅款報告表和有關資料的，由稅務機關責令限期改正，可處以 2,000 元以下的罰款；情節嚴重的，可處以 2,000 元以上 1 萬元以下的罰款。

③扣繳義務人採取偷稅手段，不繳或少繳已扣、已收稅款，由稅務機關追繳其不繳或者少繳的稅款、滯納金，並處不繳或者少繳的稅款 50% 以上 5 倍以下的罰款；構成犯罪的，依法追究刑事責任。

④扣繳義務人在規定期限內不繳或少繳應納或者應解繳的稅款，經稅務機關責令限期繳納，逾期仍未繳納的，稅務機關除依照《稅收徵管法》第 40 條的規定採取強制執行措施追繳其不繳或少繳的稅款外，可以處不繳或少繳的稅款 50% 以上 5 倍以下的

項目一　企業納稅工作流程認知

罰款。

⑤扣繳義務人應扣未扣、應收而不收稅款的，由稅務機關向納稅人追繳稅款，對扣繳義務人處應扣未扣、應收未收稅款50%以上3倍以下的罰款。

⑥扣繳義務人逃避、拒絕或者以其他方式阻撓稅務機關檢查的，由稅務機關責令改正，可以處1萬元以下的罰款；情節嚴重的，處1萬元以上5萬元以下的罰款。

（三）稅務人員的違法行為及其法律責任

嚴格執行國家的稅收法律、法規，維護國家的稅收利益和納稅人的合法權益，既是法律賦予稅務機關和稅務人員的神聖職責，也是每個稅務人員必須履行的法定義務。在稅收徵管工作中，如果稅務人員不能依法徵稅，甚至從事違法行為，不僅會使國家利益遭受損失，而且還會嚴重損害稅務機關的形象，在社會上造成不良影響。因此，《稅收徵管法》規定：「稅務人員必須秉公執法，忠於職守；不得索賄、徇私舞弊、玩忽職守、不徵或少徵應徵稅款；不得濫用職權多徵稅款或者故意刁難納稅人和扣繳義務人。」為了確保有法必依，執法必嚴，《稅收徵管法》還專門規定了稅務人員的違法行為及其法律責任。

1. 如何理解稅收的「三性」？
2. 什麼是稅收制度？稅收制度由哪些要素組成？
3. 怎樣辦理開業稅務登記？
4. 增值稅專用發票與普通發票的使用範圍有什麼不同？
5. 稅收主要有哪些法律責任？

企業納稅實務

項目二　增值稅納稅實務

1. 能夠根據資料識別增值稅一般納稅人與小規模納稅人並確認其適用稅率。
2. 能夠根據資料計算一般納稅人和小規模納稅人的應納稅額。
3. 能夠計算進口貨物應納增值稅額。
4. 能夠根據資料填報增值稅納稅申報表並辦理納稅申報。

　任務一　增值稅基本認知　

一、增值稅基本稅制要素

　　增值稅（value added tax）是以商品在流轉過程中產生的增值額作為計稅依據徵收的一種流轉稅。增值額是企業在生產經營過程中新創造的價值或商品的附加值。增值稅具有不重複徵稅、環環徵稅、稅負公平、價外徵稅的特點。

1. 增值稅的納稅人

在中華人民共和國境內銷售貨物或者提供加工、修理修配勞務，以及進口貨物的單位和個人為增值稅的納稅人。

（1）納稅人分類。

以生產經營規模大小和會計核算是否健全為標準將增值稅納稅人分為一般納稅人和小規模納稅人兩種。劃分標準見表2-1：

表2-1　納稅人劃分標準

納稅人	標準	一般納稅人	小規模納稅人
從事貨物生產或以提供加工、修理修配勞務的納稅人，以及從事貨物生產或提供加工、修理修配勞務為主的納稅人	年銷售額	50萬元以上	50萬元以下（含本級）
從事貨物批發或零售的納稅人	年銷售額	80萬元以上	80萬元以下（含本級）
提供應稅服務的納稅人	年銷售額	500萬元以上	500萬元以下

（2）增值稅一般納稅人認定。

增值稅納稅人（以下簡稱納稅人），年應稅銷售額超過財政部、國家稅務總局規定的小規模納稅人標準的，應當向主管稅務機關申請一般納稅人資格認定。一般納稅人資格認定的權限，在縣（市、區）國家稅務局或者同級別稅務分局（以下稱認定機關）。納稅人一經認定為一般納稅人后，不得轉為小規模納稅人。

辦理流程為：申請→認定→領取批件。具體如下所示：

①申請。

納稅人應當向主管國家稅務機關提出書面申請報告，並提供合格辦稅人員證書、年度銷售（營業）額等有關證件、資料，分支機構還應提供總機構的有關證件或複印件，領取《增值稅一般納稅人申請認定表》。

②填寫認定表。

納稅人應當按照《增值稅一般納稅人申請認定表》（見表2-2）所列項目，逐項如實填寫，於十日內將《增值稅一般納稅人申請認定表》報送主管國家稅務機關。

表 2-2　增值稅一般納稅人申請認定表

聯繫電話		增值稅企業類別		是(否)新辦企業	
年度實際銷售額或年度預計銷售額	生產貨物的銷售額				
	加工、修理修配的銷售額				
	批發、零售的銷售額				
	應稅銷售額合計				
	固定資產規模				
會計帳務核算狀況	專業財務人員人數				
	設置帳簿種類				
	能否準確核算進項稅額、銷項稅額				
申請核發稅務登記證副本數量			經批准核發數量		
管理環節意見： （公章） 負責人： 經辦人： 　　年　月　日		主管稅務機關意見： （公章） 負責人： 經辦人： 　　年　月　日		上級稅務機關： （公章） 負責人： 經辦人： 　　年　月　日	

納稅人名稱：　　　　　　　申請時間：　　年　月　日

認定期限：　　年　月　日至　　年　月　日

註：1. 納稅人在辦理開業登記時，可以按預計銷售額填寫，經主管稅務機關審核后，暫認定為增值稅一般納稅人，享有增值稅一般納稅人的所有權利與義務。滿 12 月后納稅人根據實際經營情況，提交轉正申請表，交主管稅務機關重新審核認定增值稅一般納稅人；

2. 增值稅企業類別：工業/商業；

3. 認定期限起始日期為終審審批的有效期起，暫認定為增值稅一般納稅人的終止日期為從起始日期起滿 12 月的當月的終止日。

4. 本表一式三份。

③辦理認定時提交的資料。

納稅人應當向主管稅務機關填報申請表，並提供下列資料：

《稅務登記證》副本；財務負責人和辦稅人員的身分證明及其複印件；會計人員的

項目二 增值稅納稅實務

從業資格證明或者與仲介機構簽訂的代理記帳協議及其複印件；經營場所產權證明或者租賃協議，或者其他可使用場地證明及其複印件；國家稅務總局規定的其他有關資料。

④辦理時限要求。

第一，新開業的符合一般納稅人條件的企業，應在辦理稅務登記的同時申請辦理一般納稅人認定手續。

第二，已開業的小規模企業，其年應稅銷售額達到一般納稅人標準的，應在次年1月底以前申請辦理一般納稅人認定手續。

⑤領取批件。

納稅人報送的《增值稅一般納稅人申請認定表》和提供的有關證件、資料，經主管國家稅務機關審核、報有關國家稅務機關批准後，在其《稅務登記證》副本首頁加蓋「增值稅一般納稅人」確認專章。納稅人按照規定的期限到主管國家稅務機關領取一般納稅人稅務登記證副本。

2. 增值稅的徵稅對象是增值額

增值額是納稅人銷售某種商品或提供勞務的所取得的收入價格扣除商品或勞務的外購價格的差額。根據扣除商品或勞務範圍不同，增值稅可以分為生產型增值稅、收入型增值稅和消費型增值稅。中國的增值稅屬於消費型增值稅。

3. 增值稅徵稅範圍

(1) 徵稅範圍的一般規定。

增值稅徵稅範圍是在中國境內銷售貨物或提供加工、修理修配勞務以及進口貨物。

①銷售貨物。

貨物是指有形動產，包括電力、熱力、氣體在內。銷售貨物是指有償轉讓貨物的所有權。

②提供加工、修理修配勞務。

加工是指受託加工貨物，即委託方提供原料及主要材料，受託方按照委託方的要求製造貨物並收取加工費的業務；修理修配是指受託對損傷和喪失功能的貨物進行修復，使其恢復原狀和功能的業務。提供加工、修理修配勞務（以下稱應稅勞務），是指有償提供加工、修理修配勞務。單位或者個體工商戶聘用的員工為本單位或者雇主提供加工、修理修配勞務的，不包括在內。

29

③進口貨物。

報關進口的應稅貨物無論自用還是銷售均應在進口環節繳納增值稅。

(2) 徵稅範圍的特殊項目。

①貨物期貨（包括商品期貨和貴金屬期貨），應當在期貨的實物交割環節徵收增值稅。

②銀行銷售金銀的業務，應當徵收增值稅。

③典當業的死當物品銷售業務和寄售業代委託人銷售寄售物品的業務，均應徵收增值稅。

④集郵商品（如郵票、首日封、郵折等）的生產以及郵政部門以外的其他單位和個人銷售的，均徵收增值稅。

⑤郵政部門發行報刊，徵收增值稅；其他單位和個人發行報刊，徵收增值稅。

⑥電力公司向發電企業收取的過網費，應當徵收增值稅。

⑦除經中國人民銀行和對外經濟貿易合作部（現為商務部）批准經營融資租賃業務的單位所從事的融資租賃業務外，其他單位從事的融資租賃業務，租賃的貨物的所有權轉讓給承租方，徵收增值稅，租賃的貨物的所有權未轉讓給承租方，不徵收增值稅。

⑧轉讓企業全部產權涉及的應稅貨物的轉讓，不屬於增值稅的徵稅範圍，不徵收增值稅。

⑨對從事熱力、電力、燃氣、自來水等公用事業的增值稅納稅人收取的一次性費用，凡與貨物的銷售數量有直接關係的，徵收增值稅；凡與貨物的銷售數量無直接關係的不徵收增值稅。

⑩納稅人代有關行政管理部門收取的費用，凡同時符合以下條件的，不屬於價外費用，不徵收增值稅。

經國務院、國務院有關部門或省級政府批准；開具經財政部門批准使用的行政事業收費專用票據；所收款項全額上繳財政或雖不上繳財政但由政府部門監管，專款專用。

⑪納稅人銷售貨物的同時代辦保險而向購買方收取的保險費，以及從事汽車銷售的納稅人向購買方收取的代購買方繳納的車輛購置稅、牌照費，不作為價外費用徵增值稅。

⑫納稅人銷售軟件產品並隨同銷售一併收取的軟件安裝費、維護費、培訓費等收入，應按照增值稅混合銷售的有關規定徵收增值稅，並可享受軟件產品增值稅即徵即退政策。

對軟件產品交付使用后，按期或按次收取的維護、技術服務費、培訓費等不徵收增值稅。

納稅人受託開發軟件產品，著作權屬於受託方的徵收增值稅，著作權屬於委託方或屬於雙方共同擁有的不徵收增值稅。

⑬印刷企業接受出版單位委託，自行購買紙張，印刷有統一刊號（CN）以及採用國際標準書號編序的圖書、報紙和雜誌，按貨物銷售徵收增值稅。

⑭對增值稅納稅人收取的會員費收入不徵收增值稅。

⑮各燃油電廠從政府財政專戶取得的發電補貼不屬於增值稅規定的價外費用，不計入應稅銷售額，不徵收增值稅。

⑯納稅人提供的礦產資源開採、挖掘、切割、破碎、分揀、洗選等勞務，屬於增值稅應稅勞務，應當繳納增值稅。

⑰納稅人轉讓土地使用權或者銷售不動產的同時一併銷售的附著於土地或者不動產上的固定資產中，凡屬於增值稅應稅貨物的，計算繳納增值稅；凡屬於不動產的，計算繳納增值稅。

⑱納稅人應分別核算增值稅應稅貨物和不動產的銷售額，未分別核算或核算不清的，由主管稅務機關核定其增值稅應稅貨物的銷售額和不動產的銷售額。

⑲納稅人受託開發軟件產品，著作權屬於受託方的徵收增值稅，著作權屬於委託方或屬於雙方共同擁有的不徵收增值稅；對經過國家版權局註冊登記，納稅人在銷售時一併轉讓著作權、所有權的，不徵收增值稅。

⑳供電企業利用自身輸變電設備對並入電網的企業自備電廠生產的電力產品進行電壓調節，屬於提供加工勞務，徵收增值稅。

（3）徵稅範圍的特殊行為。

①視同銷售貨物行為。

第一，將貨物交付其他單位或者個人代銷；

第二，銷售代銷貨物；

第三，設有兩個以上機構並實行統一核算的納稅人，將貨物從一個機構移送至其

他機構用於銷售，但相關機構設在同一縣（市）的除外；

第四，將自產或者委託加工的貨物用於非增值稅應稅項目；

第五，將自產、委託加工的貨物用於集體福利或者個人消費；

第六，將自產、委託加工或者購進的貨物作為投資，提供給其他單位或者個體工商戶；

第七，將自產、委託加工或者購進的貨物分配給股東或者投資者。

第八，將自產、委託加工或者購進的貨物無償贈送其他單位或者個人。

②混合銷售行為。

混合銷售行為是既涉及貨物又涉及非增值稅應稅勞務的銷售行為。涉及的貨物和非增值稅應稅勞務只是針對一項銷售行為而言，非增值稅應稅勞務是為了銷售貨物而發生的，兩者之間是從屬關係。

從事貨物的生產、批發或者零售的企業、企業性單位和個體工商戶的混合銷售行為，視為銷售貨物，應繳納增值稅；其他單位和個人的混合銷售行為，視為銷售非增值稅應稅勞務，不繳納增值稅。

「從事貨物的生產、批發或者零售的企業、企業性單位和個體工商戶」，包括以從事貨物的生產、批發或者零售為主、並兼營非增值稅應稅勞務的單位和個體工商戶在內。

③兼營非增值稅勞務。

兼營非應稅勞務是指增值稅納稅人在從事應稅貨物銷售或提供應稅勞務的同時，還從事非增值稅應稅勞務。

納稅人兼營非增值稅應稅項目的，應分別核算貨物或者應稅勞務的銷售額和非增值稅應稅項目的營業額；未分別核算的，由主管稅務機關核定貨物或者應稅勞務的銷售額。

4. 增值稅的稅率

增值稅一般納稅人稅率包括基本稅率、低稅率和零稅率三檔。小規模納稅人、簡易徵收適用徵收率，具體見表 2-3。

（1）基本稅率。

增值稅一般納稅人銷售或者進口貨物，提供加工、修理修配勞務，除低稅率適用範圍和銷售個別舊貨適用徵收率外，稅率一律為 17%。

表 2-3 增值稅稅率（徵收率）、適用範圍一覽表

項目	稅率（徵收率）	適用範圍
一般納稅人	17%	基本稅率
	13%	糧食、食用油、鮮奶、自來水、暖氣、冷氣、熱水、煤氣、天然氣、居民用煤炭製品、圖書、報紙、雜誌、化肥、農藥、農機、農膜等
	0	出口貨物
小規模納稅人	3%	徵收率
按簡易辦法徵收增值稅	4%且減半（即2%）	銷售自己使用過的物品、銷售舊貨
	4%	代銷寄售商品、銷售死當物品
	6%	小型水力發電；建築用沙、土、石料；自來水；生物製品；商品混凝土

（2）低稅率。

增值稅一般納稅人銷售或者進口下列貨物，按低稅率計徵增值稅，低稅率為13%。

①糧食、食用植物油、鮮奶；

②自來水、暖氣、冷氣、熱水、煤氣、石油液化氣、天然氣、沼氣、居民用煤炭製品；

③圖書、報紙、雜誌；

④飼料、化肥、農藥、農機、農膜；

⑤國務院及其有關部門規定的其他貨物。

（3）零稅率。

納稅人出口貨物，稅率為零，但是，國務院另有規定的除外。

（4）徵收率。

①增值稅對小規模納稅人採用簡易徵收辦法，對小規模納稅人適用的稅率稱為徵收率。徵收率為3%。

②銷售使用過的固定資產。

一般納稅人銷售自己使用過的屬於《增值稅暫行條例》第十條規定不得抵扣且未抵扣進項稅額的固定資產，按簡易辦法依4%徵收率減半徵收增值稅。

一般納稅人銷售自己使用過的除固定資產以外的物品，應當按照適用稅率徵收增值稅。

小規模納稅人（除其他個人外，下同）銷售自己使用過的固定資產，減按2%徵收率徵收增值稅。

小規模納稅人銷售自己使用過的除固定資產以外的物品，應按3%的徵收率徵收增值稅。

③銷售舊貨。

納稅人銷售舊貨，按照簡易辦法依照4%徵收率減半徵收增值稅。

舊貨，是指進入二次流通的具有部分使用價值的貨物（含舊汽車、舊摩托車和舊遊艇），但不包括自己使用過的物品。

一般納稅人銷售自己使用過的物品和舊貨，適用按簡易辦法依4%徵收率減半徵收增值稅政策的，按下列公式確定銷售額和應納稅額：

$$銷售額 = 含稅銷售額 \div (1+4\%)$$

$$應納稅額 = 銷售額 \times 4\% \div 2$$

小規模納稅人銷售自己使用過的固定資產和舊貨，按下列公式確定銷售額和應納稅額：

$$銷售額 = 含稅銷售額 \div (1+3\%)$$

$$應納稅額 = 銷售額 \times 2\%$$

④一般納稅人銷售自產的下列貨物，可選擇按照簡易辦法依照6%徵收率計算繳納增值稅。

第一，縣級及縣級以下小型水力發電單位生產的電力。

第二，建築用和生產建築材料所用的沙、土、石料。

第三，以自己採掘的沙、土、石料或其他礦物連續生產的磚、瓦、石灰（不含黏土實心磚、瓦）。

第四，用微生物、微生物代謝產物、動物毒素、人或動物的血液或組織製成的生物製品。

第五，自來水。對屬於一般納稅人的自來水公司銷售自來水按簡易辦法依照6%徵收率徵收增值稅，不得抵扣其購進自來水取得增值稅扣稅憑證上註明的增值稅稅款。

第六，商品混凝土（僅限於以水泥為原料生產的水泥混凝土）。

第七，屬於增值稅一般納稅人的單採血漿站銷售非臨床用人體血液，可以按照簡易辦法依照6%徵收率計算應納稅額，但不得對外開具增值稅專用發票；也可以按照銷

項稅額抵扣進項稅額的辦法依照增值稅適用稅率計算應納稅額。

一般納稅人選擇簡易辦法計算繳納增值稅後，36個月內不得變更。

⑤一般納稅人銷售貨物屬於下列情形之一的，暫按簡易辦法依照4%徵收率計算繳納增值稅。

寄售商店代銷寄售物品（包括居民個人寄售的物品在內）；典當業銷售死當物品；經國務院或國務院授權機關批准的免稅商店零售的免稅品。

⑥納稅人兼營不同稅率的貨物或者應稅勞務的，應當分別核算不同稅率貨物或者應稅勞務的應稅銷售額。未分別核算的，由主管稅務機關核定貨物或者應稅勞務的銷售額。

納稅人銷售不同稅率貨物或者勞務，並兼營應屬一併徵收增值稅的非應稅勞務的，其非應稅勞務應從高適用稅率。

二、增值稅徵收管理

1. 增值稅的稅收優惠

（1）免稅項目。

①農業生產者銷售的自產農產品；

②避孕藥品和用具；

③古舊圖書；

④直接用於科學研究、科學實驗和教學的進口儀器、設備；

⑤外國政府、國際組織無償援助的進口物資和設備；

⑥由殘疾人的組織直接進口供殘疾人專用的物品。

⑦個人銷售自己使用過的物品。

納稅人兼營免稅、減稅項目的，應當分別核算免稅、減稅項目的銷售額；未分別核算銷售額的，不得免稅、減稅。

（2）財政部、國家稅務總局規定的其他免徵稅項目。

①資源綜合利用及其產品免增值稅（如再生水、翻新輪胎、污水處理、垃圾處理勞務等）。

②廣播電影電視收入、黨報、黨刊發行收入免徵增值稅。

③對從事蔬菜批發、零售的納稅人銷售蔬菜免徵增值稅。

(3) 起徵點。

從 2011 年 11 月 1 日起，增值稅起徵點的幅度如下：

①銷售貨物的，為月銷售額 5,000～20,000 元；

②銷售應稅勞務的，為月銷售額 5,000～20,000 元；

③按次納稅的，為每次（日）銷售額 300～500 元。

銷售額不包括其應納稅額。

省、自治區、直轄市財政廳（局）和國家稅務局應在規定的幅度內，根據實際情況確定本地區適用的起徵點，並報財政部、國家稅務總局備案。

納稅人銷售額未達到國務院財政、稅務主管部門規定的增值稅起徵點的，免徵增值稅；達到起徵點的，全額計算繳納增值稅：

2. 增值稅納稅義務發生時間

(1) 採取直接收款方式銷售貨物，為收訖銷售款項或者取得銷售款項憑據的當天。

(2) 採取托收承付或委託銀行收款方式銷售貨物，為發出貨物並辦妥托收手續的當天。

(3) 採取賒銷和分期收款方式銷售貨物，為書面合同約定的收款日期的當天。

(4) 採取預收貨款方式銷售貨物，為發出貨物的當天；如果貨物生產期超過 12 個月，則為收到預收款或合同約定的收款日期的當天。

(5) 採取代銷方式銷售貨物，為收到代銷單位的代銷清單或者收到貨款的當天。

(6) 提供應稅勞務，為提供勞務同時收訖銷售款或者取得索取銷售款憑據的當天。

(7) 發生視同應稅銷售行為，為貨物移送的當天。

(8) 進口貨物的，為報關進口的當天。

3. 納稅期限

納稅人的具體納稅期限，由主管稅務機關根據納稅人應納稅額的大小分別核定，可以是 1 日、3 日、5 日、10 日、15 日、1 個月或者 1 個季度，不能固定期限的，還可以按次納稅。

通常納稅人以 1 個月或者 1 個季度為一個納稅期限的，應自期滿之日起 15 日內申報納稅；以 1 日、3 日、5 日、10 日、15 日為一個納稅期限的，應自期滿之日起 5 日內預繳稅款，於次月 1 日起 15 日內申報納稅並結清上月應納稅款。

4. 納稅地點

（1）固定業戶應當向其機構所在地的主管稅務機關申報納稅。總機構和分支機構不在同一縣（市）的，應當分別向各自的主管稅務機關申報納稅；經省級以上稅務機關批准的，可以由總機構匯總向總機構所在地的主管稅務機關申報納稅。

（2）固定業戶到外地銷售貨物或者提供應稅勞務的，應當先向機構所在地主管稅務機關申請開具《外出經營活動稅收管理證明》，外出經營結束后向其機構所在地主管稅務機關申報納稅；未開具外管證的，應向銷售地或勞務發生地主管稅務機關申報納稅。

（3）非固定業戶銷售貨物或提供應稅勞務的，應當向銷售地或勞務發生地主管稅務機關申報納稅。

（4）進口貨物的，應當向報關地海關申報納稅。

任務二　增值稅應納稅額的計算

一、銷項稅額的計算

銷項稅額是納稅人銷售貨物或提供應稅勞務，按照銷售額或提供應稅勞務的收入和稅率計算並向購買方收取的增值稅稅額，其計算公式如下：

銷項稅額＝銷售額×適用稅率

（一）一般銷售方式下的銷售額

銷售額是指納稅人銷售貨物或者提供應稅勞務向購買方（承受應稅勞務也視為購買方）收取的全部價款和價外費用。價外費用包括價外向購買方收取的手續費、補貼、基金、集資費、返還利潤、獎勵費、違約金、滯納金、延期付款利息、賠償金、代收款項、代墊款項、包裝費、包裝物租金、儲備費、優質費、運輸裝卸費，以及其他各種性質的價外收費。其計算公式如下：

銷售額＝價款＋價外收入

無論會計制度如何核算，價外費用均應並入銷售額計算應納稅額，但下列項目不包括在內。

①受託加工應徵消費稅的消費品所代收代繳的消費稅。

②同時符合以下條件的代墊運輸費用：承運部門的運輸費用發票開具給購買方的；納稅人將該項發票轉交給購買方的。

③同時符合以下條件代為收取的政府性基金或者行政事業性收費：由國務院或財政部批准設立的政府性基金，由國務院或省級人民政府及其財政、價格主管部門批准設立的行政事業性收費；收取時開具省級以上財政部門印製的財政票據；所收款項全額上繳財政。

④銷售貨物的同時代辦保險等向購買方收取的保險費，以及向購買方收取的代購買方繳納的車輛購置稅、車輛牌照費。

（二）特殊銷售方式下的銷售額

1. 採取折扣、折讓方式銷售

折扣銷售是指銷貨方在銷售貨物或應稅勞務時，因購貨方購貨數量較大等原因而給予購貨方的價格優惠。稅法規定，納稅人銷售貨物並向購買方開具增值稅專用發票后，由於購貨方在一定時期內累計購買貨物達到一定數量，或者由於市場價格下降等原因，銷貨方給予購貨方相應的價格優惠或補償等折扣、折讓行為，銷貨方可按有關規定開具紅字增值稅專用發票。實際操作中，應注意區分折扣銷售、銷售折扣和銷售折讓。

①折扣銷售不同於銷售折扣。銷售折扣是指銷貨方在銷售貨物或應稅勞務后，為了鼓勵購貨方及早償還貨款而協議許諾給予購貨方的一種折扣優待。銷售折扣發生在銷貨之後，是一種融資性質的理財費用。因此，銷售折扣不得從銷售額中減除。

②銷售折讓是指貨物銷售后，由於其品種、質量等原因購貨方未予退貨，但銷貨方需給予購貨方的一種價格折讓。對銷售折讓可以折讓后的貨款作為銷售額。

③折扣銷售僅限於貨物價格的折扣，如果銷貨者將自產、委託加工和購買的貨物用於實物折扣的，則該實物款項不能從貨物銷售額中減除，且該實物應按增值稅條例「視同銷售貨物」中的「贈送他人」計算徵收增值稅。

3 種方式的具體處理如表 2-4 所示：

表 2-4　折扣、折讓方式及稅務處理

折扣、折讓方式	稅務處理	說明
折扣銷售（商業折扣）	可以從銷售額中扣減（同一張發票上分別註明）	目的：促銷 實物折扣：按視同銷售中的「無償贈送」處理，實物款項不能從原銷售額中扣減
銷售折扣（現金折扣）	折扣額不得從銷售額中扣減	目的：發生在銷貨之後，屬於一種融資行為
銷售折讓	折讓額可以從銷售額中扣減	目的：保護商業信譽，對已售產品出現品種、質量問題而給予購買方的補償

例 2-1　某單位銷售貨物取得不含稅價款 300 萬元，購貨方及時付款，給予 5%的折扣，實收 285 萬元。

這裡的折扣額 15 萬元不能扣除，發生時計入當期財務費用。

銷項稅額＝300×17%＝51（萬元）

2. 採取以舊換新方式銷售

以舊換新是指納稅人在銷售自己的貨物時，有償收回舊貨物的行為。稅法規定，採取以舊換新方式銷售貨物的，應按新貨物的同期銷售價格確定銷售額，不得扣減舊貨物的收購價格。考慮到金銀首飾以舊換新業務的特殊情況，對金銀首飾以舊換新業務，可以按銷售方實際收取的不含增值稅的全部價款徵收增值稅。

例 2-2　某首飾商城為增值稅一般納稅人。2016 年 6 月採取以舊換新方式向消費者銷售金項鏈 2,000 條，新項鏈每條零售價 0.25 萬元，舊項鏈每條作價 0.22 萬元，每條項鏈取得差價款 0.03 萬元。

應繳納增值稅稅額＝（2000×0.03）÷（1+17%）×17%＝8.72（萬元）

3. 採取還本銷售方式銷售

還本銷售是指納稅人在銷售貨物后，到一定期限由銷售方一次或分次退還給購貨方全部或部分價款。稅法規定，採取還本銷售方式銷售貨物，其銷售額就是貨物的銷售價格，不得從銷售額中減除還本支出。

4. 採取以物易物方式銷售

以物易物是一種較為特殊的購銷活動，是指購銷雙方不是以貨幣結算，而是以同等價款的貨物相互結算，實現貨物購銷的一種方式。稅法規定，以物易物雙方都應作購銷處理，以各自發出的貨物核算銷售額並計算銷項稅額，以各自收到的貨物按規定核算購貨額並計算進項稅額。應注意，在以物易物活動中，應分別開具合法的票據，如果收到的貨物不能取得相應的增值稅專用發票或其他合法票據，則不能抵扣進項稅額。

例 2-3 卷菸廠銷售雪茄菸 300 箱給各專賣店，取得不含稅銷售收入 600 萬元；以雪茄菸 40 箱換回小轎車 2 輛、大貨車 1 輛，計算該業務的銷項稅額。

銷項稅額 =（600+600÷300×40）×17% = 115.60（萬元）

5. 包裝物押金是否計入銷售額

①銷售貨物收取的包裝物押金，如果單獨記帳核算，時間在 1 年以內又未過期的，不並入銷售額徵稅。

②因逾期（1 年為限）未收回包裝物不再退還的押金，應並入銷售額徵稅。徵稅時注意兩點：一是逾期包裝物押金為含稅收入，需換算成不含稅價再並入銷售額；二是徵稅稅率為所包裝貨物的適用稅率。

③酒類產品：啤酒、黃酒按是否逾期處理，啤酒、黃酒以外的其他酒類產品收取的押金，無論是否逾期一律並入銷售額徵稅。

例 2-4 某酒廠半年前銷售啤酒收取的包裝物押金 2 萬元、白酒的包裝物押金 3 萬元，本月逾期均不再返還。計算此業務酒廠應確認的銷項稅額。

銷項稅額 = 2÷（1+17%）×17% = 0.29（萬元）

解析：白酒的包裝物押金由於收取的時候就納稅了，因此逾期不再需要納稅。

例 2-5 某酒廠為一般納稅人。本月向一小規模納稅人銷售白酒，並開具普通發票，註明金額 93,600 元；同時收取單獨核算的包裝物押金 2,000 元（尚未逾期）。計算此業務酒廠應確認的銷項稅額。

銷項稅額 =（93,600+2,000）÷（1+17%）×17% = 13,890.60（元）

（三）銷售額的特別規定

1. 價款和稅款合併收取情況下的銷售額

一般納稅人銷售貨物或應稅勞務取得的含稅銷售額在計算銷項稅額時，必須將其換算為不含稅的銷售額。對於一般納稅人銷售貨物或應稅勞務，採用銷售額和銷項稅額合併定價方法的，按下列公式計算銷售額：

$$銷售額 = 含稅銷售額 \div (1 + 稅率)$$

公式中的稅率為銷售貨物或應稅勞務規定適用的稅率。

例 2-6 金華公司為增值稅一般納稅人，銷售鋼材一批，開具增值稅專用發票註明銷售額為 10 萬元，增值稅稅額為 17,000 元，另開具一張普通發票收取包裝費 117 元。計算該筆業務的計稅銷售額。

計稅銷售額 = 100,000 + 117 ÷ (1 + 17%) = 100,100（元）

2. 稅務機關核定的銷售額

視同銷售行為中某些行為由於不是以資金的形式反映，會出現無銷售額的現象。因此，稅法規定，對視同銷售徵稅而無銷售額的按下列順序確定其銷售額。

① 按納稅人最近時期同類貨物的平均銷售價格確定。
② 按其他納稅人最近時期同類貨物的平均銷售價格確定。
③ 按組成計稅價格確定。

組成計稅價格的公式表示如下：

$$組成計稅價格 = 成本 \times (1 + 成本利潤率)$$

徵收增值稅的貨物，同時又徵收消費稅的，其組成計稅價格中應加上消費稅稅額。其組成計稅價格公式表示如下：

$$組成計稅價格 = 成本 \times (1 + 成本利潤率) + 消費稅稅額$$

或　　$$組成計稅價格 = 成本 \times (1 + 成本利潤率) \div (1 - 消費稅稅率)$$

公式中的「成本」分為兩種情況：銷售自產貨物的為實際生產成本，銷售外購貨物的為實際採購成本。公式中的「成本利潤率」由國家稅務總局確定。但屬於應從價定率徵收消費稅的貨物，其組成計稅價格公式中的成本利潤率，為國家稅務總局確定的成本利潤率。

例 2-7　創維電視機廠（增值稅一般納稅人）將自產的液晶電視機發放給管理人員作為個人福利。該廠共發放 32L 型電視機 10 臺，銷售價每臺 0.8 萬元（不含稅）；發放 32B 型電視機 10 臺，目前市場尚未銷售。已知生產 32B 型電視機的總成本為 7 萬元，稅務機關核定的成本利潤率為 10%。計算兩種電視機的計稅銷售額。

計稅銷售額 = 10×0.8+7×（1+10%）= 15.7（萬元）

二、進項稅額的計算

納稅人因購進貨物、接受應稅勞務、服務而支付或者負擔的增值稅稅額為進項稅額，它與銷售方收取的銷項稅額相對應。

進項稅額根據以下兩種方法來確定：一是進項稅額體現支付或負擔的增值稅稅額，直接在銷貨方開具的增值稅專用發票和海關完稅憑證上註明的稅額，不需要計算；二是購進某些貨物或者接受應稅勞務時，其進項稅額是根據支付金額和法定的扣除率計算出來的。

（一）準予從銷項稅額中抵扣的進項稅額

①從銷售方或者提供方取得的增值稅專用發票（含貨物運輸業增值稅專用發票、稅控機動車銷售統一發票）上註明的增值稅稅額。

②從海關取得的海關進口增值稅專用繳款書上註明的增值稅稅額。

③購進農產品，除取得增值稅專用發票或者海關進口增值稅專用繳款書外，按照農產品收購發票或者銷售發票上註明的農產品買價和 13% 的扣除率計算的進項稅額。其計算公式表示如下：

進項稅額 = 買價 × 扣除率

上式中「買價」是指納稅人購進農產品在農產品收購發票或銷售發票上註明的價款和按照規定繳納的菸葉稅。

（二）不得從銷項稅額中抵扣的進項稅額

納稅人取得的增值稅扣稅憑證（增值稅專用發票、海關進口增值稅專用繳款書、

農產品收購發票、農產品銷售發票和稅收繳款憑證）不符合法律、行政法規或者國家稅務總局有關規定的，其進項稅額不得從銷項稅額中抵扣。具體而言，下列項目的進項稅額不得從銷項稅額中抵扣。

①用於簡易計稅方法計稅項目、非增值稅應稅項目、免徵增值稅項目、集體福利或個人消費的購進貨物、接受加工修理修配勞務或應稅服務。

②非正常損失的購進貨物及相關的加工修理修配勞務或交通運輸業服務。非正常損失是指因管理不善造成被盜、丟失、霉爛變質的損失，以及被執法部門依法沒收或者強令自行銷毀的貨物。

③非正常損失的在產品、產成品所耗用的購進貨物（不包括固定資產）、加工修理修配勞務或交通運輸業服務。

④接受的旅客運輸服務。

⑤購進貨物或應稅勞務，取得的增值稅扣稅憑證不符合法律、行政法規或國務院稅務主管部門有關規定。

⑥適用一般計稅方法的納稅人，兼營簡易計稅方法計稅項目、非增值稅應稅勞務、免徵增值稅項目而無法劃分不得抵扣的進項稅額，按照下列公式計算不得抵扣的進項稅額。

不得抵扣的進項稅額＝當期無法劃分的全部進項稅額×
（當期簡易計稅方法計稅項目銷售額＋非增值稅應稅勞務營業額＋
免徵增值稅項目銷售額）÷（當期全部銷售額＋當期全部營業額）

已抵扣進項稅額的購進貨物或應稅勞務，改變用途用於非應稅項目、免稅項目、集體福利或個人消費，或者購進貨物發生非正常損失、在產品或產成品發生非正常損失，應當將該項購進貨物或應稅勞務的進項稅額從當期的進項稅額中轉出；無法確定該項進項稅額的，按當期實際成本計算應轉出的進項稅額。

（三）計算應納稅額時進項稅額不足抵扣的處理

由於增值稅實行購進扣稅法，有時企業當期購進的貨物很多，在計算應納稅額時會出現當期銷項稅額小於當期進項稅額不足抵扣的情況。根據稅法的規定，當期進項稅額不足抵扣的部分可以結轉下期繼續抵扣。

（四）應納稅額的計算

一般納稅人應納增值稅額的計算，圍繞兩個關鍵環節：一是銷項稅額如何計算，二是進項稅額如何抵扣。

$$當期應納稅額＝當期銷項稅額－當期進項稅額$$

例2-8 華興公司為增值稅一般納稅人，適用增值稅稅率為17%。2016年8月初留抵的進項稅額為1.3萬元。當月有關生產經營業務如下：

①購進貨物取得增值稅專用發票，註明支付的貨款50萬元、進項稅額8.5萬元；另外支付購貨的運費6萬元，取得運輸公司開具的貨物運輸業增值稅專用發票。

②向農業生產者購進免稅農產品一批，支付收購價30萬元，支付給運輸單位的運費5萬元，取得運輸公司開具的貨物運輸業增值稅專用發票。本月下旬將購進農產品的20%用於本企業職工福利。

③向修配廠購進0.8萬元的修理用配件，取得普通發票。

④銷售甲產品給某商場，開具增值稅專用發票，取得不含稅銷售額80萬元。另外，取得銷售甲產品的送貨運輸費收入5.85萬元（含增值稅價格，與銷售貨物不能分別核算）。

⑤銷售乙產品，開具普通發票，取得含稅銷售額19.89萬元。

⑥將試製的一批應稅新產品用於本企業基建工程，成本價為30萬元，國家稅務總局規定的成本利潤率為10%。該新產品無同類產品市場銷售價格。

⑦月末帳面上有逾期1年以上未還的包裝物押金0.3萬元。

⑧將上月購入的原材料轉作建造倉庫使用，原購進時不含稅價款為5萬元，取得專用發票。

以上相關票據均符合稅法的規定。請計算該企業6月份應納增值稅稅額。

①計算當期銷項稅額。

銷售甲產品並送貨屬於混合銷售，故銷項稅額＝80×17%＋5.85÷（1＋17%）×17%＝19.65（萬元）。

销售乙产品开具普通发票，应该价税分离计算，故销项税额＝19.89÷（1+17%）×17%＝2.89（万元）。

自用新产品视同销售，故销项税额＝30×（1+10%）×17%＝5.61（万元）。

包装物押金因逾期1年以上，故销项税额＝0.3÷（1+17%）×17%＝0.04（万元）。

当期销项税额合计＝19.65+2.89+5.61+0.04＝28.19（万元）。

②计算当期进项税额。

外购货物应抵扣的进项税额＝10.2+6×11%＝10.86（万元）。

外购免税农产品应抵扣的进项税额＝（30×13%+5×11%）×（1-20%）＝3.56（万元）。

购进0.8万元的修理用配件，因取得的是普通发票，不能抵扣。

因此，当期进项税额合计＝10.86+3.56＝14.42（万元）。

③计算当期进项税额转出。

原材料转作非应税项目，故进项税额转出＝5×17%＝0.85（万元）。

④计算该企业8月份应纳增值税税额。

该企业8月份应纳增值税税额＝28.19-14.42+0.85-1.3＝13.32（万元）。

三、小规模纳税人应纳税额的计算

小规模纳税人销售货物或提供应税劳务，实行按照销售额和征收率计算应纳税额的简易办法，不得抵扣进项税额。其应纳税额的计算公式表示如下：

应纳税额＝不含税增值税销售额×征收率

小规模纳税人取得的销售额是销售货物或提供应税劳务向购买方收取的全部价款和价外费用，但是不包括按3%的征收率收取的增值税税额。

由于小规模纳税人在销售货物或提供应税劳务服务时，一般只能开具普通发票，取得的销售收入均为含税销售额。因此，小规模纳税人在计算应纳税额时，必须将含税销售额换算为不含税的销售额后才能计算应纳税额。不含税销售额的计算公式表示如下：

不含税销售额＝含税销售额÷（1+征收率）

例 2-9 某商店為增值稅小規模納稅人。2016 年 8 月取得零售收入 12,360 元，當月購進日用品取得的增值稅專用發票上註明稅款 2,600 元，當月銷售自己使用過的設備一臺，共收款 2,060 元。計算某商店 2016 年 8 月應繳納的增值稅稅額。

①小規模納稅人銷售自己使用過的固定資產，減按 2% 的徵收率徵收增值稅。

②購進日用品支付的稅款不存在抵扣問題。

③含稅銷售額應換算為不含稅銷售額。

某商店應繳納的增值稅稅額 = 12,360÷（1+3%）×3%+2060÷（1+3%）×2%
= 400（元）

四、進口業務增值稅應納稅額的計算

（一）進口貨物的徵稅範圍及納稅人

根據《中華人民共和國增值稅暫行條例》（以下簡稱《增值稅暫行條例》）的規定，申報進入中華人民共和國海關境內的貨物，均應繳納增值稅。

（二）進口貨物應納稅額的計算

納稅人進口貨物，按照組成計稅價格和《增值稅暫行條例》規定的稅率計算應納稅額。計算公式表示如下：

$$應納稅額 = 組成計稅價格 \times 稅率$$

組成計稅價格有兩種情況：

①進口貨物只徵收增值稅的，其組成計稅價格的計算公式表示如下：

$$組成計稅價格 = 關稅完稅價格 + 關稅 = 關稅完稅價格 \times（1+關稅稅率）$$

②進口貨物同時還要徵收消費稅的，其組成計稅價格的計算公式表示如下：

$$組成計稅價格 = 關稅完稅價格 + 關稅 + 消費稅 = 關稅完稅價格 \times（1+關稅稅率）÷（1-消費稅稅率）$$

項目二　增值稅納稅實務

例 2-10　聯想集團在 2016 年 6 月進口辦公設備 500 臺，每臺設備進口完稅價格 2 萬元，委託運輸公司將進口辦公設備從海關運回本單位，支付運輸公司不含稅運輸費用 10 萬元，取得了運輸公司開具的增值稅專用發票。當月以每臺 3.51 萬元的含稅價格售出 400 臺，向甲公司捐贈 2 臺，對外投資 20 臺，留下 4 臺自用。另支付銷貨運輸費 2 萬元，取得了運輸公司開具的增值稅專用發票。計算該企業當月應納增值稅稅額。(假設進口關稅稅率為 15%)

①進口貨物進口環節應納增值稅稅額 = 2×500×（1+15%）×17% = 195.5（萬元）

②銷項稅額 =（400+2+20）×3.51÷（1+17%）×17% = 215.22（萬元）

③可以抵扣的進項稅額 = 195.5+10×11%+2×11% = 196.82（萬元）

④應納增值稅稅額 = 215.22−196.82 = 18.4（萬元）

任務三　增值稅會計處理

一、一般納稅人會計科目的設置

為了準確反映應納增值稅的核算和繳納情況，一般納稅人應在「應交稅費」科目下設置「應交增值稅」二級科目。

「應交稅費——應交增值稅」科目的借方發生額反映企業購進貨物、勞務或接受應稅服務所支付的進項稅額及實際已繳納的增值稅額；其貸方發生額反映企業銷售貨物、勞務或提供應稅服務所收取的銷項稅額、出口貨物退稅額及進項稅額轉出數；期末貸方餘額反映企業尚未繳納的增值稅，借方餘額反映企業尚未抵扣的增值稅。

企業在「應交稅費——應交增值稅」明細科目下設置「進項稅額」「已交稅金」「銷項稅額」「出口退稅」「進項稅額轉出」等明細欄目對增值稅進行核算。「進項稅額」專欄記錄企業購入貨物或接受應稅勞務而支付的，準予從銷項稅額中抵扣的增值

47

稅稅額。企業購入貨物或接受應稅勞務支付的進項稅額，用藍字登記；退回所購貨物應衝減的進項稅額，用紅字登記。

「已交稅金」專欄記錄企業已繳納的增值稅稅額。企業已繳納的增值稅稅額，用藍字登記；退回多繳的增值稅稅額，用紅字登記。

「銷項稅額」專欄記錄企業銷售貨物或提供應稅勞務應收取的增值稅稅額。企業銷售貨物或提供應稅勞務應收取的銷項稅額，用藍字登記；退回銷售貨物應衝銷的銷項稅額，用紅字登記。

「出口退稅」專欄記錄企業出口適用零稅率的貨物，向海關辦理報關出口手續後，憑出口報關單等有關憑證，向稅務機關申報辦理出口退稅而收到退回的稅款。出口貨物退回的增值稅稅額，用藍字登記；進口貨物辦理退稅後發生退貨或退關而補繳已退的稅額，用紅字登記。

「進項稅額轉出」專欄記錄企業的購進貨物、在產品、產成品等發生非正常損失及其他原因不應從銷項稅額中抵扣，按規定應轉出的進項稅額。稅法規定，對出口貨物免稅收入按徵、退稅率差計算出的不得抵扣稅額，借記「主營業務成本」科目，貸記本科目。

二、一般納稅人的會計核算

（一）一般納稅人銷項稅額的會計處理

企業銷售貨物、勞務或提供應稅服務，應按實現的營業收入和按規定收取的增值稅稅額，借記「應收帳款」「應收票據」「銀行存款」等科目；按實現的營業收入，貸記「主營業務收入」「應交稅費——應交增值稅（銷項稅額）」科目。發生銷貨退回時，做相反的會計分錄。

1. 直接收款銷售方式

稅法規定，企業採取直接收款方式銷售貨物，無論貨物是否發出，均以收到銷貨款或者取得索取銷貨款憑據的當天作為銷售收入實現、納稅義務發生和開具增值稅發票的時間。

例 2-11　海信電視機廠（一般納稅人）7月8日銷售電視機100臺給某商場，開具增值稅專用發票，取得不含稅銷售額300,000元，增值稅稅額為51,000元，商場已用銀行存款支付。

編制如下會計分錄：

（單位：元）

借：銀行存款　　　　　　　　　　　　　　　　　　　　351,000

　　貸：主營業務收入　　　　　　　　　　　　　　　　300,000

　　　　應交稅費——應交增值稅（銷項稅額）　　　　　 51,000

2. 預收貨款銷售方式

企業採用預收貨款結算方式銷售貨物的，以貨物發出的當天作為銷售收入的實現、納稅義務發生和開具增值稅發票的時間。

例 2-12　天成工廠和某公司簽訂供貨合同，貨款金額為100,000元，應交增值稅稅額為17,000元，該公司先預付貨款的50%，餘款等到貨後支付。

天成工廠會計處理如下：

①收到預收款項時，編制如下會計分錄：

（單位：元）

借：銀行存款　　　　　　　　　　　　　　　　　　　　 50,000

　　貸：預收貨款——某公司　　　　　　　　　　　　　 50,000

②發出貨物，開出專用發票時，編制如下會計分錄：

（單位：元）

借：預收貨款——某公司　　　　　　　　　　　　　　　117,000

　　貸：主營業務收入　　　　　　　　　　　　　　　　100,000

　　　　應交稅費——應交增值稅（銷項稅額）　　　　　 17,000

③收到餘款時，編制如下會計分錄：

（單位：元）

借：銀行存款　　　　　　　　　　　　　　　　　　　　 67,000

　　貸：預收帳款　　　　　　　　　　　　　　　　　　 67,000

3. 賒銷和分期收款銷售方式

企業採取賒銷和分期收款方式銷售貨物的，其納稅義務發生時間為書面合同約定的收款日期的當天；無書面合同或者書面合同沒有約定收款日期的，以貨物發出的當天作為納稅義務發生的時間。

例 2-13 河南宛西制藥廠以分期收款方式銷售某藥品 3,000 盒給某公司，每盒 20 元，貨物已經發出。按合同約定貨款分 3 個月付清，本月為第一次付款，開出增值稅專用發票，銷售額為 20,000 元，增值稅稅額為 3,400 元，貨款已收到。

宛西制藥廠應作如下會計處理。

①發出商品時，編制如下會計分錄：

（單位：元）

借：長期應收款	60,000
貸：主營業務收入	60,000

②收到貨款時，編制如下會計分錄：

（單位：元）

借：銀行存款	23,400
貸：長期應收款	20,000
應交稅費——應交增值稅（銷項稅額）	3,400

4. 混合銷售業務

納稅人在銷售自產貨物的同時提供應稅勞務的行為，應當分別核算貨物的銷售額和非增值稅應稅勞務的營業額，並根據其銷售貨物的銷售額計算繳納增值稅，非增值稅應稅勞務的營業額不繳納增值稅；未分別核算的，由稅務機關核定其貨物的銷售額。

例 2-14 某汽車生產商銷售設備 50 臺，每臺不含稅價格為 100,000 元，同時該企業取得非獨立核算設備安裝部門的收入為 100,000 元，款項已收到。

該汽車生產商應編制如下會計分錄：

（單位：元）

借：銀行存款		5,950,000
貸：主營業務收入		5,000,000
其他業務收入		85,470
應交稅費——應交增值稅（銷項稅額）		864,530

5. 委託代銷業務

委託其他納稅人代銷貨物，以收到代銷單位的代銷清單或者收到全部或部分貨款的當天作為銷售收入實現、納稅義務發生和開具增值稅發票的時間。

例 2-15 新華城市廣場收到某百貨商店代銷某品牌電視機的代銷清單，列明銷售電視機 300 臺，每臺不含稅售價 1,500 元，價款共計 450,000 元，銷項稅額 76,500 元，按不含稅代銷價的 5% 結算代銷手續費，款項已收到。

新華城市廣場應編制如下會計分錄：

（單位：元）

借：銀行存款		504,000
銷售費用		22,500
貸：主營業務收入		450,000
應交稅費——應交增值稅（銷項稅額）		76,500

6. 自產或委託加工的貨物用於非應稅項目

企業將自產或委託加工的貨物用於非應稅項目（如轉讓無形資產、銷售不動產和在建工程等）和集體福利，從會計角度看，屬於非銷售活動，應視同銷售，納稅義務發生時間為貨物移送當天。

例 2-16 某一機械廠將一臺自產產品轉為公司工程建設用品，實際成本為 100,000 元，稅務機關認定為 120,000 元，未開具發票。

該機械廠應編制如下會計分錄：

（單位：元）

借：在建工程　　　　　　　　　　　　　　　　　　　　120,400
　　貸：庫存商品　　　　　　　　　　　　　　　　　　　100,000
　　　　應交稅費——應交增值稅（銷項稅額）　　　　　　20,400

7. 用於對外投資、捐贈的貨物

企業將自產、委託加工或購買的貨物作為投資，提供給其他單位或個體工商戶作為銷售活動；無償捐贈給其他單位或個人的，按稅法均屬於視同銷售行為，納稅義務發生時間為貨物移送當天。

例2-17　某機械公司將自產的一批物資無償捐贈給災區，該物資市場售價為9萬元，成本為6萬元。

該機械公司應編制如下會計分錄：

（單位：元）

借：營業外支出　　　　　　　　　　　　　　　　　　　105,300
　　貸：庫存商品　　　　　　　　　　　　　　　　　　　90,000
　　　　應交稅費——應交增值稅（銷項稅額）　　　　　　15,300

8. 將自產、委託加工的貨物分配給股東

納稅人將自產、委託加工的貨物分配給股東，貨物的所有權發生了轉移，屬於視同銷售行為，納稅義務確認時間為貨物移送當天。

例2-18　天潤有限公司將自產價值為50萬元的設備作為股利分配給股東，帳面成本為48萬元。

天潤有限公司應編制如下會計分錄：

（單位：元）

借：應付股利　　　　　　　　　　　　　　　　　　　　585,000
　　貸：主營業務收入　　　　　　　　　　　　　　　　　500,000
　　　　應交稅費——應交增值稅（銷項稅額）　　　　　　85,000

9. 「買一贈一」等實物折扣銷售

企業採用這種方式，除正常銷售貨物，贈品也需按視同銷售計算增值稅。

例 2-19 新華城市廣場採用買冰箱送豆漿機銷售冰箱 100 臺，每臺成本價為 7,020 元（含稅），豆漿機每臺售價 234 元（含稅），成本為 150 元。

編制如下會計分錄：

（單位：元）

借：銀行存款　　　　　　　　　　　　　　　　　702,000
　　貸：主營業務收入——冰箱　　　　　　　　　　　600,000
　　　　應交稅費——應交增值稅（銷項稅額）　　　　10,200
借：營業外支出　　　　　　　　　　　　　　　　　18,400
　　貸：庫存商品——豆漿機　　　　　　　　　　　　15,000
　　　　應交稅費——應交增值稅（銷項稅額）　　　　3,400

10. 以物易物方式銷售

採取以物易物方式銷售的雙方都應作購銷處理，以各自發出的貨物核算銷售額，以各自收到的貨物按規定核算購貨額並計算進項稅額。

例 2-20 某機械廠以自產的 10 臺設備與鋼材廠互換鋼材，每臺設備不含稅價格為 50 萬元，從鋼材廠換回的鋼材已入庫，對方開具的增值稅專用發票上註明鋼材價款為 400 萬元，並開出轉帳支票，補價為 117 萬元。

編制如下會計分錄：

（單位：元）

借：原材料——鋼材　　　　　　　　　　　　　　4,000,000
　　應交稅費——應交增值稅（進項稅額）　　　　　680,000
　　銀行存款　　　　　　　　　　　　　　　　　11770,000
　　貸：主營業務收入　　　　　　　　　　　　　　5,000,000
　　　　應交稅費——應交增值稅（銷項稅額）　　　850,000

11. 採用以舊換新和還本銷售的方式

採用以舊換新方式銷售貨物，銷售額不能相互抵減，其銷售額按新貨物同期銷售價格確定。以還本銷售方式銷售貨物實質上是一種融資行為，其銷售額就是貨物的銷售價格，並且不得從銷售額中扣除還本支出，會計處理與一般貨物銷售相同。

例 2-21 新華城市廣場採用以舊換新方式促銷，銷售彩電 50 臺，含稅單價為 5,850 元，同時回購彩電 50 臺，每臺 400 元。

編制如下會計分錄：

（單位：元）

借：銀行存款　　　　　　　　　　　　　　　　　　　272,500
　　庫存商品　　　　　　　　　　　　　　　　　　　　20,000
　貸：主營業務收入　　　　　　　　　　　　　　　　　250,000
　　　應交稅費——應交增值稅（銷項稅額）　　　　　　42,500

（二）一般納稅人進項稅額的會計核算

1. 可抵扣進項稅額的核算

（1）增值稅專用發票上註明的增值稅稅額。

增值稅一般納稅人從國內採購貨物或接受應稅勞務，應按增值稅專用發票上註明的增值稅稅額加上按運費發票註明的運費額的 7% 計算得出的進項稅額，借記「應交稅費——應交增值稅（進項稅額）」科目；按增值稅專用發票上註明的應計入採購成本的金額及價外費用，借記「在途物資」「原材料」「庫存商品」「週轉材料」「製造費用」「管理費用」等科目；按應付或實際已付的價款、稅款總額，貸記「應付帳款」「應付票據」「銀行存款」「庫存現金」等科目。

例 2-22 某企業購進一批材料已驗收入庫，取得的增值稅專用發票上註明價款為 100,000 元，增值稅稅額為 17,000 元，支付運費取得的貨物運輸業增值稅專用發票上註明運輸費為 2,000 元，增值稅稅額為 220 元，支付裝卸費取得的增值稅專用發票上註明裝卸費為 1,000 元，增值稅稅額為 60 元。全部款項已用銀行存款支付。

該企業應作如下會計處理：

增值稅進項稅額 = 17,000 + 220 + 60 = 17,280（元）

採購總成本 = 100,000 + 2,000 + 1,000 = 103,000（元）

（單位：元）

借：原材料　　　　　　　　　　　　　　　　　　　103,000

　　應交稅費——應交增值稅（進項稅額）　　　　　　17,280

　　貸：銀行存款　　　　　　　　　　　　　　　　　120,280

（2）購進免稅農產品進項稅額的核算。

納稅人購入免稅農產品，按購入農產品買價的13%計算進項稅額，借記「應交稅費——應交增值稅（進項稅額）」科目；按照買價扣除按規定可扣除的進項稅額，借記「在途物資」「原材料」「庫存商品」等科目；按應付或實際已付的價款，貸記「應付帳款」「銀行存款」「庫存現金」等科目。

例 2-23　某農業副產品加工公司購入免稅農產品一批，收購價為40,000元，貨物已驗收入庫，貨款已支付。

編制如下會計分錄。

（單位：元）

借：原材料　　　　　　　　　　　　　　　　　　　34,800

　　應交稅費——應交增值稅（進項稅額）　　　　　　5,200

　　貸：銀行存款　　　　　　　　　　　　　　　　　40,000

（3）接受應稅勞務進項稅額的核算。

企業接受加工、修理修配勞務，應使用增值稅專用發票，分別反映加工、修理修配的成本和進項稅額。

例 2-24　某企業委託乙加工廠加工材料一批，加工費4,000元（不含稅），材料加工完成後驗收入庫。

編制如下會計分錄：

（單位：元）

借：委託加工物資　　　　　　　　　　　　　　　　4,000

　　應交稅費——應交增值稅（進項稅額）　　　　　　680

　　貸：應付帳款——乙加工廠　　　　　　　　　　　4,680

(4) 接受投資或捐贈的進項稅額的核算。

納稅人接受投資或捐贈轉入的貨物，按專用發票上註明的增值稅稅額，借記「應交稅費——應交增值稅（進項稅額）」科目，按確認投資或捐贈貨物的價值，借記「原材料」「庫存商品」等科目，貸記「實收資本」「營業外收入」等科目。

例 2-25 某公司接受某基金會捐贈環保材料一批，增值稅專用發票上註明價款為 50,000 元，增值稅稅額為 8,500 元，材料已送達。

編制如下會計分錄。

（單位：元）

借：原材料	50,000
應交稅費——應交增值稅（進項稅額）	8,500
貸：營業外收入	58,500

(5) 進口貨物進項稅額的核算。

企業進口物資，應按其組成計稅價格和規定的稅率計稅，依法繳納增值稅，按海關進口增值稅專用繳款書上註明的增值稅稅額計算。

例 2-26 某進口公司從 A 公司進口貨物一批（非應稅消費品），關稅完稅價格折合人民幣 10 萬元，該貨物適用的關稅稅率為 15%，增值稅稅率為 17%。貨物已驗收入庫，貨款尚未支付。

該公司應作如下會計處理。

應納關稅稅額 = 100,000×15% = 15,000（元）

應納增值稅稅額 =（100,000+15,000）×17% = 19,550（元）

（單位：元）

借：原材料	115,000
應交稅費——應交增值稅（進項稅額）	19,550
貸：應付帳款	134,550

(6) 購入固定資產進項稅額的核算。

自 2009 年 1 月 1 日起，增值稅一般納稅人購進（包括接受捐贈、實物投資）或自制（包括改擴建、安裝）固定資產發生的進項稅額，可憑增值稅專用發票、海關進口

項目二 增值稅納稅實務

增值稅專用繳款書，從銷項稅額中抵扣，其進項稅額記入「應交稅費——應交增值稅（進項稅額）」科目。

例 2-27 某公司購入生產用設備一臺，取得的增值稅專用發票上註明價款為 120,000 元，增值稅稅額為 20,400 元。

編制如下會計分錄。

（單位：元）

借：固定資產　　　　　　　　　　　　　　　　　　　120,000
　　應交稅費——應交增值稅（進項稅額）　　　　　　 20,400
　貸：銀行存款　　　　　　　　　　　　　　　　　　 140,400

2. 不得抵扣進項稅額的核算

（1）取得普通發票的購進貨物的核算。

一般納稅人在購入貨物時（不包括購進免稅農業產品），只取得普通發票的，應按發票累計全部價款入帳，不得將增值稅稅額分離出來進行抵扣處理。

（2）購入用於非應稅項目的貨物或勞務的核算。

企業購入貨物及接受應稅勞務直接用於非應稅項目，如用於不動產在建工程、職工福利等，按其專用發票上註明的增值稅稅額，計入購入貨物及接受勞務的成本。

（3）購進貨物過程中發現非正常損失的會計處理。

企業在貨物購進過程中，如果因管理不善造成貨物被盜，發生霉爛、變質等損失稱為非正常損失，其進項稅額不得抵扣。新《增值稅暫行條例》規定非正常損失不再包括自然災害造成的損失。

3. 進項稅額轉出的會計處理

已抵扣進項稅額的購進貨物或者應稅勞務改變用途，用於免稅項目、非增值稅應稅勞務、集體福利或個人消費的，應該將進項稅額轉出。

（1）將購進貨物用於在建工程。

例 2-28 某企業將上月購入的生產用某種材料 100,000 元（已抵扣）用於本企業的廠房改擴建工程，該材料適用的增值稅稅率為 17%。

編制如下會計分錄：

（單位：元）

借：在建工程　　　　　　　　　　　　　　　　　　　117,000
　　貸：原材料　　　　　　　　　　　　　　　　　　　100,000
　　　　應交稅費——應交增值稅（進項稅額轉出）　　　17,000

(2) 將購進貨物用於非貨幣性福利。

納稅人將外購的貨物用於集體福利或個人消費，其進項稅額不得抵扣。

例 2-29 甲公司將外購的一批商品分給職工，該商品售價為 10,000 元，進價為 8,500 元，適用增值稅稅率為 17%。

編製如下會計分錄：

（單位：元）

借：應付職工薪酬——非貨幣性福利　　　　　　　　　9,945
　　貸：庫存商品　　　　　　　　　　　　　　　　　　8,500
　　　　應交稅費——應交增值稅（進項稅額轉出）　　　1,445

(3) 發生非正常損失。

購進的物資、在產品、產成品發生因管理不善造成的非正常損失，進項稅額不得抵扣。

例 2-30 乙企業由於管理不善造成原材料被盜，損失價值共計 25,000 元，適用的增值稅稅率為 17%，經主管部門批准，該損失作為營業外支出。

編製如下會計分錄：

（單位：元）

借：待處理財產損溢——待處理流動資產損溢　　　　　29,250
　　貸：庫存商品　　　　　　　　　　　　　　　　　　25,000
　　　　應交稅費——應交增值稅（進項稅額轉出）　　　4,250
借：營業外支出　　　　　　　　　　　　　　　　　　　29,250
　　貸：待處理財產損溢——待處理流動資產損溢　　　　29,250

三、小規模納稅人的會計核算

（一）小規模納稅人銷售貨物的核算

小規模納稅人銷售貨物實行簡易徵收方法，適用的增值稅稅率為3%。

例 2-31 某玉器廠（小規模納稅人），本月銷售玉石一批，價款為88,000元（含稅），貨款已收。

編制如下會計分錄：

（單位：元）

借：銀行存款　　　　　　　　　　　　　　　　　　　88,000
　　貸：主營業務收入　　　　　　　　　　　　　　　　85,436.89
　　　　應交稅費——應交增值稅　　　　　　　　　　　2,563.11
借：應交稅費——應交增值稅　　　　　　　　　　　　2,563.11
　　貸：銀行存款　　　　　　　　　　　　　　　　　　2,563.11

（二）小規模納稅人購進貨物的核算

在購進貨物或接受勞務時，支付給銷售方的增值稅進項稅額不得抵扣，應計入成本。

例 2-32 某小規模納稅人購進商品的價款為100,000元，增值稅稅額為17,000元，支付運費2,000元，裝卸費1,000元，用銀行存款付清。

編制如下會計分錄：

（單位：元）

借：庫存商品　　　　　　　　　　　　　　　　　　　120,000
　　貸：銀行存款　　　　　　　　　　　　　　　　　　120,000

任務四　增值稅出口退稅

中國對出口貨物實行退稅制度，其中對自營和委託出口自產貨物的生產企業實行「免、抵、退」的辦法，對收購貨物出口的外（工）貿企業實行「先徵后退」的辦法，對採用來料加工貿易方式出口的貨物、實行免稅不退稅政策。

一、出口退稅的基本政策

（一）出口免稅並退稅

出口免稅是指對貨物在出口銷售環節不徵增值稅、消費稅，這是把貨物出口環節與出口前的銷售環節都同樣視為一個徵稅環節。出口退稅是指對貨物在出口前實際承擔的稅收負擔，按規定的退稅率計算后予以退還。

（二）出口免稅不退稅

出口免稅與上述第（一）項含義相同。出口不退稅是指適用這個政策的出口貨物因在前一個生產、銷售環節或進口環節是免稅的。因此，出口時該貨物的價格中本身就不含稅，也無須退稅。

（三）出口不免稅也不退稅（視同銷售處理）

出口不免稅是指對國家限制或禁止出口的某些貨物的出口環節視同內銷環節，照常徵稅。出口不退稅是指對這些貨物出口不退還出口前其所負擔的稅款。適用這個政策的主要是稅法列舉的限制或禁止出口的貨物，如天然牛黃、麝香等。

二、出口貨物退稅的適用範圍

《出口貨物退（免）稅管理辦法》規定，可以退稅的出口貨物一般應具備以下 4 個

條件：

①必須是屬於增值稅、消費稅徵稅範圍的貨物。

②必須是報關離境的貨物。報關離境，即出口，就是貨物輸出海關，這是區別貨物是否應退（免）稅的主要標準之一。凡是報關不離境的貨物，不論出口企業以外匯結算還是以人民幣結算，也不論企業在財務上和其他管理上作何處理，均不能視為出口貨物予以退稅。

③必須是在財務上作銷售處理的貨物。出口貨物只有在財務上作銷售處理后，才能辦理退稅。

④必須是出口收匯並已核銷的貨物。將出口退稅與出口收匯核銷掛鉤可以有效地防止出口企業高報出口價格騙取退稅，有助於提高出口收匯率，有助於強化出口收匯核銷制度。

三、出口貨物的退稅率

出口貨物的退稅率是出口貨物的實際退稅額與退稅計稅依據的比例。現行出口貨物的增值稅退稅率有17%、15%、14%、13%、11%、9%、8%、6%、5%等。

四、出口退稅的範圍、申報

（一）生產企業出口貨物「免、抵、退」稅申報

實行「免、抵、退」辦法的「免」稅是指對生產企業出口的自產貨物免徵本企業生產銷售環節增值稅；「抵」稅是指生產企業出口自產貨物所耗用的原材料、零部件、燃料、動力等所含應予退還的進項稅額，抵扣內銷貨物的應納稅額；「退」稅是指生產企業出口的自產貨物在當月內應抵頂的進項稅額大於應納稅額時，對未抵頂完的部分予以退稅。

在代理出口貨物免、抵、退稅申報時，應先向主管徵稅機關的徵稅部門或崗位（以下簡稱徵稅部門）辦理增值稅納稅和免稅、抵稅申報，並向主管徵稅機關的退稅部門或崗位（以下簡稱退稅部門）辦理退稅申報。

1. 向徵稅部門辦理增值稅納稅及免稅、抵稅申報時，應提供下列資料

①增值稅納稅申報表及其規定的附表。

②退稅部門確認的上期生產企業出口貨物免稅、抵、退稅申報匯總表。

③稅務機關要求的其他資料。

2. 向退稅部門辦理免、抵、退稅申報時，應提供下列憑證資料

①生產企業出口貨物免、抵、退稅申報匯總表。

②生產企業出口貨物免、抵、退稅申報明細表。

③經徵稅部門審查簽章的當期增值稅納稅申報表。

④有進料加工業務的還應填報生產企業進料加工登記申報表、生產企業進料加工進口料件申報表、生產企業進料加工海關登記手冊核銷申請表和生產企業進料加工貿易免稅證明。

⑤裝訂成冊的報表及原始憑證。例如，與進料加工業務有關的報表，加蓋海關驗訖章的出口貨物報關單（出口退稅專用），經外匯管理部門簽章的出口收匯核銷單（出口退稅專用）或有關部門出具的中遠期收匯證明、代理出口貨物證明，企業簽章的出口發票。

⑥主管退稅部門要求提供的其他資料。

（二）出口貨物「免、抵、退」稅申報計算步驟

①深入瞭解企業生產經營狀況和出口貨物的情況，注意企業在出口貨物時是否採取了來料加工貿易方式。

②按照稅法規定計算應免、抵、退的稅額。出口貨物免、抵、退的計算在增值稅操作實務中最為複雜。在計算時，應稽核有關免、抵、退稅原始憑證，按下列程序計算當期出口貨物（除採用來料加工貿易方式出口貨物外）應免、抵、退稅額。

1）剔稅。（審查出口貨物報關單和出口發票，核查出口貨物適用的徵稅率和退稅率）

當期不得免徵和抵扣稅額＝當期出口貨物離岸價×外匯人民幣折合率×

（出口貨物適用稅率－出口貨物退稅率）－

當期不得免徵和抵扣稅額抵減額

當期不得免徵和抵扣稅額抵減額＝當期免稅購進原材料價格×（出口貨物適用稅率－出口貨物退稅率）

2）抵稅。

當期應納稅額＝內銷銷項稅額－（進項稅額－當期不得免徵和抵扣稅額）－上期未留抵稅額

當期應納稅額<0 時，應計算應退稅額。

3）尺度。（應退稅額的最高限額）

當期免抵退稅額＝當期出口貨物離岸價×外匯人民幣折合率×出口貨物退稅率－當期免抵退稅額抵減額

當期免抵退稅額抵減額＝當期免稅購進原材料價格×出口貨物退稅率

4）比較。（計算當期應退稅額和免抵稅額，倒擠出免抵稅額）

如果當期期末留抵稅額≤當期免抵退稅額，則

當期應退稅額＝當期期末留抵稅額

當期免抵稅額＝當期免抵退稅額－當期應退稅額

如果當期期末留抵稅額>當期免抵退稅額，則

當期應退稅額＝當期免抵退稅額

當期免抵稅額＝0

當期期末留抵稅額為當期增值稅納稅申報表中的「期末留抵稅額」。

五、出口退稅的應用舉例

為了與出口企業的會計核算辦法相一致，中國《出口貨物退（免）稅管理辦法》規定了兩種退稅計算辦法：第一種是「免、抵、退」辦法，主要適用於自營和委託出口自產貨物的生產企業；第二種是「先徵后退」辦法，目前主要用於收購貨物出口的外（工）貿企業。

（一）當期應納稅額的計算

當期應納稅額＝當期內銷貨物的銷項稅額－（當期進項稅額－當期免抵退稅不得免徵和抵扣稅額）－上期留抵稅額

其中，

當期免抵退稅不得免徵和抵扣稅額＝（出口貨物離岸價×外匯人民幣牌價×出口貨物徵稅率－出口貨物退稅率）－免抵退稅不得免徵和抵扣稅額抵減額

（二）當期免抵退稅額的計算

$$當期免抵退稅額 = 出口貨物離岸價 \times 外匯人民幣牌價 \times 出口貨物退稅率 - 免抵退稅額抵減額$$

其中，

$$免抵退稅額抵減額 = 免稅購進原材料價格 \times 出口貨物退稅率$$

（三）當期應退稅額和免抵稅額的計算

①如果當期期末留抵稅額≤當期免抵退稅額，則

$$當期應退稅額 = 當期期末留抵稅額$$

$$當期免抵稅額 = 當期免抵退稅額 - 當期應退稅額$$

②如果當期期末留抵稅額>當期免抵退稅額，則

$$當期應退稅額 = 當期免抵退稅額$$

$$當期免抵稅額 = 0$$

例 2-33 某自營出口的生產企業為增值稅一般納稅人，出口貨物的徵稅稅率為 17%，退稅稅率為 13%。2016 年 6 月的有關經營業務如下：購進原材料一批，取得的增值稅專用發票上註明價款 900 萬元，外購貨物準予抵扣的進項稅額 70 萬元已通過認證。上月末留抵稅款 12 萬元，本月內銷貨物不含稅銷售額 400 萬元，收款 468 萬元存入銀行。本月出口貨物的銷售額折合人民幣 300 萬元。計算該企業當期的「免、抵、退」稅額。

①當期「免、抵、退」稅不得免徵和抵扣稅額 = 300×（17%-13%）= 12（萬元）

②當期應納稅額 = 400×17% -（70-12）-12 = 68-58-12 = -2（萬元）

③出口貨物「免、抵、退」稅額 = 300×13% = 39（萬元）

④按規定，如果當期期末留抵稅額≤當期免抵退稅額時，則當期應退稅額 = 當期期末留抵稅額，即該企業當期應退稅額 = 2（萬元）。

⑤按規定，當期免抵稅額 = 當期免抵退稅額 - 當期應退稅額 = 39-2 = 37（萬元）。

任務五　增值稅納稅申報與繳納

一、納稅義務發生時間

增值稅納稅義務發生時間是指增值稅納稅義務人、扣繳義務人發生應稅、扣繳稅款行為應承擔納稅義務、扣繳義務的起始時間。

銷售貨物或提供應稅勞務的納稅義務發生時間可以分為一般規定和具體規定。

（一）一般規定

①納稅人銷售貨物或提供應稅勞務、服務，其納稅義務發生時間為收訖銷售款項或取得索取銷售款項憑據的當天；先開具發票的，為開具發票的當天。

②納稅人進口貨物，其納稅義務發生時間為報關進口的當天。

③增值稅扣繳義務發生時間為納稅人增值稅納稅義務發生的當天。

（二）具體規定

納稅人收訖銷售款項或取得索取銷售款項憑據的當天，按銷售結算方式的不同，具體分為以下幾種。

①納稅人採取直接收款方式銷售貨物，不論貨物是否發出，增值稅納稅義務發生時間為收到銷售款或取得索取銷售款憑證的當天。

根據國家稅務總局公告2011年第40號《國家稅務總局關於增值稅納稅義務發生時間有關問題的公告》的規定，納稅人生產經營活動中採取直接收款方式銷售貨物，已將貨物移送對方並暫估銷售收入入帳，但既未取得銷售款或取得索取銷售款憑據，也未開具銷售發票的，其增值稅納稅義務發生時間為取得銷售款或取得索取銷售款憑據的當天；先開具發票的，為開具發票的當天。

②採取託收承付和委託銀行收款方式銷售貨物，增值稅納稅義務發生時間為發出

貨物並辦妥托收手續的當天。

③採取賒銷和分期收款方式銷售貨物，增值稅納稅義務發生時間為書面合同約定的收款日期的當天。無書面合同或書面合同沒有約定收款日期的，增值稅納稅義務發生時間為貨物發出的當天。

④採取預收貨款方式銷售貨物，增值稅納稅義務發生時間為貨物發出的當天，但銷售生產工期超過12個月的大型機械設備、船舶、飛機等貨物，增值稅納稅義務發生時間為收到預收款或者書面合同約定的收款日期的當天。

⑤委託其他納稅人代銷貨物，增值稅納稅義務發生時間為收到代銷單位的代銷清單或者收到全部或部分貨款的當天。未收到代銷清單及貨款的，為發出代銷貨物滿180日的當天。

⑥納稅人有視同銷售貨物行為的，除銷售代銷貨物外，均為貨物移送的當天。

⑦納稅人銷售應稅勞務，增值稅納稅義務發生時間為提供勞務同時收訖銷售款或取得索取銷售款憑據的當天。

增值稅扣繳義務發生時間為納稅人增值稅納稅義務發生的當天。

二、納稅期限

增值稅的納稅期限分別為1日、3日、5日、10日、15日、1個月或1個季度。納稅人的具體納稅期限，由主管稅務機關根據納稅人應納稅額的大小分別核定。以1個季度為納稅期限的規定適用於小規模納稅人及財政部和國家稅務總局規定的其他納稅人。不能按照固定期限納稅的，可以按次納稅。

納稅人以1個月或者1個季度為1個納稅期的，自期滿之日起15日內申報納稅；以1日、3日、5日、10日或者15日為1個納稅期的，自期滿之日起5日內預繳稅款，於次月1日起15日內申報納稅並結清上月應納稅款。

扣繳義務人解繳稅款的期限，按照前兩款規定執行。

納稅人進口貨物的，應當自海關填發進口增值稅專用繳納書之日起15日內繳納稅款。

三、增值稅納稅申報操作流程

增值稅納稅申報分一般納稅人和小規模納稅人兩種申報。兩者的辦稅程序有不同

要求。

增值稅一般納稅人申報的特點是報表體系嚴密，計稅資料齊全。辦理這種納稅申報須提供以下資料。

①增值稅納稅申報表（適用於增值稅一般納稅人）、4個增值稅納稅申報表附列資料和固定資產進項稅額抵扣情況表。

②納稅申報其他資料。

· 已開具的稅控機動車銷售統一發票和普通發票的存根聯。

· 符合抵扣條件且在本期申報抵扣的防偽稅控增值稅專用發票、貨物運輸業增值稅專用發票、稅控機動車銷售統一發票的抵扣聯。

· 符合抵扣條件且在本期申報抵扣的海關進口增值稅專用繳款書、購進農產品取得的普通發票。

· 符合抵扣條件且在本期申報抵扣的中華人民共和國稅收繳款憑證及其清單，書面合同、付款證明和境外單位的對帳單或發票。

· 已開具的農產品收購憑證的存根聯或報查聯。

· 納稅人提供應稅服務，在確定應稅服務銷售額時，按照有關規定從取得的全部價款和價外費用中扣除價款的合法憑證及其清單。

· 主管稅務機關規定的其他資料。

四、納稅地點

①固定業戶應當向其機構所在地的主管稅務機關申報納稅；總機構和分支機構不在同一縣（市）的，應當分別向各自所在地的主管稅務機關申報納稅；經國務院財政、稅務主管部門或者其授權的財政、稅務機關批准，可以由總機構匯總向總機構所在地的主管稅務機關申報納稅。

②固定業戶到外縣（市）銷售貨物或提供應稅勞務、服務，應當向其機構所在地的主管稅務機關申請開具外出經營活動稅收管理證明，並向其機構所在地的主管稅務機關申報納稅；未開具證明的，應當向銷售地或勞務、服務發生地的主管稅務機關申報納稅；未向銷售地或勞務、服務發生地的主管稅務機關申報納稅的，由其機構所在地的主管稅務機關補徵稅款。

③非固定業產銷售貨物或提供應稅勞務、服務，應當向銷售地或者勞務、服務發

生地的主管稅務機關申報納稅；未向銷售地或勞務、服務發生地的主管稅務機關申報納稅的，由其機構所在地或居住地的主管稅務機關補徵稅款。

④進口貨物，應當向報關地海關申報納稅。

⑤扣繳義務人應當向其機構所在地或居住地的主管稅務機關申報繳納其扣繳的稅款。

五、增值稅專用發票的管理

增值稅專用發票是增值稅一般納稅人銷售貨物或提供應稅勞務、服務開具的發票，是購買方支付增值稅稅額並可按照增值稅有關規定據以抵扣增值稅進項稅額的憑證。一般納稅人應通過增值稅防偽稅控系統使用專用發票。

（一）專用發票的聯次

專用發票由基本聯次或者基本聯次附加其他聯次構成。基本聯次為3聯，即發票聯、抵扣聯和記帳聯。發票聯是作為購買方核算採購成本和增值稅進項稅額的記帳憑證，抵扣聯是作為購買方報送主管稅務機關認證和留存備查的憑證，記帳聯是作為銷售方核算銷售收入和增值稅銷項稅額的記帳憑證。其他聯次的用途，由一般納稅人自行確定。

（二）專用發票的開票限額

專用發票實行最高開票限額管理。最高開票限額是指單份專用發票開具的銷售額合計數不得達到的上限額度。

最高開票限額由一般納稅人申請，稅務機關依法審批。最高開票限額為10萬元及以下的，由區縣級稅務機關審批；最高開票限額為100萬元的，由地市級稅務機關審批；最高開票限額為1,000萬元及以上的，由省級稅務機關審批。防偽稅控系統的具體發行工作由區、縣級稅務機關負責。

一般納稅人領購專用設備后，憑最高開票限額申請表、發票領購簿到稅務機關辦理初始發行。初始發行是指主管稅務機關將一般納稅人的信息載入空白金稅卡和IC卡的行為。需要載入的納稅人的信息包括企業名稱、稅務登記代碼、開票限額、購票限量、購票人員姓名及密碼、開票機數量和國家稅務總局規定的其他信息。

（三）專用發票領購使用範圍

一般納稅人憑發票領購簿、IC 卡和經辦人身分證明領購專用發票。一般納稅人有下列情形之一的，不得領購專用發票。

①會計核算不健全，不能向稅務機關準確提供增值稅銷項稅額、進項稅額、應納稅額數據及其他有關增值稅稅務資料的。

前面所述其他有關增值稅稅務資料的內容，由省、自治區、直轄市和計劃單列市國家稅務局確定。

②有《稅收徵管法》規定的稅收違法行為，拒不接受稅務機關處理的。

③有下列行為之一，經稅務機關責令限期改正而仍未改正的。

・虛開增值稅專用發票。

・私自印製專用發票。

・向稅務機關以外的單位和個人買取專用發票。

・借用他人專用發票。

・未按《稅收徵管法》第十一條開具專用發票。

・未按規定保管專用發票和專用設備。

・未按規定申請辦理防偽稅控系統變更發行。

・未按規定接受稅務機關檢查。

有上述情形的，如果已領購專用發票，主管稅務機關應暫扣其結存的專用發票和 IC 卡。

（四）專用發票開具範圍

一般納稅人銷售貨物或提供應稅勞務、服務，應向購買方開具專用發票。

屬於下列情形之一的，不得開具增值稅專用發票。

①商業企業一般納稅人零售的菸、酒、食品、服裝、鞋帽（不包括勞保專用部分）、化妝品等消費品。

②銷售免稅貨物。

③向消費者個人提供應稅服務。

④適用免徵增值稅的應稅服務。

小規模納稅人銷售貨物或提供應稅勞務、服務，接受方索取增值稅專用發票的，可以向主管稅務機關申請代開。

（五）專用發票開具要求

專用發票開具要求如下：
①項目齊全，與實際交易相符。
②字跡清楚，不得壓線、錯格。
③發票聯和抵扣聯加蓋財務專用章或發票專用章。
④按照增值稅納稅義務的發生時間開具。
不符合上述要求的專用發票，購買方有權拒收。
一般納稅人銷售貨物或提供應稅勞務可匯總開具專用發票。匯總開具專用發票的，同時應使用防偽稅控系統開具銷售貨物或提供應稅勞務清單，並加蓋財務專用章或者發票專用章。

（六）發生退貨或開票有誤的處理

1. 專用發票的作廢處理

專用發票的作廢處理有即時作廢和符合條件作廢兩種。即時作廢是指開具時發現有誤的。符合條件作廢是指一般納稅人在開具專用發票當月，發生銷貨退回或銷售折讓、開票有誤等情形，收到退回的發票聯和抵扣聯。符合作廢條件是指同時具有以下情形。
①收到退回的發票聯、抵扣聯時間未超過銷售方開票當月。
②銷售方未抄稅並且未記帳。
③購買方未認證或者認證結果為「納稅人識別號認證不符」「專用發票代碼、號碼認證不符」。
作廢專用發票必須在防偽稅控系統中將相應的數據電文按「作廢」處理，在紙質專用發票（含未打印的專用發票）各聯次上註明「作廢」字樣，全聯留存。

2. 紅字專用發票開具

增值稅一般納稅人開具增值稅專用發票后，如果發現銷貨退回或銷貨折扣、開票有誤等情形，不符合作廢條件的，應按規定開具紅字專用發票。納稅人銷售貨物並向

購買方開具增值稅專用發票后，由於購買方在一定時期內累計購買貨物達到一定數量，或者由於市場價格下降等原因，銷貨方給予購買方相應的價格優惠或補償等折扣、折讓行為，銷貨方也可按規定開具紅字增值稅專用發票。

紅字專用發票的開具，應視不同情況分別按以下辦法處理。

①專用發票抵扣聯、發票聯均無法認證的，由購買方填報開具紅字增值稅專用發票申請單，並在申請單上填寫具體原因及相對應藍字專用發票的信息，主管稅務機關審核后開具紅字增值稅專用發票通知單。購買方不作進項稅額轉出處理。

②購買方所購貨物不屬於增值稅扣稅項目範圍，取得的專用發票未經認證的，由購買方填報申請單，並在申請單上填寫具體原因及相對應藍字專用發票的信息，主管稅務機關審核后開具紅字增值稅專用發票通知單。購買方不作進項稅額轉出處理。

③開票有誤、購買方拒收專用發票的，銷售方須在專用發票認證期限內向主管稅務機關填報申請單，並在申請單上填寫具體原因及相對應藍字專用發票的信息，同時提供由購買方出具的寫明拒收理由、錯誤具體項目及正確內容的書面材料，主管稅務機關審核確認后開具紅字增值稅專用發票通知單。銷售方憑通知單開具紅字專用發票。

④因開票有誤等原因尚未將專用發票交付購買方的，銷售方須在開具有誤專用發票的次月向主管稅務機關填報申請單，並在申請單上填寫具體原因及相對應藍字專用發票的信息，同時提供由銷售方出具的寫明具體理由、具體錯誤項目及正確內容的書面材料，主管稅務機關審核確認后開具紅字增值稅專用發票通知單。銷售方憑通知單開具紅字專用發票。

⑤發生銷貨退回或銷售折讓的，除按照有關規定進行處理外，銷售方還應在開具紅字專用發票后將該筆業務的相應記帳憑證複印件報送主管稅務機關備案。

（七）專用發票的認證

①用於抵扣增值稅進項稅額的專用發票應經稅務機關認證相符（國家稅務總局另有規定的除外）。認證相符的專用發票應作為購買方的記帳憑證，不得退還銷售方。

認證是稅務機關通過防偽稅控系統對專用發票所列數據的識別、確認。認證相符是指納稅人識別號無誤，專用發票所列密文譯后與明文一致。

②經認證有無法認證、納稅人識別號認證不符，或專用發票代碼或號碼認證不符等情形的，不得作為增值稅進項稅額的抵扣憑證，稅務機關退還原件，購買方可要求

銷售方重新開具專用發票。

③有重複認證、密文有誤、認證不符或列為失控專用發票等情形的，暫不得作為增值稅進項稅額的抵扣憑證，稅務機關扣留原件，查明原因，分情況進行處理。

④對丟失已開具專用發票的發票聯和抵扣聯的處理如下：

- 一般納稅人丟失已開具專用發票的發票聯和抵扣聯，如果丟失前已認證相符，購買方憑銷售方提供的相應專用發票記帳聯複印件及銷售方所在地主管稅務機關出具的丟失增值稅專用發票已報稅證明單，經購買方主管稅務機關審核同意后，作為增值稅進項稅額的抵扣憑證。如果丟失前未認證，購買方憑銷售方提供的相應專用發票記帳聯複印件到主管稅務機關進行認證，認證相符可憑該專用發票記帳聯複印件及銷售方所在地主管稅務機關出具的丟失增值稅專用發票已報稅證明單，經購買方主管稅務機關審核同意后，作為增值稅進項稅額的抵扣憑證。

- 一般納稅人丟失已開具專用發票的抵扣聯，如果丟失前已認證相符，可使用專用發票的發票聯複印件留存備查。如果丟失前未認證，可使用專用發票的發票聯到主管稅務機關認證，專用發票的發票聯複印件留存備查。

- 一般納稅人丟失已開具專用發票的發票聯，可將專用發票抵扣聯作為記帳憑證，專用發票抵扣聯複印件留存備查。專用發票抵扣聯無法認證的，可使用專用發票的發票聯到主管稅務機關認證。專用發票的發票聯複印件留存備查。

問題思考

1. 什麼是增值稅？它的徵收範圍包括哪些內容？
2. 如何判定增值稅一般納稅人和小規模納稅人？
3. 什麼是銷項稅額？什麼是進項稅額？
4. 增值稅中哪些項目的進項稅額不得從銷項稅額中抵扣？
5. 一般納稅人與小規模納稅人在計稅方法上有何異同？
6. 進口貨物應納增值稅稅額如何計算？
7. 想一想為什麼要「營改增」？它對國家和企業分別產生什麼影響？

項目三　消費稅納稅實務

學習目標

1. 掌握消費稅的徵稅範圍和納稅義務人的認定。
2. 熟悉消費稅的稅目和稅率。
3. 掌握消費稅應納稅額的計算。
4. 掌握出口應稅消費品應退稅額的計算。
5. 熟悉消費稅徵收管理。

任務一　消費稅基本認知

一、消費稅的概念、特點及作用

（一）消費稅的概念

消費稅是對在中國境內從事生產、委託加工和進口應稅消費品的單位和個人，就其銷售額或銷售數量，在特定環節徵收的一種流轉稅。消費稅可分為一般消費稅和特

別消費稅，前者主要是指對所有消費品包括必需品和日用品普遍課稅，後者主要是指對特定消費品或特定消費行為如奢侈品等課稅。中國實行的是特別消費稅。

知識拓展

消費稅是世界各國廣泛實行的稅種，根據荷蘭克勞森教授收集的129個國家的資料，沒有徵收消費稅的國家不到10個。中國的消費稅是在1994年稅制改革中新設置的稅種。它由原產品稅脫胎而來，與實行普遍調節的增值稅配套，體現國家對某些產品實行的特殊調節。

（二）消費稅的特點

1. 課稅對象具有針對性

消費稅的課稅對象並不是所有消費品，只選擇了部分消費品，目前僅有14類，主要包括特殊消費品、奢侈品、高能耗產品、不可再生的稀缺資源，以及一些稅基寬廣、消費普遍、徵收消費稅不會影響人民生活水平、具有一定財政意義的普通消費品。因此，消費稅的課稅對象具有較強的針對性。

2. 徵稅環節具有單一性

消費稅實行單環節徵收，即一次課徵制。其納稅環節主要是生產經營過程中的某一特定環節（卷菸除外）。除金銀首飾和鑽石飾品外，其他應稅消費品的納稅環節主要確定在生產環節或進口環節，之後的流通、消費環節不再徵收消費稅。這樣可以防止重複徵稅，提高徵管效率。

3. 平均稅率水平比較高且稅負差異大

消費稅屬於國家運用稅收槓桿對某些消費品進行特殊調節的稅種。消費稅的平均稅率水平一般定得比較高，並且不同徵稅項目的稅負差異較大，對需要限制或控製消費的消費品，通常稅負較重。這主要體現了國家運用稅收槓桿對某些消費品進行特殊調節的意圖。

4. 徵收方法具有多樣性

消費稅按照產品不同設置稅目，分別制定高低不同的稅率或稅額，徵收時可以採

取對消費品的數量實行從量定額的徵收方法，也可以採取對消費品的價格實行從價定率的徵收方法，對菸酒實行從價從量複合徵稅。因此，消費稅的徵收方法呈現多樣性。

5. 稅負具有轉嫁性

消費稅是對消費應稅消費品的課稅，因此稅負歸宿應為消費者。但為了簡化徵收管理，中國消費稅直接以應稅消費品的生產經營者為納稅人，於生產銷售環節、進口環節或零售環節繳納稅款，並成為商品價格的一個組成部分向購買者收取。消費者為稅負的最終負擔者。

（三）消費稅的作用

1. 調節消費結構

消費稅的課徵範圍只限於國家限制的少數商品，對列入其徵稅範圍的商品，國家還要根據一定時期的消費政策，分別確定高低不同的稅率，以體現國家調節消費的意圖。

2. 限制消費規模、引導消費方向

由於消費稅通常採用較高的稅率，稅負最終由消費者負擔，其徵收對象又多為需求彈性較大的非必需品，如菸、酒、焰火、貴重首飾等。

3. 及時、足額地保證財政收入

消費稅是以應稅消費品的銷售額或銷售數量及組成計稅價格為計稅依據，稅額會隨著銷售額的增加而不斷增長，同時只要消費品實現銷售，也就產生繳納消費稅的義務。因此，消費稅對及時、足額地保證財政收入起著重要的作用。

4. 在一定程度上緩解社會分配不公

由於個人生活水平的高低很大程度體現在其支付能力上，因此，通過對某些奢侈品或特殊消費品徵收消費稅，立足於從調節個人支付能力的角度間接增加某些消費者的稅收負擔，體現收入多者多繳稅的政策精神。

二、消費稅的徵稅對象

消費稅的徵稅對象是在中華人民共和國境內從事生產、委託加工和進口應稅消費品的單位和個人。單位是指各種所有制企業和行政單位、事業單位、軍事單位、社會

團體及其他單位。個人是指個體工商戶和其他個人。在中華人民共和國境內是指生產、委託加工和進口應稅消費品的起運地或所在地在中國境內。

委託加工（受託方為個體工商戶除外）、委託代銷金銀首飾、鑽石及鑽石飾品的，以受託方為納稅人。

金銀首飾、鑽石及鑽石飾品消費稅的納稅人為在中國境內從事商業零售金銀首飾、鑽石及鑽石飾品的單位和個人。

三、消費稅的徵稅範圍

（一）生產應稅消費品

生產應稅消費品的銷售是消費稅徵收的主要環節。生產應稅消費品除了直接對外銷售應徵收消費稅外，納稅人將生產的應稅消費品用來換取生產資料、消費資料，投資入股，償還、抵償債務，以及用於繼續生產應稅消費品以外的其他方面都應繳納消費稅。

（二）委託加工應稅消費品

委託加工應稅消費品是指委託方提供原料和主要材料，受託方只收取加工費和代墊部分輔助材料加工的應稅消費品。由受託方提供原材料或其他情形的一律不能視同委託加工應稅消費品。委託加工的應稅消費品收回后，再繼續用於生產應稅消費品銷售的，其加工環節繳納的消費稅稅額可以扣除。

（三）進口應稅消費品

單位和個人進口貨物屬於消費稅徵稅範圍的，在進口環節也要繳納消費稅。為了減少徵稅成本，進口環節繳納的消費稅由海關代徵。

（四）零售應稅消費品

經國務院批准，自1995年1月1日起，金銀首飾消費稅由生產銷售環節徵收改為零售環節徵收。改在零售環節徵收消費稅的金銀首飾僅限於金基、銀基合金首飾，以及金、銀和金基、銀基合金的鑲嵌首飾。零售環節適用消費稅稅率為5%，在納稅人銷

售金銀首飾、鑽石及鑽石飾品時徵收。其計稅依據是不含增值稅的銷售額。

對既銷售金銀首飾，又銷售非金銀首飾的生產、經營單位，應將兩類商品劃分清楚，分別核算銷售額。凡劃分不清楚或不能分別核算的並在生產環節銷售的，一律從高適用稅率徵收消費稅。在零售環節銷售的，一律按金銀首飾徵收消費稅。金銀首飾與其他產品組成成套消費品銷售的，應按銷售額全額徵收消費稅。

金銀首飾連同包裝物銷售的，無論包裝物是否單獨計價及在會計上如何核算，均應並入金銀首飾的銷售額，計徵消費稅。

帶料加工的金銀首飾，應按受託方銷售同類金銀首飾的銷售價格確定計稅依據徵收消費稅。沒有同類金銀首飾銷售價格的，按照組成計稅價格計算納稅。

納稅人採用以舊換新（含翻新改制）方式銷售的金銀首飾，應按實際收取的不含增值稅的全部價款確定計稅依據徵收消費稅。

（五）批發環節應稅消費品

自 2015 年 5 月 10 日起，全國卷菸批發環節從價稅稅率由 5% 提高至 11%，並按 0.005 元/支加徵從量稅。

四、消費稅的稅目及稅率

（一）消費稅的稅目

按照《中華人民共和國消費稅暫行條例》（以下簡稱《消費稅暫行條例》）的規定，中國現行消費稅的稅目共有 14 個，包括菸、酒及酒精、化妝品、貴重首飾及珠寶玉石、鞭炮及焰火、成品油、汽車輪胎、小汽車、摩托車、高爾夫球及球具、高檔手錶、遊艇、木制一次性筷子和實木地板。在一些稅目下，還設置有若干子目。

（二）消費稅的稅率

消費稅有比例稅率和定額稅率兩種，以適用不同應稅消費品的實際情況。

消費稅根據不同的稅目或子目確定相應的稅率或單位稅額。例如，化妝品的適用稅率為 30%，摩托車的適用稅率為 3% 等；黃酒、啤酒、汽油、柴油等分別按單位重量或單位體積確定單位稅額。

消費稅稅目、稅率（稅額）如表 3-1 所示：

表 3-1　消費稅稅目、稅率（稅額）

稅目			從價 稅率	從量計徵 標準	單位稅額
一、菸	①生產環節	1. 卷菸			
		Ⅰ. 每標準條（200 支）對外調撥價格在 70 元以上（含 70 元）的	56%	標準箱（5 萬支）	150 元
		Ⅱ. 每標準條（200 支）對外調撥價格在 70 元以下的	36%	標準箱（5 萬支）	150 元
	②批發環節		5%		
	2. 雪茄菸		36%		
	3. 菸絲		30%		
二、酒	1. 白酒	20%		斤（或 500 毫升）	0.57 元
	2. 黃酒			噸	240 元
	3. 啤酒	（1）每噸出廠價格（含包裝物及包裝物押金）在 3,000 元（含3,000元,不含增值稅）以上的		噸	250 元
		（2）每噸出廠價格（含包裝物及包裝物押金）在 3,000 元（不含增值稅）以下的		噸	220 元
	4. 其他酒		10%		
三、化妝品			30%		
四、貴重首飾及珠寶玉石	1. 金銀首飾、鉑金首飾和鑽石及鑽石飾品		5%		
	2. 其他貴重首飾和珠寶玉石		10%		
五、鞭炮、焰火			15%		
六、成品油	1. 汽油 無鉛汽油			升	1.4 元
	2. 柴油			升	1.1 元
	3. 航空煤油			升	1.1 元
	4. 石腦油			升	1.4 元
	5. 溶劑油			升	1.4 元
	6. 潤滑油			升	1.4 元
	7. 燃料油			升	1.1 元

表 3-1（續）

稅目			從價 稅率	從量計徵 標準	從量計徵 單位稅額
七、摩托車	1. 汽缸容量（排氣量，下同）在 250 毫升的		3%		
	2. 汽缸容量在 250 毫升以上的		10%		
八、小汽車	1. 乘用車	（1）氣缸容量（排氣量，下同）在 1.0 升以下的	1%		
		（2）氣缸容量在 1.0 升以上至 1.5 升（含 1.5 升）的	3%		
		（3）氣缸容量在 1.5 升以上至 2.0 升（含 2.0 升）的	5%		
		（4）氣缸容量在 2.0 升以上至 2.5 升（含 2.5 升）的	9%		
		（5）氣缸容量在 2.5 升以上至 3.0 升（含 3.0 升）的	12%		
		（6）氣缸容量在 3.0 升以上至 4.0 升（含 4.0 升）的	25%		
		（7）氣缸容量在 4.0 升以上的	40%		
	2. 中輕型商用客車		5%		
九、高爾夫球及球具			10%		
十、高檔手錶			20%		
十一、遊艇			10%		
十二、木制一次性筷子			5%		
十三、實木地板			5%		

任務二　消費稅應納稅額的計算

按照現行稅法的基本規定，消費稅應納稅額的計算主要分為從價計徵、從量計徵

和從價從量複合計徵 3 種方法。

一、從價定率計算公式

實行從價定率辦法計算消費稅應納稅額的計算公式表示如下：

應納稅額＝應稅消費品計稅金額×比例稅率

應納稅額的多少取決於應稅消費品的計稅金額和適用稅率兩個因素。其中，正確計算計稅金額是計算消費稅的關鍵。

問題思考

在生產、自產自用、委託加工、進口等納稅環節，應稅消費品計稅金額的具體規定是什麼？

二、從價定率計算的分類

（一）生產應稅消費品應納稅額的計算

納稅人生產的應稅消費品，於納稅人銷售時納稅，計稅依據為銷售額。因此，銷售額是計算生產應稅消費品應納稅額的關鍵。

價外費用是指價外向購買方收取的手續費、補貼、基金、集資費、返還利潤、獎勵費、違約金、滯納金、延期付款利息、賠償金、代收款項、代墊款項、包裝費、包裝物租金、儲備費、優質費、運輸裝卸費，以及其他各種性質的價外收費。承運部門的運輸費用發票開具給購買方的，納稅人將該項發票轉交給購買方。代墊運輸費用及符合一定條件代為收取的政府性基金或者行政事業性收費不包括在內。

1. 包裝物押金的處理

應稅消費品連同包裝物銷售，無論包裝物是否單獨計價或在會計上如何核算，均應並入應稅消費品的銷售額中徵收消費稅。

如果包裝物不作價隨同產品銷售，而是收取押金，則此項押金不應並入應稅消費品的銷售額中徵稅。但對因逾期未收回的包裝物押金不再退還的或者已收取的超過 1

項目三 消費稅納稅實務

年的押金,則應並入應稅消費品的銷售額,按照應稅消費品的適用稅率繳納消費稅。

對作價隨同應稅消費品銷售、另外收取的包裝物押金,納稅人在規定的期限內沒有退還的,均應並入應稅消費品的銷售額,按照應稅消費品的適用稅率繳納消費稅。

對銷售除啤酒、黃酒外的其他酒類產品收取的包裝物押金,無論押金是否返還及在會計上如何核算,均應並入酒類產品銷售額中徵收消費稅。

包裝物押金一般為含增值稅收入,在將包裝物押金並入銷售額徵稅時,應將押金換算為不含增值稅收入。

問題思考

對於包裝物押金的處理,增值稅和消費稅有何異同點?

2. 含增值稅銷售額的換算

如果銷售額中含有增值稅,應換算為不含增值稅的銷售額。其換算公式表示如下:

應稅消費品的銷售額=含增值稅的銷售額(及價外費用)÷(1+增值稅的稅率或徵收率)

例3-1 趙剛向瀋陽汽車製造廠(增值稅一般納稅人)訂購自用汽車一輛,支付貨款(含稅)250,800元,另支付設計、改裝費30,000元。該輛汽車計徵消費稅的銷售額計算如下。

應稅銷售額=(250,800+30,000)÷(1+17%)=240,000(元)

3. 銷售額的其他規定

①納稅人通過非獨立核算門市部銷售的自產應稅消費品,應按門市部對外銷售額或銷售數量徵收消費稅。

例3-2 森田汽車輪胎廠下設一非獨立核算的門市部,該廠將一批汽車輪胎交門市部出售,計價60萬元,門市部取得含稅的銷售收入77.22萬元。計算該批輪胎計徵消費稅的銷售額。

銷售額(不含增值稅)=77.22÷(1+17%)=66(萬元)

②納稅人用於換取生產資料、消費資料、投資入股和抵償債務等方面的應稅消費

品的，應當以納稅人同類應稅消費品的最高銷售價格作為計稅依據計算消費稅。

③將不同稅率的應稅消費品組成成套消費品銷售，應從高適用稅率計徵消費稅。

(二) 自產自用應稅消費品應納稅額的計算

1. 自產自用的含義及應稅規定

自產自用是指納稅人生產的應稅消費品，不是用於直接對外銷售，而是用於自己連續生產應稅消費品或其他方面。

①用於連續生產的應稅消費品，是指作為生產最終應稅消費品的直接材料並構成最終產品實體的應稅消費品。例如，卷菸廠生產的菸絲用於本廠連續生產卷菸，就不繳納消費稅，只對生產銷售的卷菸徵收消費稅。用於連續生產應稅消費品的，不納稅。

②用於其他方面的應稅消費品，是指納稅人用於生產非應稅消費品、在建工程、管理部門、非生產機構、提供勞務，以及用於饋贈、贊助、集資、廣告、樣品、職工福利、獎勵等方面的應稅消費品。用於其他方面的，於移送使用時納稅。

2. 用於其他方面的應稅消費品計稅依據的確定

納稅人自產自用的用於其他方面的應稅消費品，應當繳納消費稅的，應當按照如下順序計算應納稅額。

①按照納稅人當月同類消費品的銷售價格計算納稅。同類消費品的銷售價格是指納稅人當月銷售的同類消費品的銷售價格。如果當月同類消費品各期銷售價格高低不同，應按銷售數量加權平均計算，但銷售價格明顯偏低又無正當理由的，或者無銷售價格的，不得列入加權平均計算。如果當月無銷售或者當月未完結，應按照同類消費品上月或最近月份的銷售價格計算納稅。

②當月沒有同類消費品銷售價格的，按照近期消費品的銷售價格計算納稅，其計算方法和規定同當月同類消費品銷售價格。

③當月和近期都沒有同類消費品銷售價格的，按照組成計稅價格計算納稅。其計算公式表示如下：

$$組成計稅價格 = （成本+利潤）÷（1-消費稅稅率）$$

$$應納稅額 = 組成計稅價格 \times 消費稅稅率$$

上式中，「成本」是指應稅消費品的產品生產成本，「利潤」是指根據應稅消費品的全國平均成本利潤率計算的利潤。應稅消費品的全國平均成本利潤率如表3-2所示：

表 3-2　應稅消費品的全國平均成本利潤率

序號	品名	成本利潤率	序號	品名	成本利潤率
1	甲類卷菸	10%	11	貴重首飾及珠寶玉石	6%
2	乙類卷菸	5%	12	汽車輪胎	5%
3	雪茄菸	5%	13	摩托車	6%
4	菸絲	5%	14	高爾夫及球具	10%
5	糧食白酒	10%	15	高檔手錶	20%
6	薯類白酒	5%	16	遊艇	10%
7	其他酒	5%	17	木制一次性筷子	5%
8	酒精	5%	18	實木地板	5%
9	化妝品	5%	19	乘用車	8%
10	鞭炮、焰火	5%	20	中輕型商用客車	5%

3. 應納稅額的計算

應稅消費品應納稅額的計算公式表示如下：

應納稅額＝生產同類消費品的銷售額×比例稅率

或　　　　　應納稅額＝組成計稅價格×比例稅率

例 3-3　大陽摩托車廠將 1 輛自產摩托車獎勵性發給優秀職工，其成本為 5,000 元/輛，成本利潤率為 6%，適用消費稅稅率為 10%。計算該摩托車應納的消費稅稅額。

該摩托車的組成計稅價格＝5,000×（1+6%）÷（1-10%）＝5,888.89（元）

應納的消費稅稅額＝5,888.89×10%＝588.89（元）

(三) 委託加工應稅消費品應納稅額的計算

1. 委託加工的含義及應稅規定

委託加工應稅消費品，是指由委託方提供原料和主要材料，受託方只收取加工費和代墊部分輔助材料加工的應稅消費品。

對於由受託方提供原材料生產的應稅消費品，或者受託方先將原材料賣給委託方，然后再接受加工的應稅消費品，以及由受託方以委託方名義購進原材料生產的應稅消費品，不論納稅人在財務上是否作銷售處理，都不得作為委託加工應稅消費品，而應當按照銷售自制應稅消費品繳納消費稅。

委託加工的應稅消費品，受託方在交貨時已代收代繳消費稅，委託方收回后直接銷售的，不再徵收消費稅。若用於連續生產應稅消費品，其已納稅款準予從連續生產的應稅消費品的應納稅額中扣除。

2. 委託加工應稅消費品應納稅額的計算

委託加工的應稅消費品，按照受託方同類消費品的銷售價格計算納稅（同類消費品銷售價格的含義及確定方法，與「自產自用」中所述相同）；沒有同類消費品銷售價格的，按照組成計稅價格計算納稅。

① 有同類消費品銷售價格的，其應納稅額的計算公式表示如下：

$$應納稅額 = 同類消費品銷售單價 \times 委託加工數量 \times 使用稅率$$

② 沒有同類消費品銷售價格的，按照組成計稅價格計算納稅。其計算公式表示如下：

$$組成計稅價格 = （材料成本 + 加工費） \div （1 - 消費稅稅率）$$

「材料成本」是指委託方提供加工材料的實際成本。委託加工應稅消費品的納稅人，必須在委託加工合同上如實註明（或以其他方式提供）材料成本，未提供材料成本的，受託方所在地主管稅務機關有權核定其材料成本。

「加工費」是指受託方加工應稅消費品向委託方收取的全部費用（包括代墊輔助材料的實際成本，不包括增值稅）。

3. 應代收代繳消費稅稅額的計算

應代收代繳消費稅稅額的計算公式表示如下：

$$應代收代繳消費稅稅額 = 生產的同類消費品銷售額 \times 消費稅稅率$$

或

$$代收代繳消費稅稅額 = 組成計稅價格 \times 消費稅稅率$$

例3-4 2016年8月，華潤股份有限公司委託青島酒廠生產酒精30噸，一次性支付加工費9,500元（不含稅）。已知華潤股份有限公司提供原材料的成本為57,000元，青島酒廠無同類產品銷售價格，酒精適用的消費稅稅率為5%。計算青島酒廠應代扣代繳的消費稅稅額。

因為青島酒廠無同類產品銷售價格，所以應用組成計稅價格計算繳納消費稅。

組成計稅價格＝（57,000+9,500）÷（1-5%）＝70,000（元）

代收代繳的消費稅稅額＝70,000×5%＝3,500（元）

（四）進口應稅消費品應納稅額的計算

進口的應稅消費品在報關時繳納消費稅，由海關代徵。

納稅人進口應稅消費品，按照組成計稅價格和規定的稅率計算應納稅額。其計算公式表示如下：

組成計稅價格＝（關稅完稅價格+關稅）÷（1-消費稅稅率）

關稅＝關稅完稅價格×關稅稅率

應納稅額＝組成計稅價格×消費稅比例稅率

上式中，「關稅完稅價格」是指海關核定的關稅計稅價格。

例3-5 皖西制藥有限公司為增值稅一般納稅人，並具有進出口經營權。2016年8月，該公司從國外進口小轎車一輛，關稅完稅價格為490,000元，關稅稅率為20%，小轎車適用的消費稅稅率為9%。計算皖西制藥有限公司應納的消費稅稅額。

關稅＝490,000×20%＝98,000（元）

組成計稅價格＝（490,000+98,000）÷（1-9%）＝646,153.85（元）

應納消費稅稅額＝646,153.85×9%＝58,153.85（元）

（五）卷菸批發環節應納稅額的計算

為了適當增加財政收入，完善菸產品消費稅制度，自2009年5月1日起，中國在卷菸批發環節加徵一道從價稅，其計稅依據為納稅人批發卷菸的銷售額（不含增值

稅），適用稅率為 5%。其計算公式表示如下：

$$應納稅額＝批發卷菸的銷售額 \times 5\%$$

卷菸消費稅在生產和批發兩個環節徵收後，批發企業在計算納稅時不得扣除已含生產環節的消費稅稅額。

三、從量定額計算方法

在從量定額計算方法下，應納稅額的基本計算公式表示如下：

$$應納稅額＝應稅消費品銷售數量 \times 定額稅率（單位稅額）$$

應納稅額的多少取決於應稅消費品的計稅數量和定額稅率兩個因素。其中，正確計算計稅數量是計算消費稅的關鍵。

從量計徵的計算方法相對於從價計徵要簡單些，而且從量計徵涉及的稅目較少，只包括黃酒、啤酒和成品油等稅目。

1. 計稅數量的確定

計稅數量是指納稅人生產、自產自用、委託加工和進口應稅消費品的數量。其具體規定如下：

①銷售應稅消費品的，為應稅消費品的銷售數量。

②自產自用應稅消費品的，為應稅消費品的移送使用數量。

③委託加工應稅消費品的，為納稅人收回的應稅消費品數量。

④進口的應稅消費品，為海關核定的應稅消費品進口徵稅數量。

2. 計量單位的換算

《消費稅暫行條例》規定：黃酒、啤酒以「噸」為稅額單位；汽油、柴油以「升」為稅額單位。但是，考慮到在實際銷售過程中，一些納稅人會把「噸」或「升」這兩個計量單位混用，為了規範不同產品的計量單位，以準確計算應納稅額，「噸」或「升」兩個計量單位的換算標準如表 3-3 所示。

表 3-3 噸、升換算標準

序號	名稱	計量單位的換算標準
1	黃酒	1 噸＝962 升
2	啤酒	1 噸＝988 升
3	汽油	1 噸＝1,388 升

表 3-3（續）

序號	名稱	計量單位的換算標準
4	柴油	1 噸＝1,176 升
5	航空煤油	1 噸＝1,246 升
6	石腦油	1 噸＝1,385 升
7	溶劑油	1 噸＝1,282 升
8	潤滑油	1 噸＝1,126 升
9	燃料油	1 噸＝1,015 升

四、從價從量複合計稅計算方法

（一）一般計算方法

從價從量複合計稅，是指從價定率與從量定額相結合，複合計算應納稅額的一種計稅方法。目前實行複合計稅方法的稅目只有卷菸和白酒。

1. 生產環節應納稅額的計算方法

生產環節應納稅額的計算公式表示如下：

消費稅應納稅額＝計稅數量×定額稅率＋計稅金額×比例稅率

2. 自產自用、委託加工環節應納稅額的特殊計算方法

在自產自用、委託加工等納稅環節，確認計稅金額和計稅數量的方法同從價和從量計徵的規定，但如果自產自用或委託加工無同類消費品價格，在組成計稅價格時，應採用如下公式：

自產自用組成計稅價格＝（成本＋利潤＋

自產自用數量×定額稅率）÷（1－比例稅率）

委託加工組成計稅價格＝（材料成本＋加工費＋委託加工數量×定額稅率）÷

（1－比例稅率）

應納稅額＝組成計稅價格×比例稅率＋

自產自用或委託加工收回數量×定額稅率

例 3-6 2016 年 8 月黑土地白酒廠受託為某單位加工白酒 7,500 千克，委託單位提供的原材料金額為 30 萬元，收取委託單位不含增值稅的加工費 4 萬元，黑土地白酒廠當地無加工此類白酒的同類產品市場價格。計算黑土地白酒廠應代收代繳的消費稅稅額。（註：白酒適用從價稅率 20%，從量稅額每斤 0.5 元。）

組成計稅價格＝（30+4+1.5×0.5）÷（1-20%）＝43.44（萬元）

應代收代繳消費稅稅額＝43.44×20%+1.5×0.5＝9.44（萬元）

3. 進口環節應納稅額的計算

進口環節消費稅應納稅額的計算公式表示如下：

組成計稅價格＝（關稅完稅價格+關稅+進口數量×定額稅率）÷（1-比例稅率）

消費稅應納稅額＝組成計稅價格×比例稅率+進口數量×定額稅率

（二）有關白酒的特殊規定

①白酒生產企業向商業銷售單位收取的「品牌使用費」，不論採取何種方式或以何種名義收取，均應並入白酒的銷售額繳納消費稅。

②對白酒消費稅實行最低計稅價格核定管理辦法。白酒生產企業銷售給銷售單位的白酒，生產企業消費稅計稅價格低於銷售單位對外銷售價格（不含增值稅）70% 以下，稅務機關應核定消費稅最低計稅價格。

白酒生產企業銷售給銷售單位的白酒，生產企業消費稅計稅價格高於銷售單位對外銷售價格（不含增值稅）70%（含）以上的，稅務機關暫不核定消費稅最低計稅價格。

（三）進口卷菸應納消費稅的計算

進口卷菸消費稅從價從量複合計稅的計算步驟和方法如下：

①推算出每標準條進口卷菸（200 支，下同）用來確定消費稅適用比例稅率的價格，其計算公式表示如下：

每標準條進口卷菸確定消費稅適用比例稅率的價格＝

（關稅完稅價格+關稅+消費稅定額稅率）÷（1-消費稅比例稅率）

上式中，「關稅完稅價格」和「關稅」為每標準條的關稅完稅價格及關稅稅額；

「消費稅定額稅率」為每標準條（200支）0.6元（依據現行消費稅定額稅率折算而成）；「消費稅比例稅率」為36%。

②用推算出的每標準條進口卷菸確定的消費稅適用比例稅率的價格，判斷進口卷菸適用的比例稅率。其計算方法如下：

每標準條進口卷菸確定消費稅適用比例稅率的價格≥70元人民幣的，適用比例稅率為56%；每標準條進口卷菸確定消費稅適用比例稅率的價格<70元人民幣的，適用比例稅率為36%。

③依據上述確定的消費稅適用比例稅率，計算進口卷菸消費稅組成計稅價格和應納消費稅稅額。計算公式表示如下：

進口卷菸消費稅組成計稅價格＝（關稅完稅價格+關稅+進口數量×消費稅定額稅率）÷（1-進口卷菸消費稅適用比例稅率）

消費稅應納稅額＝進口卷菸消費稅組成計稅價格×進口卷菸消費稅適用比例稅率+消費稅定額稅

其中，

消費稅定額稅＝海關核定的進口卷菸數量×消費稅定額稅率

例3-7 金華菸草進出口公司從國外進口卷菸60,000條（每條200支），支付買價1,500,000元，支付到達中國海關前的運輸費用100,000元、保險費用60,000元，關稅完稅價格1,660,000元。假定進口卷菸關稅稅率為20%，計算該批進口卷菸應納的消費稅稅額。

①進口卷菸應納關稅稅額＝1,660,000×20%＝332,000（元）

②進口卷菸消費稅的計算如下：

定額消費稅＝60,000×0.6＝36,000（元）

每標準條確定消費稅適用比例稅率的價格＝（1,660,000+332,000+36,000）÷（1-36%）÷60,000＝52.81（元）

每條價格小於70元，所以適用36%的稅率。

進口卷菸的組成計稅價格＝（1,660,000+332,000+36,000）÷（1-36%）＝3,168,750（元）

進口卷菸應納的消費稅稅額＝從價應納消費稅+從量應納消費稅＝3,168,750×36%+36,000＝1,176,750（元）

任務三　外購或委託加工應稅消費品的相關規定

為了避免重複徵稅，現行消費稅規定，外購應稅消費品或委託加工收回的應稅消費品，用於連續生產應稅消費品的，準予從消費稅應納稅額中扣除原料已納的消費稅稅額，準予扣除的已納消費稅稅額須按當期生產領用數量計算。

一、扣除範圍的規定

①外購、委託加工收回已稅菸絲生產的卷菸。

②外購、委託加工收回已稅化妝品原料生產的化妝品。

③外購、委託加工收回已稅珠寶玉石原料生產的貴重首飾及珠寶玉石。

④外購、委託加工收回已稅鞭炮、焰火原料生產的鞭炮、焰火。

⑤外購、委託加工收回已稅汽車輪胎（內胎和外胎）生產的汽車輪胎。

⑥外購、委託加工收回已稅摩托車零件生產的摩托車（如用外購兩輪摩托車改裝三輪摩托車）。

⑦外購、委託加工收回已稅杆頭、杆身和握把為原料生產的高爾夫球杆。

⑧外購、委託加工收回已稅木制一次性筷子為原料生產的木制一次性筷子。

⑨外購、委託加工收回已稅實木地板原料生產的實木地板。

⑩外購、委託加工收回已稅石腦油原料生產的應稅消費品。

⑪外購、委託加工收回已稅潤滑油原料生產的潤滑油。

二、扣除金額計算方法

上述當期準予扣除外購、委託加工收回應稅消費品已納消費稅稅額的計算公式如下：

當期準予扣除的外購應稅消費品已納稅額=

項目三　消費稅納稅實務

當期準予扣除的外購應稅消費品買價或數量×外購應稅消費品適用稅率或稅額

其中，

當期準予扣除的外購應稅消費品買價或數量＝期初庫存的外購應稅消費品的買價或數量＋當期購進的應稅消費品的買價或數量－期末庫存的外購應稅消費品的買價或數量

上式中，「外購應稅消費品的買價」是指購貨發票上註明的銷售額（不包括增值稅稅款）。

當期準予扣除額的委託加工應稅消費品已納稅額＝

期初庫存的委託加工應稅消費品已納稅額＋當期收回的委託加工應稅消費品已納稅額－期末庫存的委託加工應稅消費品已納稅額

當期準予扣除的進口應稅消費品已納稅額＝期初庫存的進口應稅消費品已納稅額＋當期進口應稅消費品已納稅額－期末庫存的進口應稅消費品已納稅額

例3-8　2016年8月上海天美化妝品生產企業購入化工原料2噸，增值稅專用發票註明金額20,000元、增值稅稅額3,400元，支付運輸費1,000元並取得運費發票；購入香水精100千克，增值稅專用發票註明金額40,000元、增值稅稅額6,800元。當月該企業將上述材料的50%投入生產化妝品，取得不含增值稅銷售收入200,000元。假定上述發票符合增值稅抵扣規定，計算當月應納的消費稅稅額。

按當期生產領用數量計算可抵扣消費稅稅額＝40,000×30%×50%＝6,000（元）

消費稅應納稅額＝200,000×30%－6,000＝60,000－6,000＝54,000（元）

問題思考

例3-8中，上海天美化妝品生產企業應納的增值稅稅額是多少？

三、其他規定

①納稅人用外購和委託加工收回的已稅珠寶玉石生產的改在零售環節徵收消費稅的金銀首飾，在計稅時一律不得扣除外購或委託加工收回珠寶玉石的已納稅額。

②對自己不生產應稅消費品，而只是購進後再銷售應稅消費品的工業企業，其銷

售的化妝品、鞭炮、焰火、珠寶和玉石，凡不能構成最終消費品直接進入消費品市場，而需進一步生產加工的，應當徵收消費稅，同時允許扣除上述外購應稅消費品的已納稅額。

任務四　消費稅的會計處理

一、會計科目的設置

為了正確反映和核算消費稅有關納稅事項，納稅人應在「應交稅費」科目下設置「應交消費稅」二級科目。該帳戶採用三欄式帳頁記帳，借方登記已繳納的消費稅或待抵扣的消費稅，貸方登記按規定應繳納的消費稅。期末餘額在貸方，反映尚未繳納的消費稅；期末若為借方餘額，則反映多繳或待抵扣的消費稅。

在計提應繳消費稅時，除記入「應交稅費——應交消費稅」明細帳戶外，還應同時記入「稅金及附加」等帳戶。

「稅金及附加」科目是損益類科目，用來核算銷售產品、提供勞務等負擔的銷售稅金及附加，包括消費稅、城市維護建設稅和教育費附加等。期末應將「稅金及附加」帳戶餘額轉入「本年利潤」帳戶，結轉后該帳戶無餘額。

由於消費稅屬於價內稅，即銷售額中含有應負擔的消費稅稅額，應將消費稅作為費用、成本的內容加以核算，主要涉及「委託加工物資」「在建工程」「長期股權投資」「應付職工薪酬」等科目。

二、一般銷售的核算

（一）生產銷售應稅消費品的會計處理

由於消費稅是價內稅，納稅人銷售應稅消費品的售價中包含了消費稅，因此，企業生產的需要繳納消費稅的消費品，在銷售時應當按照應繳消費稅稅額借記「稅金及附加」科目，貸記「應交稅費——應交消費稅」科目。實際繳納消費稅時，借記「應交稅費——應交消費稅」科目，貸記「銀行存款」科目。發生銷貨退回及退稅時，做相反的會計分錄。

例3-9 甲企業向乙企業銷售一批化妝品（甲、乙均為一般納稅人），該批化妝品不含稅價為30,000元，成本為18,000元，款項已通過銀行付清。

甲企業應作如下會計處理：

①確認銷售時，編制如下會計分錄：

（單位：元）

借：銀行存款	35,100
貸：主營業務收入	30,000
應交稅費——應交增值稅（銷項稅額）	5,100

②計提消費稅時，編制如下會計分錄：

（單位：元）

借：稅金及附加	9,000
貸：應交稅費——應交消費稅	9,000

③結轉銷售成本時，編制如下會計分錄：

（單位：元）

借：主營業務成本	18,000
貸：庫存商品	18,000

④實際繳納消費稅時，編制如下會計分錄：

（單位：元）

借：應交稅費——應交消費稅	9,000
貸：銀行存款	9,000

（二）自產自用應稅消費品的會計處理

1. 用於連續生產應稅消費品的會計處理

自產應稅消費品用於本企業連續生產應稅消費品的，不繳納消費稅，只進行實際成本核算。

2. 用於連續生產非應稅消費品的會計處理

納稅人自產自用的應稅消費品用於連續生產非應稅消費品的，由於最終產品不屬於應稅消費品，所以應在移送使用環節納稅。在領用時，借記「生產成本」科目，貸記「庫存商品」和「應交稅費——應交消費稅」科目。

例 3-10 杜康酒業股份有限公司領用本企業生產的酒精20噸，生產一種含酒精的藥膏，酒精的實際成本為40,000元，無同類應稅消費品的銷售價格。

杜康酒業股份有限公司應作如下會計處理：

組成計稅價格＝40,000×（1+5%）÷（1-5%）＝44,210.53（元）

應納消費稅稅額＝44,210.53×5%＝2,210.53（元）

編製如下會計分錄：

（單位：元）

借：生產成本	42,21,0.53
貸：庫存商品	40,000.00
應交稅費——應交消費稅	2,210.53

三、視同銷售的會計處理

（一）用於在建工程、職工福利，或者直接轉為固定資產

納稅人將自產的應稅消費品用於在建工程、職工福利，或者直接轉為固定資產的，應於貨物移送使用時，按同類消費稅的平均銷售價格計算應納消費稅稅額和應納增值稅稅額。

例3-11 水密碼公司在年終時將自產的一批化妝品作為福利發放給職工，化妝品的實際成本為10,000元，該公司當月銷售同類化妝品的價格為12,000元。

應編製會計分錄如下：

(單位：元)

借：應付職工薪酬　　　　　　　　　　　　　　　　　　14,040
　　貸：主營業務收入　　　　　　　　　　　　　　　　12,000
　　　　應交稅費——應交增值稅（銷項稅額）　　　　　2040
借：應付職工薪酬　　　　　　　　　　　　　　　　　　14,040
　　貸：主營業務收入　　　　　　　　　　　　　　　　12,000
　　　　應交稅費——應交增值稅（銷項稅額）　　　　　2040
借：稅金及附加　　　　　　　　　　　　　　　　　　　3,600
　　貸：應交稅費——應交消費稅　　　　　　　　　　　3,600
借：主營業務成本　　　　　　　　　　　　　　　　　　10,000
　　貸：庫存商品　　　　　　　　　　　　　　　　　　10,000

（二）用於捐贈、贊助、廣告

納稅人將自產的應稅消費品用於捐贈、贊助、廣告的，應於貨物移送使用時，按同類消費品的平均銷售價格或組成計稅價格計算應納消費稅稅額和應納增值稅稅額。

例3-12 某企業自產的一批應稅消費品乙產品對外捐贈，實際成本為200,000元，同類產品的銷售價格為400,000元，增值稅稅率為17%，採用從價定率辦法計算繳納消費稅，消費稅稅率為20%。

應編製會計分錄如下：

(單位：元)

借：營業外支出　　　　　　　　　　　　　　　　　　　308,000
　　貸：庫存商品　　　　　　　　　　　　　　　　　　200,000
　　　　應交稅費——應交增值稅　　　　　　　　　　　68,000
　　　　應交稅費——應交消費稅　　　　　　　　　　　40,000

（三）應稅消費品換取生產資料、消費資料

納稅人以生產的應稅消費品換取生產資料和消費資料，屬於非貨幣性資產交換，應按非貨幣性資產交換的辦法進行。

例3-13 某企業從事木材加工綜合業務，是增值稅一般納稅人。2016年7月與乙公司簽訂合同，企業以自己生產的成本為8萬元的500平方米實木地板，換入乙公司生產的機器設備兩臺，雙方協商價格是12.5萬元，實木地板本月在其他銷售中上半月售價是每平方米240元，下半月售價是每平方米255元。雙方均按照合同約定的價格開具增值稅專用發票（涉及的價格均為不含稅價格），實木地板的消費稅稅率為5%。

應作如下會計處理：

（單位：元）

借：固定資產　　　　　　　　　　　　　　　　　　125,000
　　應交稅費——應交增值稅（進項稅額）　　　　　　21,250
　　貸：主營業務收入　　　　　　　　　　　　　　　12,500
　　　　應交稅費——應交增值稅（銷項稅額）　　　　21,250

應交消費稅稅額＝500×255×5%＝6,375（元）

借：主營業務成本　　　　　　　　　　　　　　　　80,000
　　貸：庫存商品　　　　　　　　　　　　　　　　　80,000
借：稅金及附加　　　　　　　　　　　　　　　　　　6,375
　　貸：應交稅費——應交消費稅　　　　　　　　　　6,375

（四）應稅消費品用於投資入股

納稅人以生產應稅消費品換取長期股權投資的（長期債權投資處理相同），按對外投資處理辦法借記有關投資項目，按投資移送應稅消費品的售價組成計稅價格。

例 3-14 某企業將自產化妝品提供給另一單位作為實物投資，為該單位開具增值稅專用發票，價款為 30,000 元，增值稅稅額為 5,100 元，價稅合計 35,100 元，消費稅稅率為 5%，應納消費稅稅額為 1,500（30,000×5%）元。假如此批化妝品的成本為 2 萬元。

應編制如下會計分錄：

（單位：元）

借：長期股權投資——其他投資　　　　　　　　　　　　　　26,600
　　貸：庫存商　　　　　　　　　　　　　　　　　　　　　20,000
　　　　應交稅費——應交增值稅（銷項稅額）　　　　　　　 5,100
　　　　應交稅費——應交消費稅　　　　　　　　　　　　　 1,500

（五）應稅消費品用於抵償債務

納稅人以生產的應稅消費品抵償債務，應按應付帳款的帳面餘額，借記「應付帳款」科目，按用於抵償債務的應稅消費品的公允價值，貸記「主營業務收入」科目。

例 3-15 2016 年 7 月嘉華公司用自產糧食白酒 10 噸抵償大張超市貨款 70,000 元，不足或多餘部分不再結算，該糧食白酒的平均售價為 6,000 元。

應編制如下會計分錄：

（單位：元）

借：應付帳款　　　　　　　　　　　　　　　　　　　　　70,000
　　營業外支出　　　　　　　　　　　　　　　　　　　　　　200
　　貸：主營業務收入　　　　　　　　　　　　　　　　　60,000
　　　　應交稅費——應交增值稅（銷項稅額）　　　　　　　10,200
借：稅金及附加 23,000
　　貸：應交稅費——應交消費稅　　　　　　　　　　　　23,000

四、包裝物應交消費稅的會計處理

(一) 隨同產品銷售且不單獨計價的包裝物

隨同產品銷售且不單獨計價的包裝物,其收入同所銷售的產品一起計入主營業務收入。因此,包裝物銷售應交的消費稅與產品銷售應交的消費稅一同借記「稅金及附加」科目,貸記「應交稅費——應交消費稅」科目。

例3-16 2016年10月,瑞祥股份有限公司銷售一批葡萄酒,包裝物不單獨計價,葡萄酒不含稅價為300,000元,其中包裝物成本為10,000元,款項已收存銀行。

瑞祥股份有限公司應作如下會計處理:

消費稅應納稅額 = 300,000×10% = 30,000(元)

增值稅應納稅額 = 300,000×17% = 51,000(元)

① 銷售收入實現時,編制如下會計分錄:

(單位:元)

借:銀行存款		351,000
貸:主營業務收入		300,000
應交稅費——應交增值稅(銷項稅額)		51,000

② 計算繳納應稅消費品及包裝物消費稅時,編制如下會計分錄:

(單位:元)

借:稅金及附加		30,000
貸:應交稅費——應交消費稅		30,000

③ 結轉包裝物成本時,編制如下會計分錄:

(單位:元)

借:銷售費用		10,000
貸:週轉材料——包裝物		10,000

(二) 隨同產品出售但單獨計價的包裝物

隨同產品銷售但單獨計價的包裝物,其收入計入其他業務收入。因此,應繳納的

消費稅借記「其他業務成本」科目，貸記「應交稅費——應交消費稅」科目。

例3-17 瑞興股份有限公司銷售一批應稅消費品酒精，隨同產品出售的包裝物單獨計價，這批包裝物價格為20,000元，相關款項已經收到，並存入銀行。

該批包裝物應繳納的增值稅銷項稅額＝20,000×17%＝3,400（元）

消費稅應納稅＝20,000×5%＝1,000（元）

①收到貨款時，編制如下會計分錄：

（單位：元）

借：銀行存款	23,400
貸：其他業務收入	20,000
應交稅費——應交增值稅（銷項稅額）	3,400

②計提消費稅時，編制如下會計分錄：

（單位：元）

借：其他業務成本	1,000
貸：應交稅費——應交消費稅	1,000

（三）包裝物押金的會計處理

沒收押金時，借記「其他應付款」科目，按應繳納的增值稅，貸記「應交稅費——應交增值稅（銷項稅額）」科目；按差額，貸記「其他業務收入」科目。若逾期未退還包裝物押金，其中按規定應繳納的消費稅借記「其他業務成本」等科目，貸記「應交稅費——應交消費稅」科目。

例3-18 某一股份有限公司於2016年6月10日收取出租包裝物押金46,800元，收到轉帳支票一張；2016年8月20日，經清理，將逾期未退的包裝物押金46,800元予以沒收，所包裝的貨物為化妝品，適用的增值稅稅率為17%。

①2016年6月10日收取押金時，編制如下會計分錄：

（單位：元）

借：銀行存款　　　　　　　　　　　　　　　　　　　　46,800
　　貸：其他應付款——押金　　　　　　　　　　　　　　46,800

②2016年8月20日逾期，編制如下會計分錄：

（單位：元）

借：其他應付款——押金　　　　　　　　　　　　　　　46,800
　　貸：其他業務收入　　　　　　　　　　　　　　　　　40,000
　　　　應交稅費——應交增值稅（銷項稅額）　　　　　　6,800

應納消費稅稅額＝40,000×30%＝12,000（元）

借：其他業務成本　　　　　　　　　　　　　　　　　　12,000
　　貸：應交稅費——應交消費稅　　　　　　　　　　　12,000

五、委託加工應稅消費品的會計處理

在進行會計處理時，需要繳納消費稅的委託加工應稅消費品，於委託方提貨時，由受託方代收代繳稅款。受託方按應扣稅款金額，借記「應收帳款」「銀行存款」等科目，貸記「應交稅費——應交消費稅」科目。

委託加工應稅消費品收回后，直接用於銷售的，委託方應將代收代繳的消費稅計入委託加工的應稅消費品成本，借記「委託加工物資」「生產成本」等科目，貸記「應付帳款」「銀行存款」等科目，待委託加工應稅消費品銷售時，不需要再繳納消費稅。委託加工的應稅消費品收回后用於連續生產應稅消費品，按規定準予抵扣的，委託方應按代收代繳的消費稅稅額，借記「應交稅費——應交消費稅」科目，貸記「應付帳款」「銀行存款」等科目，待用委託加工的應稅消費品生產出應納消費稅的產品銷售時，再繳納消費稅。

例3-19　某卷菸廠委託外單位加工材料，原材料價款為35萬元，加工費用8萬元（不含稅），由受託方代收代繳消費稅0.4萬元，材料已經加工完畢驗收入庫。根據該項經濟業務，作委託方的會計處理。

（1）如果委託方收回加工后的材料用於繼續生產應稅消費品，委託方應作如下會計處理。

①發出材料時，編制如下會計分錄：

（單位：元）

借：委託加工物資 350,000
　　貸：原材料 350,000

②支付加工費和代收代繳稅費時，編制如下會計分錄：

（單位：元）

借：委託加工物資 80,000
　　應交稅費——應交消費稅 4,000
　　應交稅費——應交增值稅（進項稅額） 13,600
　　貸：應付帳款 97,600

③委託加工收回時，編制如下會計分錄：

（單位：元）

借：原材料 430,000
　　貸：委託加工物資 430,000

（2）如果委託方收回加工後的材料直接用於銷售，委託方應作如下會計處理。

①發出材料時，編制如下會計分錄：

（單位：元）

借：委託加工物資 350,000
　　貸：原材料 350,000

②支付加工費和代收代繳稅費時，編制如下會計分錄：

（單位：元）

借：委託加工物資 84,000
　　應交稅費——應交增值稅（進項稅額） 13,600
　　貸：應付帳款 97,600

③委託加工收回時，編制如下會計分錄：

（單位：元）

借：原材料 430,000
　　貸：委託加工物資 430,000

六、進口應稅消費品的會計處理

企業進口應稅消費品時，應繳納的消費稅、關稅等價內稅，計入採購成本，借記「固定資產」「物資採購」等科目；按支付的允許抵扣的增值稅稅額，借記「應交稅費——應交增值稅（進項稅額）」科目；按已支付或應付的價款、繳納的增值稅稅額和消費稅稅額合計數，貸記「銀行存款」「應付帳款」等科目。

例3-20 上海某一進出口公司進口一批化妝品，關稅完稅價格為450,000元，假設進口關稅稅率為40%，消費稅稅率為30%。

該公司應作如下會計處理：

進口關稅稅額＝450,000×40%＝180,000（元）

進口消費稅稅額＝（450,000＋180,000）÷（1－30%）×30%＝270,000（元）

進口增值稅稅額＝（450,000＋180,000＋270,000）×17%＝1,53,000（元）

①支付貨款時，應編制如下會計分錄：

（單位：元）

借：材料採購	450,000
貸：其他貨幣資金——信用證存款	450,000

②繳納進口環節關稅、消費稅、增值稅時，應編制如下會計分錄：

（單位：元）

借：物資採購	450,000
應交稅費——應交增值稅（進項稅額）	153,000
貸：銀行存款	603,000

任務五　消費稅出口退稅

一、出口退稅的含義

納稅人出口應稅消費品與已納增值稅出口貨物一樣，國家都是給予退（免）稅優惠的。出口應稅消費品同時涉及退（免）增值稅和消費稅，且退（免）消費稅與出口貨物退（免）增值稅在退（免）稅範圍的限定、退（免）稅辦理程序、退（免）稅審核及管理上都有許多一致的地方。

二、出口退稅率的規定

計算出口應稅消費品應退消費稅的稅率或單位稅額，依據《消費稅暫行條例》所附消費稅稅目稅率（稅額）表執行。這是退（免）消費稅與退（免）增值稅的一個重要區別。當出口的貨物是應稅消費品時，其退還增值稅稅額要按規定的退稅率計算，其退還消費稅稅額則按該應稅消費品所適用的消費稅稅率計算。企業應將不同消費稅稅率的出口應稅消費品分開核算和申報，凡劃分不清適用稅率的，一律從低適用稅率計算應退消費稅稅額。

三、出口應稅消費品退（免）稅政策

出口應稅消費品退（免）消費稅在政策上分為以下 3 種情況。

（一）出口免稅並退稅

適用這個政策的是：有出口經營權的外貿企業購進應稅消費品直接出口，以及外貿企業受其他外貿企業委託代理出口應稅消費品。這裡需要重申的是，外貿企業只有受其他外貿企業委託，代理出口應稅消費品才可辦理退稅，外貿企業受其他企業（主要是非生產性的商貿企業）委託，代理出口應稅消費品是不予退（免）稅的。這個政

策限定與前述出口貨物退（免）增值稅的政策規定是一致的。

（二）出口免稅但不退稅

適用這個政策的是：有出口經營權的生產性企業自營出口或生產企業委託外貿企業代理出口自產的應稅消費品，依據其實際出口數量免徵消費稅，不予辦理退還消費稅。免徵消費稅是指對生產性企業按其實際出口數量免徵生產環節的消費稅。不予辦理退還消費稅是指因已免徵生產環節的消費稅，該應稅消費品出口時，已不含有消費稅，所以也無須再辦理退還消費稅了。這項政策規定與前述生產性企業自營出口或委託代理出口自產貨物退（免）增值稅的規定是不一樣的。其政策區別的原因是，消費稅僅在生產企業的生產環節徵收，生產環節免稅，出口的應稅消費品不含有消費稅；而增值稅卻在貨物銷售的各個環節徵收，生產企業出口貨物時，已納的增值稅就需退還。

（三）出口不免稅也不退稅

適用這個政策的是：除生產企業、外貿企業外的其他企業，具體是指一般商貿企業，這類企業委託外貿企業代理出口應稅消費品一律不予退（免）稅。

四、消費稅出口退稅的計算

外貿企業從生產企業購進貨物直接出口或者受其他外貿企業委託代理出口應稅消費品的應退消費稅稅額，分兩種情況處理。

（一）從價定率計徵消費稅的出口退稅

屬於從價定率計徵消費稅的應稅消費品，應依照外貿企業從工廠購進貨物時徵收消費稅的價格計算應退消費稅稅額。其計算公式表示如下：

$$應退消費稅稅額 = 出口貨物的工廠銷售額 \times 稅率$$

上述公式中「出口貨物的工廠銷售額」不包含增值稅。對含增值稅的價格應換算為不含增值稅的銷售額。

> **例 3-21** 某進出口公司購進摩托車 100 輛，購進單價為 6,000 元，該批摩托車全部出口。計算該批摩托車應退消費稅稅額。（稅率為 10%）
>
> 應退消費稅稅額 = 100×6,000×10% = 60,000（元）

（二）從量定額計徵消費稅的出口退稅

屬於從量定額計徵消費稅的應稅消費品，應以貨物購進和報關出口的數量計算應退消費稅稅額。其計算公式表示如下：

$$應退消費稅稅額 = 出口數量 \times 單位稅額$$

> **例 3-22** 某進出口公司購進啤酒 20 噸，每噸售價為 2,500 元，該批啤酒全部出口。計算這批啤酒應退消費稅稅額。
>
> 應退消費稅稅額 = 20×220 = 4,400（元）

五、消費稅出口退稅后的管理

出口的應稅消費品辦理退稅后，發生退關，或者國外退貨，進口時予以免稅的，報關出口者必須及時向其所在地主管稅務機關申報補繳已退的消費稅稅款。

納稅人直接出口的應稅消費品辦理免稅后發生退關或國外退貨，進口時已予以免稅的，經所在地主管稅務機關批准，可暫不辦理補稅，待其轉為國內銷售時，再向其主管稅務機關申報補繳消費稅稅款。

任務六　消費稅納稅申報與繳納

一、納稅義務發生時間

納稅人生產的應稅消費品於銷售時納稅，進口消費品應當於應稅消費品報關進口

環節納稅，金銀首飾、鑽石及鑽石飾品在零售環節納稅。消費稅納稅義務發生的時間，以貨款結算方式或者行為發生時間分別確定。

納稅人銷售的應稅消費品，其納稅義務的發生時間如下。

①納稅人採取賒銷和分期收款結算方式的，其納稅義務的發生時間為銷售合同約定的收款日期的當天。

②納稅人採取預收貨款結算方式的，其納稅義務的發生時間為發出應稅消費品的當天。

③納稅人採取托收承付和委託銀行收款方式銷售的應稅消費品，其納稅義務的發生時間為發出應稅消費品並辦妥托收手續的當天。

④納稅人採取其他結算方式的，其納稅義務的發生時間為收訖銷售款或者取得索取銷售款的憑據的當天。

⑤納稅人自產自用的應稅消費品，其納稅義務的發生時間為移送使用的當天。

⑥納稅人委託加工的應稅消費品，其納稅義務的發生時間為納稅人提貨的當天。

⑦納稅人進口的應稅消費品，其納稅義務的發生時間為報關進口的當天。

二、納稅期限

按照《消費稅暫行條例》的規定，消費稅的納稅期限分別為1日、3日、5日、10日、15日、1個月或者1個季度；納稅人的具體納稅期限，由主管稅務機關根據納稅人應納稅額的大小分別核定；不能按照固定期限納稅的，可以按次納稅。

納稅人以1個月或1個季度為一期納稅的，自期滿之日起15日內申報納稅；以1日、3日、5日、10日或者15日為一期納稅的，自期滿之日起5日內預繳稅款，於次月1日起至15日內申報納稅並結清上月應納稅款。

納稅人進口應稅消費品，應當自海關填發海關進口消費稅專用繳款書之日起15日內繳納稅款。

如果納稅人不能按照規定的納稅期限依法納稅，將按《稅收徵管法》的有關規定處理。

三、納稅地點

消費稅具體納稅地點的有關規定如下：

①納稅人銷售的應稅消費品，以及自產自用的應稅消費品，除國家另有規定的外，應當向納稅人核算地主管稅務機關申報納稅。

②委託個人加工的應稅消費品，由委託方向其機構所在地或居住地主管稅務機關申報納稅。除此之外，由受託方向所在地主管稅務機關代收代繳消費稅稅款。

③進口的應稅消費品，由進口人或其代理人向報關地海關申報納稅。

④納稅人到外縣（市）銷售或者委託外縣（市）代銷自產應稅消費品的，於應稅消費品銷售后，向機構所在地或居住地主管稅務機關申報納稅。

納稅人的總機構與分支機構不在同一縣（市）的，應當分別向各自機構所在地的主管稅務機關申報納稅；經財政部、國家稅務總局或者其授權的財政、稅務機關批准，可以由總機構匯總向總機構所在地的主管稅務機關申報納稅。

⑤納稅人銷售的應稅消費品，如果因質量等原因由購買者退回時，經所在地主管稅務機關審核批准后，可退還已徵收的消費稅稅款，但不能自行直接抵減應納稅款。

四、消費稅的納稅申報

消費稅納稅人無論當期有無銷售或者是否盈利，均應按照有關規定及時辦理納稅申報，並如實填寫消費稅納稅申報表。

消費稅納稅申報表主要有菸類應稅消費品消費稅納稅申報表、酒及酒精消費稅納稅申報表、成品油消費稅納稅申報表、小汽車消費稅納稅申報表和其他應稅消費品消費稅納稅申報表。不同的納稅人應根據應稅消費品的生產銷售情況選擇不同的納稅申報表。

生產銷售、委託加工石腦油、溶劑油、航空煤油、潤滑油、燃料油的單位和個人，在辦理納稅申報時還應提供生產企業生產經營情況表（油品）和生產企業產品銷售明細表（油品）。

需要辦理抵扣稅款手續的納稅人，除應按有關規定提供納稅申報所需資料外，還須提供有關抵扣憑證。委託加工收回應稅消費品準予抵扣稅款憑證為代收代繳稅款憑證，進口應稅消費品的抵扣憑證為海關進口消費稅專用繳款書。

消費稅是對在中國境內從事生產、委託加工和進口應稅消費品的單位和個人，就其銷售額或銷售數量徵收的一種流轉稅。

納稅人為在中國境內從事生產、委託加工、進口應稅消費品的單位和個人。徵稅

範圍為在中國境內生產、委託加工及進口應稅消費品。

消費稅稅目有 14 個，分別是菸、酒及酒精、化妝品、貴重首飾及珠寶玉石、鞭炮及菸火、成品油、汽車輪胎、小汽車、摩托車、高爾夫球及球具、高檔手錶、遊艇、木制一次性筷子、實木地板。

消費稅稅率有 2 種形式，一是比例稅率，二是定額稅率，採用從價計徵、從量計徵和從價從量複合計徵 3 種計稅方法。

在從價定率計徵方式下，應納稅額的基本計算公式表示如下：

$$應納稅額 = 應稅消費品計稅金額 \times 比例稅率$$

在從量定額計徵方式下，應納稅額的基本計算公式表示如下：

$$應納稅額 = 應稅消費品銷售數量 \times 定額稅率（單位稅額）$$

在從價從量複合計稅計徵方式下，應納稅額的基本計算公式表示如下：

$$應納稅額 = 計稅數量 \times 定額稅率 + 計稅金額 \times 比例稅率$$

納稅人無論當期有無銷售或是否盈利，均應按有關規定向主管稅務機關進行納稅申報。

問題思考

1. 什麼是消費稅？消費的徵稅對象和徵稅範圍是什麼？
2. 消費稅和增值稅有什麼異同？
3. 消費稅應納稅額怎麼計算？
4. 進口貨物的消費稅稅額應該怎麼計算？
5. 外購、委託加工的消費稅稅額怎麼計算？

項目四　關稅納稅實務

項目四　關稅納稅實務

學習目標

1. 能夠根據資料判定關稅納稅人。
2. 能夠確定享受的稅收優惠。
3. 確定關稅完稅價格。
4. 能夠根據資料計算關稅應納稅額。
5. 能夠根據資料辦理海關納稅申報。

任務一　關稅基本認知

一、關稅基本稅制要素

關稅（tariff）是指進出口商品在經過一國關境時，由政府設置的海關向進出口國所徵收的稅收。

關境和國境的關係：關境與國境的概念不同，是指一個國家海關法完全實施的境域，因此在中華人民共和國境內存在「境內關外」的地區。一般情況下，關境小於

國境。

1. 關稅納稅人

進口貨物的收貨人、出口貨物的發貨人、進出境物品的所有人，是關稅的納稅義務人。進出口貨物的收、發貨人是依法取得對外貿易經營權，並進口或者出口貨物的法人或者其他社會團體。進出境物品的所有人包括該物品的所有人和推定為所有人的人。

一般情況下，對於攜帶進境的物品，推定其攜帶人為所有人；對分離運輸的行李，推定相應的進出境旅客為所有人；對以郵遞方式進境的物品，推定其收件人為所有人；以郵遞或其他運輸方式出境的物品，推定其寄件人或托運人為所有人。

2. 徵稅對象

關稅的徵稅對象是准許進出境的貨物和物品。貨物是指貿易性商品；物品指入境旅客隨身攜帶的行李物品、個人郵遞物品、各種運輸工具上的服務人員攜帶進口的自用物品、饋贈物品以及以其他方式進境的個人物品。

3. 關稅稅率

（1）關稅稅率的設置。

進口關稅設置最惠國稅率、協定稅率、特惠稅率、普通稅率、關稅配額稅率等稅率。對進口貨物在一定期限可以實行暫定稅率。

出口關稅設置出口稅率。對出口貨物在一定期限內可以實行暫定稅率。

（2）關稅稅率的分類適用（見表 4-1、表 4-2）。

表 4-1　進口關稅稅率分類及適用範圍

稅率名稱	適用範圍
最惠國稅率	原產於與中國共同適用最惠國待遇條款的世界貿易組織成員國或地區的進口貨物，或原產於與中國簽訂有相互給予最惠國待遇條款的雙邊貿易協定的國家或地區的進口貨物，或原產於中華人民共和國境內的進口貨物。
協定稅率	原產於中華人民共和國加入的含有關稅優惠條款的區域性貿易協定的國家或地區的進口貨物。
特惠稅率	原產於與中華人民共和國簽訂含有特殊關稅優惠條款的貿易協定的國家或地區的進口貨物。
普通稅率	原產於上述國家或地區以外的國家或地區的進口貨物，或原產地不明的進口貨物。

項目四　關稅納稅實務

表 4-1（續）

稅率名稱	適用範圍
暫定稅率與關稅配額稅率	根據經濟發展需要，國家對部分進口原材料、零部件、農藥原藥和中間體、樂器及生產設備實行暫定稅率。

表 4-2　進口關稅稅率與暫定稅率的選擇

可選稅率	最終適用稅率
同時適用最惠國稅率、進口暫定稅率	暫定稅率
同時適用協定稅率、特惠稅率、進口暫定稅率	從低適用
同時適用國家優惠政策、進口暫定稅率	取低計徵，但不得在暫定稅率基礎上再進行減免
適用普通稅率的進口貨物，存在進口暫定稅率	適用普通稅率的貨物，不適用暫定稅率
適用關稅配額稅率、其他稅率	配額內的適用配額稅率，配額外的適用其他
同時適用 ITA 稅率	ITA 稅率
反傾銷、反補貼、保障措施關稅、報復性關稅	適用反傾銷率、反補貼率、保障措施關稅率、報復性關稅率

二、關稅徵收管理

1. 納稅義務發生時間

進口貨物的納稅義務人應當自運輸工具申報進境之日起 14 日內，出口貨物的納稅義務人（除海關特準的外）應當在貨物運抵海關監管區后、裝貨 24 小時以前，向貨物的進出境地海關申報。進出口貨物轉關運輸的，按照海關總署的規定執行。

進口貨物到達前，納稅義務人經海關核準可以先行申報。具體辦法由海關總署另行規定。

2. 納稅期限

納稅義務人應當自海關填發稅款繳款書之日起 15 日內向指定銀行繳納稅款。納稅義務人未按期繳納稅款的，從滯納稅款之日起，按日加收滯納稅款萬分之五的滯納金。海關徵收關稅、滯納金等，應當按人民幣計徵。

納稅義務人因不可抗力或者在國家稅收政策調整的情形下，不能按期繳納稅款的，經海關總署批准，可以延期繳納稅款，但是最長不得超過 6 個月。

3. 稅收優惠

（1）法定減免。

①關稅稅額在人民幣 50 元以下的一票貨物，免徵關稅；

②無商業價值的廣告品和貨樣，免徵關稅；

③外國政府、國際組織無償贈送的物資，免徵關稅；

④在海關放行前損失的貨物，免徵關稅；

⑤進出境運輸工具裝載的途中必需的燃料、物料和飲食用品，免徵關稅；

⑥在海關放行前遭受損壞的貨物，可以根據海關認定的受損程度減徵關稅；

⑦法律規定的其他免徵或者減徵關稅的貨物，海關根據規定予以免徵或者減徵；

⑧因品質或者規格原因，出口貨物自出口之日起 1 年內原狀復運進境的，不徵收進口關稅；

⑨因品質或者規格原因，進口貨物自進口之日起 1 年內原狀復運出境的，不徵收出口關稅。

（2）特定減免。

特定減免稅是政策性減免稅，是海關根據國家規定，針對特定地區、特定用途、特定企業給予的關稅的優惠。特定減免稅的範圍和辦法是由國務院制訂的。

申請特定減免稅的單位或企業，應在貨物進出口前向海關提出申請，由海關按規定程序進行審批。

①按照國際通行規則實施的關稅優惠：

科教用品；殘疾人專用品；境外非官方組織和個人捐贈的救災物資；扶貧慈善捐贈物資。

②按照國家產業政策實施的關稅優惠：

外商投資企業進口物資；國內投資項目進口設備；貸款項目進口物資；特定區域物資。

（3）臨時減免。

臨時減免關稅是指法定減免稅和特定減免稅以外的其他減免稅，是由國務院根據某個單位、某類商品、某個時期或某批貨物的特殊情況，按規定給予特別的臨時性關稅減免優惠。一般是一案一批，審批權集中在中央一級。

4. 納稅地點

為了簡化海關手續，提高通關效率，海關總署於 2006 年 9 月 1 日起實施跨關區

項目四　關稅納稅實務

「屬地申報，口岸驗放」通關模式。「屬地申報，口岸驗放」是指符合海關規定條件的企業進出口貨物時，可自主選擇向屬地海關任一海關單位申報，在貨物實際進出境地的口岸海關辦理貨物驗放手續的一種通關方式。

任務二　關稅應納稅額的計算

一、關稅的計稅依據

關稅以進出口貨物的價格為計稅依據。進出口貨物的價格應當等於進出口貨物數量乘以單位完稅價格。進出口貨物的免稅價格由海關以該貨物的成交價格為基礎審查確定。成交價格不能確定時，由海關依法估定。實際成交價格是一般貿易項下進口或出口貨物的買方為購買該項貨物向賣方實際支付或應當支付的價格。

（一）進口貨物完稅價格

進口貨物以海關審定的成交價格為基礎的到岸價格作為完稅價格。到岸價格包括貨價和貨物運抵中國境內輸入地點起卸前的包裝費、運費、保險費和其他勞務費等費用。進口貨物的到岸價格經過海關審查未能確定的，海關可以以下列價格為基礎估定完稅價格，從該項進口貨物同一出口國或地區購進的相同或類似貨物的成交價格。

①該項進口貨物的相同或類似貨物在國際市場上的成交價格。

②該項進口貨物的相同或類似貨物在國內市場上的批發價格，減去進口關稅、進口環節其他稅收，進口后的運輸、儲存、營業費用及利潤后的價格。

③海關用其他合理方法估定的價格。運往境外修理的機械器具、運輸工具和其他貨物，出境時已經向海關報明並在海關規定的期限之內復運進境的，應當以海關審定的修理費和料件費作為完稅價格。運往境外加工的貨物，出境時已經向海關報明並在海關規定的期限之內復運進境的，應當以加工后的貨物進境時的到岸價格與原出境貨物或相同、類似貨物在進境時的到岸價格之間的差額作為完稅價格。以租賃（包括租

借）方式進口的貨物，應當以海關審定的貨物租金作為完稅價格。經過批准減稅、免稅進口的貨物，在轉讓或出售需要補稅時，可以按照該貨物原進口時的完稅價格納稅。進口貨物的完稅價格，應當包括為了在境內製造、使用的目的而向境外支付的與該進口貨物有關的專利、商標、著作權，以及專有技術、計算機軟件和資料等費用。

（二）出口貨物完稅價格

①出口貨物應當以海關審定的貨物售與境外的離岸價格扣除關稅后作為完稅價格。計算公式表示如下：

$$完稅價格 = 離岸價格 \div (1 + 出口關稅稅率)$$

②離岸價格應當按照應稅出口貨物運離出境前的最后一個口岸的離岸價格計算。如果該貨物是從內地起運的，則將該貨物從內地運至出境口岸所支付的運輸費用可以扣除。當離岸價格不能確定時，完稅價格由海關估定。

進出口貨物的到岸價格、離岸價格或租金、修理費、料件費等以外國貨幣計價的，應當按照海關填發稅款繳納書之日的匯價折合成人民幣，然后計算納稅。進出口貨物的收發貨人或其代理人，應當如實向海關申報進出口貨物的成交價格。如果申報的成交價格明顯低於或高於相同或類似貨物的成交價格，海關可以根據相同或類似貨物的成交價格、國際市場價格、國內市場價格或者其他合理的方法估定完稅價格。進出口貨物的收發貨人或其代理人，在向海關遞交進出口貨物報關單時，應當交驗載明貨物真實價格、運費、保險費和其他費用的發票、包裝清單和其他有關單證（必要時，海關還可以檢查買賣雙方的有關合同、帳冊、單據和文件，或者作其他調查）；否則，應當按照海關估定的完稅價格納稅。事后補單證的，稅款也不作調整。

（三）進出口貨物完稅價格中的運輸及相關費用、保險費的計算

1. 以一般陸運、空運、海運方式進口的貨物

在進口貨物的運輸及相關費用、保險費的計算中，海運進口貨物，計算至該貨物運抵境內的卸貨口岸。陸運、空運和海運進口貨物的運費和保險費，應當按照實際支付的費用計算。如果進口貨物的運費無法確定或未實際發生，海關應當按照該貨物進口同期運輸行業公布的運費率（額）計算運費，按照「貨價加運費」兩者總額的3‰計算保險費。

項目四　關稅納稅實務

2. 以其他方式進口的貨物

郵運的進口貨物，應當以郵費作為運輸及其相關費用、保險費；以境外邊境口岸價格條件成交的鐵路或公路運輸進口貨物，海關應當按照貨價的1%計算運輸及其相關費用、保險費；作為進口貨物的自駕進口的運輸工具，海關在審定完稅價格時，可以不另行計入運費。

3. 出口貨物

出口貨物的銷售價格如果包括離境口岸至境外口岸之間的運費、保險費，該運費、保險費應當扣除。

二、應納稅額的計算

進口貨物的成交價格，因有不同的成交條件而有不同的價格形式。常用的價格條款有 FOB、CFR、CIF 三種。

FOB 是「船上交貨」的價格術語簡稱。這一價格術語是指賣方在合同約定的裝運港把貨物裝上買方指定的船只，並負責貨物裝上船為止的一切費用和風險，又稱「離岸價格」。

CFR 是「成本加運費」的價格術語簡稱，又稱「離岸加運費價格」。這一價格術語是指賣方負責將合同約定的貨物裝上買方指定運往目的港的船只，負責貨物裝上船為止的一切費用和風險，並支付運費。

CIF 是「成本加運費、保險費」的價格術語簡稱，習慣上又稱「到岸價格」。這一價格術語是指賣方負責將合同約定的貨物裝上買方指定運往目的港的船只，辦理保險手續，並支付運費和保險費。

(一) 從價計稅應納稅額

從價計稅是以進（出）口貨物的完稅價格為計稅依據的一種關稅計徵方法。中國對進口商品基本上都實行從價計稅。從價計稅應納關稅稅額的計算公式表示如下：

$$應納關稅稅額 = 應稅進（出）口貨物完稅價格總額 \times 適用稅率$$
$$= 應稅進（出）口貨物數量 \times 單位完稅價格 \times 適用稅率$$

例 4-1 某企業為增值稅一般納稅人,進口一批小轎車發動機,支付貨款 500 萬元,境外運輸費及保險費 30 萬元由買方負擔,與購買發動機有關的且構成銷售條件的特許權使用費為 60 萬元,關稅稅率為 20%,繳納進口環節相關稅金後海關放行;發生境內運費 10 萬元、裝卸費 4 萬元,取得貨運企業開具的發票。計算該企業應繳納的關稅稅額。

該批發動機的貨款、境外運輸費、保險費和與購買發動機有關的且構成銷售條件的特許權使用費均應計入關稅的完稅價格中,而境內發生的運費和裝卸費不應包括在內。

進口完稅價格 = 500+30+60 = 590(萬元)

應納關稅稅額 = 590×20% = 118(萬元)

(二)從量計稅應納稅額

從量計稅是以進口商品的重量、長度、容量、面積等計量單位為計稅依據的一種關稅計徵方法。目前中國對原油、部分雞產品、啤酒、膠卷進口分別以重量、容量、面積計徵從量稅。從量計稅應納關稅稅額的計算公式表示如下:

應納關稅稅額 = 應稅進(出)口貨物數量×單位貨物稅額

例 4-2 某企業 2016 年 6 月從美國進口啤酒 200 箱,每箱 24 瓶,每瓶容積 650 毫升,關稅完稅價格為 4,000 美元/箱,美元與人民幣的外匯折算率為 1:6.54。該啤酒適用的稅率為 3 元/升。

該企業應繳納的關稅稅額計算如下:

進口啤酒的數量 = 200×24×650÷1,000 = 3120(升)

應納關稅稅額 = 3120×3 = 9,360(元)

(三)複合計稅應納稅額

複合計稅是對進(出)口商品同時使用從價和從量計徵的一種計徵關稅的方法。目前中國對錄像機、放像機、攝像機、數字照相機和攝錄一體機實行複合計稅。複合計稅應納關稅稅額的計算公式表示如下:

項目四　關稅納稅實務

應納關稅稅額=應稅進（出）口貨物數量×關稅單位稅額+

滑準稅應稅進（出）口貨物數量×單位完稅價格×適用稅率

例 4-3　某企業 2016 年 6 月進口 3 臺美國產的攝像機，關稅完稅價格為 21,000 美元，美元與人民幣的外匯折算率為 1：6.54。該攝像機適用稅率為：從量稅單位稅額為每臺 13,280 元，從價稅率為 3%。

該企業應繳納的關稅稅額計算如下：

應納關稅稅額=3×13,280+20,000×6.54×3%=43,764（元）

（四）滑準稅應納稅額

滑準稅是根據同一種商品進口價格的不同，分別實施不同檔次的稅率。商品進口價格高的稅率低，進口價格低的稅率高，目的是使商品隨後價格能夠保持穩定。因此，對實行滑準稅率的進口商品應納關稅稅額的計算方法仍同於從價計稅的計算方法。滑準稅應納關稅稅額的計算公式表示如下：

滑準稅應納關稅稅額=應稅進口貨物數量×單位完稅價格×滑準稅率

任務三　關稅的會計處理

一、會計科目的設置

為了全面反映企業關稅的繳納、結餘情況及進出口關稅的計算，應在「應交稅費」科目下分別設置「應交進口關稅」「應交出口關稅」明細科目。「應交稅費——應交進口關稅」的貸方發生額反映應繳的進口關稅，借方發生額反映實際上繳的進口關稅，貸方餘額反映未繳的進口關稅，借方餘額反映多繳的進口關稅。「應交稅費——應交出口關稅」的貸方發生額反映應繳的出口關稅，借方發生額反映實際上繳的出口關稅，貸方餘額反映未繳的出口關稅，借方餘額反映多繳的出口關稅。

當企業計算得出應繳的進口關稅時，借記有關科目，貸記「應交稅費——應交進口關稅」科目；實際繳納時，借記「應交稅費——應交進口關稅」科目，貸記「銀行存款」等科目。當企業計算得出應繳的出口關稅時，借記有關科目，貸記「應交稅費——應交出口關稅」科目；實際繳納時，借記「應交稅費——應交出口關稅」科目，貸記「銀行存款」等科目。

二、自營進口關稅的會計處理

自營進口是指有進出口自營權的企業辦理對外洽談和簽訂進出口合同，執行合同並辦理運輸、開證、付匯全過程，自負進出口盈虧。

企業自營進口商品計算應納稅額時，借記「材料採購」「應交稅費——應交增值稅（進項稅額）」等科目，貸記「應交稅費——應交關稅」科目；按規定繳納稅款時，借記「應交稅費——應交消費稅」「應交稅費——應交關稅」等科目，貸記「銀行存款」科目。

例4-4 某進口公司為有進出口經營權的家具生產企業。2015年8月從俄羅斯進口優質板材一批，離岸價格為25,000美元，運費為6,000美元，保險費按貨價加運費的5‰支付。雙方協議採用匯款結算方式，進口板材的關稅稅率為10%，增值稅稅率為17%，外匯匯率為1美元=6.11元人民幣。

該進口公司應作如下會計處理：

①進口環節稅金計算如下：

完稅價格=（250,000+6,000）×6.11×（1+5‰）=1,642,368（元）

進口關稅稅額=1,642,368×10%=164,236.80（元）

進口應納增值稅稅額=（1642,368+164,236.8）×17%=307,122.82（元）

②進口支付貨款時，編制如下會計分錄：

借：材料採購　　　　　　　　　　　　　　　　　　1,642,368

　　貸：銀行存款　　　　　　　　　　　　　　　　　1,642,368

③計算應納進口關稅時，編制如下會計分錄：

借：材料採購　　　　　　　　　　　　　　　　　　164,236.80

　　貸：應交稅費——應交進口關稅　　　　　　　　　164,236.80

④企業繳納進口稅金時，編制如下會計分錄：

借：應交稅費——應交進口關稅　　　　　　　　　　　　164,236.8。

　　應交稅費——應交增值稅（進項稅額）　　　　　　307,122.82

　　貸：銀行存款——人民幣　　　　　　　　　　　　　471,359.62

三、代理進口關稅的會計處理

代理進口是指有貨物進口需求的客戶，由於對進口業務不熟悉或其他原因，委託外貿企業代辦進口的貿易服務型業務。

外貿企業代理進出口業務，一般預收代理進口貨物貨款及應代繳的各種稅款，並向委託方收取手續費。此時，「應交稅費——應交關稅」帳戶可對應「應付帳款」帳戶進行核算。

例4-5　2016年8月，某外貿公司受文華電子公司的委託，從日本進口一批電子元件，貨款837,320元已預先匯入某外貿公司存款戶。該進口商品由海關確認的完稅價格為80,000美元（1美元＝6.92元人民幣），雙方協議按完稅價格的5%提取代理手續費，貨物進口後，受託方同委託方進行了結算，電子元件的進口關稅稅率為25%。

有關會計處理如下：

應納關稅稅額＝80,000×6.92×25%＝138,400（元）

代理手續費＝80,000×6.92×5%＝27,680（元）

應交增值稅稅額＝（80,000×6.92+138,400）×17%＝117,640（元）

（1）文華電子公司的會計處理如下：

①購入現匯時，編制如下會計分錄：

借：銀行存款——美元現匯存款　　　　　　　　　　　553,600

　　貸：銀行存款——人民幣存款　　　　　　　　　　　553,600

借：預付帳款　　　　　　　　　　　　　　　　　　　837,320

　　貸：銀行存款——美元現匯存款　　　　　　　　　　553,600

　　　　銀行存款——人民幣存款　　　　　　　　　　　283,720

②支付購貨款項時，編制如下會計分錄：

借：材料採購——電子元件　　　　　　　　　　　719,680
　　應交稅費——應交增值稅（進項稅額）　　　　117,640
　　貸：預付帳款　　　　　　　　　　　　　　　　837,320

③企業將材料入庫時，編制如下會計分錄：

借：原材料——電子元件　　　　　　　　　　　　719,680
　　貸：材料採購——電子元件　　　　　　　　　　719,680

(2) 某外貿公司代理進口業務的會計處理如下：

①收到委託方支付的款項時，編制如下會計分錄：

借：銀行存款　　　　　　　　　　　　　　　　　837,320
　　貸：應付帳款——文華電子公司　　　　　　　　837,320

②對外付款時，編制如下會計分錄：

借：應付帳款——文華電子公司　　　　　　　　　553,600
　　貸：銀行存款　　　　　　　　　　　　　　　　553,600

③支付進口關稅和增值稅時，編制如下會計分錄：

借：應付帳款——文華電子公司　　　　　　　　　256,040
　　貸：銀行存款　　　　　　　　　　　　　　　　256,040

④提取手續費時，編制如下會計分錄：

借：應付帳款——電子企業　　　　　　　　　　　27,680
　　貸：其他業務收入——手續費　　　　　　　　　27,680

任務四　關稅納稅申報與繳納

一、關稅納稅期限與徵收

（一）關稅納稅期限

進口貨物的納稅人，應當自運輸工具申報進境之日起 14 日內向海關申報納稅；出口貨物的納稅人，應當在貨物運抵海關監管區后裝貨的 24 小時以前向海關申報納稅。

納稅義務人應當自海關填發稅款繳款書之日起 15 日內向指定銀行繳納稅款。

納稅義務人因不可抗力或者在國家稅收政策調整的情形下，不能按期繳納稅款的，經海關總署批准，可以延期繳納稅款，但最長不得超過 6 個月。

（二）關稅的強制徵收

納稅義務人未在關稅繳納期限內繳納稅款，即構成關稅滯納。為保證海關徵收關稅決定的有效執行和國家財政收入的及時入庫，《中華人民共和國海關法》（以下簡稱《海關法》）賦予海關對滯納關稅的納稅義務人強制執行的權力。強制措施主要有兩類：

①徵收關稅滯納金。滯納金自關稅繳納期限期滿滯納之日起，至納稅義務人繳納關稅之日止，由海關按日計算徵收滯納金，滯納金的比例為每日萬分之五。

②強制徵收。納稅義務人自海關填發稅款繳款書之日起 3 個月仍未繳納稅款，經海關關長批准，海關可以採取強制扣繳、變價抵繳等強制措施。

二、關稅退還與保全

（一）關稅退還

關稅退還是關稅納稅義務人按海關核定的稅額繳納關稅后，因某種原因，海關將

實際徵收多於應當徵收的稅額（稱為溢徵關稅）退還給原納稅義務人的一種行政行為。

按規定，有下列情形之一的，進出口貨物的納稅義務人可以自繳納稅款之日起 1 年內，書面聲明理由，連同原納稅收據向海關申請退稅並加算銀行同期活期存款利息，逾期不予受理。

①因海關誤徵，多納稅款的。

②海關核準免驗進口的貨物，在完稅后，發現有短卸情形，經海關審查認可的。

③已徵出口關稅的貨物，因故未將其外運出口，申報退關，經海關查驗屬實的。

對上述退稅事項，海關應當自受理退稅申請之日起 30 日內，作出書面答覆並通知退稅申請人。

（二）關稅補徵和追徵

根據《海關法》的規定，進出境貨物和物品放行后，海關發現少徵或漏徵稅款，應當自繳納稅款或貨物、物品放行之日起 1 年內，向納稅義務人補徵；因納稅義務人違反規定而造成的少徵或漏徵的稅款，自納稅義務人應繳納稅款之日起 3 年以內可以追徵，並從繳納稅款之日起按日加收少徵或漏徵稅款萬分之五的滯納金。

（三）關稅保全

《海關法》規定，進出口貨物的納稅義務人在規定的納稅期限內有明顯的轉移、藏匿其應稅貨物及其他財產跡象的，海關可以責令納稅義務人提供擔保；納稅義務人不能提供納稅擔保的，經直屬海關關長或者其授權的隸屬海關關長批准，海關可以採取稅收保全措施。

問題思考

1. 關稅的特點、徵稅對象及納稅義務人。
2. 關稅的適用稅率。
3. 關稅的減免稅規定。
4. 計算關稅的應納稅額。

項目五　企業所得稅納稅實務

學習目標

1. 明確企業所得稅的有關法律規定。
2. 熟悉企業所得稅的徵稅對象及所得來源。
3. 正確計算企業所得稅的應納稅所得額和應納稅額。
4. 掌握企業所得稅的會計處理方法。

任務一　企業所得稅基本認知

一、企業所得稅的含義

企業所得稅是對中國境內企業和其他取得收入的組織的生產經營所得和其他所得徵收的一種稅。它體現了國家和企業的分配關係，是國家參與企業利潤分配的重要手段。

二、企業所得稅的特點

①以所得額為課稅對象，稅源大小受企業經濟效益的影響。

123

企業所得稅的課稅對象是收入總額扣除成本費用後的淨所得額。淨所得額的大小決定著稅源的多少，總收入相同的納稅人，所得額不一定相同，繳納的所得稅也不一定相同。

②徵稅以量能負擔為原則，體現了稅收的公平性。

企業所得稅以所得額為課稅對象，所得稅負擔輕重與納稅人所得的多少有內在聯繫。企業所得多、負擔能力大的多徵；所得少、負擔能力小的少徵；無所得、沒有負擔能力的不徵，以體現稅收公平的原則。

③實行按年計算，分期預繳的徵收辦法。

④企業所得稅的徵收一般是以全年的應納稅所得額為計稅依據，實行按年計算、分期預繳、年終匯算清繳的徵收辦法。

三、企業所得稅的納稅義務人

企業所得稅的納稅義務人是指在中華人民共和國境內的企業和其他取得收入的組織（以下簡稱企業）。依照中國法律、行政法規規定成立的個人獨資企業及合夥企業不徵收企業所得稅，而徵收個人所得稅。企業所得稅納稅人按照國際慣例一般分為居民企業和非居民企業，這是確定納稅人是否負有全面納稅義務的基礎。

（一）居民企業

居民企業是指依法在中國境內成立，或者依照外國法律成立但實際管理機構在中國境內的企業。

1. 依法在中國境內成立的企業

依法在中國境內成立是指註冊地在中國境內的企業，它是界定居民企業身分的依據和標準。

這裡的企業不僅包括各類國有企業、集體企業、私營企業、聯營企業、股份制企業等內資企業，還包括依法在中國境內成立的各類外商投資企業。例如，依法在中國註冊的沃爾瑪（中國）投資有限公司、微軟（中國）有限公司等，如果在中國境內成立，則為居民企業。

2. 依照外國法律成立但實際管理機構在中國境內的企業

實際管理機構在中國境內，是確定居民企業身分的依據和標準。實際管理機構是

指對企業的生產經營、人員、帳務、財產等實施實質性全面管理和控製的機構。居民企業是指依照外國（地區）法律成立的外國企業，但它們的實際管理機構在中國境內。例如，在英國、法國等國家和地區註冊的公司，如果實際管理機構在中國境內，則為中國的居民企業。

（二）非居民企業

非居民企業是指依照外國法律成立且實際管理機構不在中國境內，但在中國境內設立機構、場所的，或者在中國境內未設立機構、場所，但有來源於中國境內所得的企業。例如，在中國設立辦事處及其他分支機構等的外國企業。

非居民企業在中國設立的機構、場所是指在中國境內從事生產經營活動的機構、場所，包括如下各類。

①管理機構、營業機構、辦事機構。
②工廠、農場、開採自然資源的場所。
③提供勞務的場所。
④從事建築、安裝、裝配、修理、勘探等工程作業的場所。
⑤其他從事生產經營活動的機構、場所。

四、徵稅對象的確定

企業所得稅的徵稅對象為在中國境內企業的生產經營所得、其他所得和清算所得。

居民企業應就其來源於中國境內、境外的所得繳納企業所得稅。非居民企業在中國境內設立機構、場所的，應當就其所設機構、場所取得的來源於中國境內的所得，繳納企業所得稅。非居民企業在中國境內未設立機構、場所的，或者雖設立機構、場所，但取得的所得與其所設立的機構、場所沒有實際聯繫的，應當就其來源於中國境內的所得繳納企業所得稅。

納稅對象的具體化即為應納稅所得額，是指納稅人每一納稅年度的收入總額減除不徵稅收入、免稅收入、各項扣除，以及允許彌補的以前年度虧損后的餘額。

五、所得來源地的確定

①銷售貨物所得，按照交易活動發生地確定。

②提供勞務所得，按照勞務發生地確定。

③轉讓財產所得。不動產轉讓所得按照不動產所在地確定；動產轉讓所得按照轉讓動產的企業或機構、場所所在地確定；特別注意權益性投資資產轉讓所得，按照被投資企業所在地確定。

④股息、紅利等權益性投資所得，按照分配所得的企業所在地確定。

⑤利息所得、租金所得、特許權使用費所得，按照負擔、支付所得的企業或機構、場所所在地確定，或者按照負擔、支付所得的個人的住所地確定。

⑥其他所得，由國務院財政、稅務主管部門確定。

六、企業所得稅的稅率及優惠政策

(一) 所得稅稅率

中國企業所得稅實行比例稅率。現行稅法規定企業所得稅基本稅率為25%，同時對以下所得稅稅率作了專門規定。

①對符合條件的小型微利企業減按20%的稅率徵收。小型微利企業是指從事國家非限制和禁止行業，並符合下列條件的企業：工業企業——年度應納稅所得額不超過30萬元，從業人數不超過100人，資產總額不超過3,000萬元；其他企業——年度應納稅所得額不超過30萬元，從業人數不超過80人，資產總額不超過1,000萬元。

②在中國境內未設立機構、場所，或者雖設立機構、場所但取得的所得與其所設機構、場所沒有實際聯繫的非居民企業的中國境內所得，減按10%的稅率徵收企業所得稅。

③對國家需要扶持的高新技術產業，減按15%的稅率徵收企業所得稅。

(二) 企業所得稅稅收優惠

稅收優惠是指國家運用稅收政策在稅收法律、行政法規中對某一部分特定企業和課稅對象給予減輕或免除稅收負擔的一種措施。稅法規定的企業所得稅的稅收優惠方式包括免稅收入、減徵、免徵企業所得稅、加計扣除、抵扣應納稅所得額、加速折舊、減計收入、抵免稅額等。它是發揮稅收調節功能的重要手段。

1. 免徵與減徵優惠

企業的下列所得，可以免徵、減徵企業所得稅。

（1）從事農、林、牧、漁業項目的所得。

①企業從事下列項目的所得免徵企業所得稅：蔬菜、穀物、薯類、油料、豆類、棉花、麻類、糖料、水果、堅果的種植；農作物新品種的選育；中藥材的種植；林木的培育和種植；牲畜、家禽的飼養；林產品的採集；灌溉、農產品初加工、獸醫、農技推廣、農機作業和維修等農、林、牧、漁服務業項目；遠洋捕撈。

②企業從事下列項目的所得，減半徵收企業所得稅：花卉、茶及其他飲料作物和香料作物的種植；海水養殖、內陸養殖。

（2）從事國家重點扶持的公共基礎設施項目投資經營的所得。

從事國家重點扶持的公共基礎設施項目是指《公共基礎設施項目企業所得稅優惠目錄》規定的港口碼頭、機場、鐵路、公路、電力、水利等項目。自項目取得第一筆生產經營收入所屬納稅年度起，第一年至第三年免徵企業所得稅，第四年至第六年減半徵收企業所得稅，即給予「三免三減半」的優惠。

企業承包經營、承包建設和內部自建自用上述規定的項目，不得享受上述企業所得稅優惠。

（3）從事符合條件的環境保護、節能節水項目的所得。

從事符合條件的環境保護、節能節水項目包括公共污水處理、公共垃圾處理、沼氣綜合開發利用、節能減排技術改造、海水淡化等。這些所得，自項目取得第一筆生產經營收入所屬納稅年度起，第一年至第三年免徵企業所得稅，第四年至第六年減半徵收企業所得稅，即給予「三免三減半」的優惠。

（4）符合條件的技術轉讓所得。

一個納稅年度內，居民企業轉讓技術所得不超過500萬元（含500萬元）的部分，免徵企業所得稅；超過500萬元的部分，減半徵收企業所得稅。

（5）非居民企業優惠。

在中國境內未設立機構、場所或者雖設立機構、場所但取得的與其所設立機構、場所沒有實際聯繫的非居民企業，取得下列所得免徵企業所得稅。

①外國政府向中國政府提供貸款取得的利息所得。

②國際金融組織向中國政府和居民企業提供優惠貸款取得的利息所得。

③經國務院批准的其他所得。

2. 加計扣除

企業的下列支出，可以在計算應納稅所得額時加計扣除。

(1) 企業為開發新技術、新產品、新工藝發生的研究開發費用。

企業為開發新技術、新產品、新工藝發生的研究開發費用，未形成無形資產計入當期損益的，在按照規定據實扣除的基礎上，按照研究開發費用的50%，加計扣除；形成無形資產的，按照無形資產成本的150%攤銷。

例5-1 盛華公司2016年應稅利潤總額為500萬元。當年開發新產品、新技術、新工藝支付研究開發費用100萬元，其中直接計入當期損益的為80萬元，符合資本化條件計入無形資產成本的為40萬元。該無形資產於當年7月1日達到預定用途，採用直線法攤銷，攤銷期限為10年，無殘值。該公司2016年在計算應稅所得額時，可以扣除的研究開發費用是多少萬元？

可扣除的金額＝80+80×50%+40×150%÷10×6÷12＝123（萬元）

(2) 企業安置殘疾人員所支付的工資。

企業安置殘疾人員的，在按照支付給殘疾職工工資據實扣除的基礎上，按照支付給殘疾職工工資的100%加計扣除。加計扣除滿足下列條件。

①依法與安置的每位殘疾人簽訂了1年以上（含1年）的勞動合同或服務協議，並且安置的每位殘疾人在企業實際上崗工作。

②為安置的每位殘疾人按月足額繳納了企業所在區縣人民政府根據國家政策規定的基本養老保險、基本醫療保險、失業保險和工傷保險等社會保險。

③定期通過銀行等金融機構向安置的每位殘疾人實際支付了不低於企業所在區縣適用的經省級人民政府批准的最低工資標準的工資。

④具備安置殘疾人上崗工作的基本設施。

3. 抵扣應納稅所得額

創業投資企業採取股權投資方式投資於未上市的中小高新技術企業2年以上的，可以按照其投資額的70%在股權持有滿2年的當年抵扣該創業投資企業的應納稅所得額；當年不足抵扣的，可以在以後納稅年度結轉抵扣。

例5-2 某公司2016年1月1日向乙企業（未上市的中小高新技術企業）投資300萬元，股權持有到2016年12月31日，計算該公司2016年度可抵扣的應納稅所得額。

該公司2016年度可抵扣的應納稅所得額＝300×70%＝210（萬元）

4. 加速折舊

企業的固定資產由於技術進步等原因，確需加速折舊的，可以採取縮短折舊年限或加速折舊的方法。這些固定資產包括：由於技術進步，產品更新換代較快的固定資產；常年處於強震動、高腐蝕狀態的固定資產。

企業採用縮短折舊年限方法的，對其購置的固定資產，最低折舊年限不得低於稅法規定的折舊年限的60%；採取加速折舊方法的，可以採取雙倍餘額遞減法或年數總和法。

例5-3 華聯公司2016年1月1日購入並於當日投入使用生產設備1臺，實際支付價款及相關稅費21萬元，該設備正常運行。由於技術進步，該設備更新換代較快，符合稅收優惠條件，會計上採用年數總和法計提折舊，並將預計使用壽命縮短為5年（稅法規定生產設備的折舊年限為10年），預計殘值為0。該公司會計處理有何錯誤？

①稅法規定只能採取縮短折舊年限或採取加速折舊方法，不能同時採用。這點不符合稅法規定。

②稅法規定採用縮短折舊年限方法的，最低折舊年限不得低於稅法規定的折舊年限的60%。該公司設備折舊年限最多不得低於6年（10×60%），預計使用壽命縮短為5年不符合稅法規定。

5. 減計收入

企業綜合利用資源，生產符合國家產業政策規定的產品取得的收入，可以在計算應納稅所得額時減按90%計入收入總額。

這些收入是綜合利用資源，生產國家非限制和禁止並符合國家和行業相關標準的產品取得的收入。

6. 稅額抵免

①企業購置並實際使用規定的環境保護、節能節水、安全生產等專用設備的，該專用設備的投資額的10%可以從企業當年的應納稅額中抵免；當年不足抵免的，可以在以後5個納稅年度結轉抵免。

②企業進行稅額抵免時，如果增值稅進項稅額允許抵扣，則其設備投資額不再包括增值稅進項稅額；如果增值稅進項稅額不允許抵扣，則其設備投資額可以是價稅合

計金額；如果取得的是普通發票，則其設備投資額是發票上註明的金額。

③企業購置上述專用設備在5年內轉讓、出租的，應當停止享受企業所得稅優惠，並補繳已經抵免的企業所得稅稅款。

任務二　企業所得稅應納稅額的計算

一、企業應納稅所得額的確定

（一）應納稅所得額的確定

應納稅所得額是企業所得稅的計稅依據，按照《企業所得稅法》的規定，應納稅所得額為企業每一個納稅年度的收入總額，減除不徵稅收入、免稅收入、各項扣除及允許彌補的以前年度虧損后的餘額。

企業以貨幣形式和非貨幣形式從各種來源取得的收入為收入總額。其中貨幣形式包括現金、存款、應收帳款、應收票據、準備持有至到期的債券投資及債務的豁免等。非貨幣形式包括固定資產、生物資產、無形資產、股權投資、存貨、不準備持有至到期的債券投資、勞務及有關權益等，這些非貨幣資產應當按照公允價值確定收入額。公允價值是指按市場價格確定的價值。收入的具體構成如下所述。

1. 一般收入的確認

①銷售貨物收入。銷售貨物收入是指企業銷售商品、產品、原材料、包裝物、低值易耗品及其他存貨取得的收入。

②提供勞務收入。提供勞務收入是指企業從事建築安裝、修理修配、交通運輸、倉儲租賃、金融保險、郵電通信、諮詢經紀、文化體育、科學研究、技術服務、教育培訓、餐飲住宿、仲介代理、衛生保健、社區服務、旅遊、娛樂、加工及其他服務活動取得的收入。

③轉讓財產收入。轉讓財產收入是指企業轉讓固定資產、生物資產、無形資產、

項目五　企業所得稅納稅實務

股權、債權等財產取得的收入。

④股息、紅利等權益性投資收益。股息、紅利等權益性投資收益是指企業因權益性投資從被投資方取得的收入。股息、紅利等權益性投資收益，除國務院財政、稅務主管部門另有規定外，按照被投資方作出利潤分配決定的日期確認收入的實現。

⑤利息收入。利息收入是指企業將資金提供他人使用但不構成權益性投資，或者因他人占用本企業資金取得的收入，包括存款利息、貸款利息、債券利息、欠款利息等收入。利息收入應按照合同約定的債務人應付利息的日期確認收入的實現。

⑥租金收入。租金收入是指企業提供固定資產、包裝物或其他有形資產的使用權取得的收入。租金收入應按照合同約定的承租人應付租金的日期確認收入的實現。

⑦特許權使用費收入。特許權使用費收入是指企業提供專利權、非專利技術、商標權、著作權及其他特許權的使用權取得的收入。特許權使用費收入按照合同約定的特許權使用權人應付特許權使用費的日期確認收入的實現。

⑧接受捐贈收入。接受捐贈收入是指企業接受的來自其他企業、組織或個人無償給予的貨幣性資產、非貨幣性資產，接受捐贈收入按照實際收到捐贈資產的日期確認收入的實現。

⑨其他收入。其他收入是指企業取得的除以上8項收入外的其他收入，包括企業資產溢餘收入、逾期未退回包裝物押金收入、確實無法償付的應付帳款、已作壞帳損失處理後又收回的應收款項、債務重組收入、補貼收入、違約金收入、匯兌收益等。

2. 特殊收入的確認

①以分期收款方式銷售貨物的，按照合同約定的收款日期確認收入的實現。

②企業受託加工製造大型機械設備、船舶、飛機，以及從事建築、安裝、裝配工程業務或者提供其他勞務等，持續時間超過12個月的，按照納稅年度內完工進度或者完成的工作量確認收入的實現。

③採取產品分成方式取得收入的，按照企業分得產品的日期確認收入的實現，其收入額按照產品的公允價值確認。

④企業發生非貨幣性資產交換，以及將貨物、財產、勞務用於捐贈、償債、贊助、集資、廣告、樣品、職工福利或利潤分配等用途的，應當視同銷售貨物、轉讓財產或提供勞務，但國務院財政、稅務主管部門另有規定的除外。

3. 處置資產收入的確認

處置資產收入可分為視同銷售和不視同銷售兩種情況，兩種情況應分別滿足以下

幾個條件，如表 5-1 所示。

表 5-1　企業所得稅處置資產收入的確認

內部處置資產——不視同銷售確認收入	資產移送他人——視同銷售確認收入
(1) 將資產用於生產、製造、加工另一產品 (2) 改變資產形狀、結構或性能 (3) 改變資產用途（如自建商品房轉為自用或經營） (4) 將資產在總機構及其分支機構之間轉移 (5) 上述兩種或兩種以上情形的混合 (6) 其他不改變資產所有權屬的用途	(1) 用於市場推廣或銷售 (2) 用於交際應酬 (3) 用於職工獎勵或福利 (4) 用於股息分配 (5) 用於對外捐贈 (6) 其他改變資產所有權屬的用途 ［收入計量］屬於自制的資產，按同類資產同期對外售價確認銷售收入（按移送的存貨成本結轉成本）；屬於外購的資產，可按購入時的價格確認銷售收入（按購入時的價格結轉成本）

（二）不徵稅收入

不徵稅收入是指從性質上不屬於企業營利活動帶來的經濟利益，不負有納稅義務、不作為應納稅所得額組成部分的收入。

①財政撥款，是指各級人民政府對納入預算管理的事業單位、社會團體等組織撥付的財政資金，但國務院和國務院財政、稅務主管部門另有規定的除外。

②依法收取並納入財政管理的行政事業性收費、政府性基金，是指依照法律、法規等有關規定，按照國務院規定程序批准，在實施社會公共管理，以及在向公民、法人或其他組織提供特定公共服務過程中，向特定對象收取並納入財政管理的費用。政府性資金是指企業依照法律、行政法規等有關規定，代政府收取的具有專項用途的財政資金。

③國務院規定的其他不徵稅收入，是指企業取得的，由國務院財政、稅務主管部門規定專項用途並經國務院批准的財政性資金。財政性資金是指企業取得的來源於政府及其有關部門的財政補助、補貼、貸款貼息，以及其他各類財政專項資金，包括直接減免的增值稅和即徵即退、先徵后退、先徵后返的各種稅收，但不包括企業按規定取得的出口退稅款。

（三）免稅收入

①國債利息收入。為鼓勵企業積極購買國債，支援國家建設，稅法規定，企業因購買國債所得的利息收入，免徵企業所得稅。免稅的國債利息是指到期的利息收入，不是中途轉讓的收益。

②符合條件的居民企業之間的股息、紅利（是指稅后分紅）等權益性投資收益，是指居民企業直接投資於其他居民企業取得的投資收益。

③在中國境內設立機構、場所的非居民企業從居民企業取得與該機構、場所有實際聯繫的股息、紅利等權益性投資收益。該收益都不包括連續持有居民企業公開發行並上市流通的股票不足12個月取得的投資收益。

④符合條件的非營利組織的收入，是指同時符合下列條件的非營利組織的收入。

- 依法履行非營利組織登記手續。
- 從事公益性或非營利性活動。
- 取得的收入除用於與該組織有關的、合理的支出外，全部用於登記核定或章程規定的公益性或者非營利性事業。
- 財產及其孳生息不用於分配。
- 按照登記核定或章程規定，該組織註銷后的剩餘財產用於公益性或非營利性目的，或者由登記管理機關轉贈給與該組織性質、宗旨相同的組織，並向社會公告。
- 投入人對投入該組織的財產不保留或享有任何財產權利。
- 工作人員工資福利開支控制在規定的比例內，不變相分配該組織的財產。
- 國務院財政、稅務主管部門規定的其他條件。

《企業所得稅法》第二十六條第（四）項所稱符合條件的非營利組織的收入，不包括非營利組織從事營利性活動取得的收入，但國務院財政、稅務主管部門另有規定的除外。

（四）扣除原則和範圍

1. 稅前扣除項目的原則

企業申報的扣除項目和金額要真實、合法。真實是指能夠提供證明有關支出確屬

已經實際發生。合法是指符合國家稅法的規定，若其他法規規定與稅收法規規定不一致，應以稅收法規的規定為標準。除稅收法規另有規定外，稅前扣除應遵循權責發生制原則、配比原則、相關性原則、確定性原則及合理性原則。

①權責發生制原則是指企業費用應在發生的所屬期間扣除，而不是在實際支付時確認扣除。

②配比原則是指企業發生的費用應當與收入配比扣除。除特殊規定外，企業發生的費用不得提前或滯后申報扣除。

③相關性原則是指企業可扣除的費用從性質和根源上必須與取得應稅收入直接相關。

④確定性原則是指即企業可扣除的費用不論何時支付，其金額必須是確定的。

⑤合理性原則是指納稅人可扣除費用的計算和分配方法應符合一般的經營常規和會計慣例。

2. 扣除項目的範圍

《企業所得稅法》規定，在計算應納稅所得額時準予從收入額中扣除的項目，是指企業實際發生的與取得收入有關的、合理的支出，包括成本、費用、稅金及附加、損失和其他支出。

（1）成本。

成本是指企業在生產經營活動中發生的銷售成本、銷貨成本、業務支出及其他耗費，即企業銷售商品（包括商品、產品、原材料、下腳料、廢料、廢舊物資等）、提供勞務、轉讓和處置固定資產、無形資產（包括技術轉讓）的成本。

（2）費用。

可扣除的費用是指企業每一個納稅年度為生產、經營商品和提供勞務等所發生的銷售（經營）費用、管理費用和財務費用。已經計入成本的有關費用除外。

①銷售費用是指應由企業負擔的為銷售商品而發生的費用，包括廣告費、運輸費、裝卸費、包裝費、展覽費、保險費、銷售佣金（能直接認定的進口佣金調整商品進價成本）、代銷手續費、經營性租賃費及銷售部門發生的差旅費、工資、福利費等費用。

②管理費用是指企業的行政管理部門為管理組織經營活動提供各項支援性服務而發生的費用。

③財務費用是指企業籌集經營性資金而發生的費用，包括利息淨支出、匯兌淨損

失、金融機構手續費及其他非資本化支出。

（3）稅金及附加。

稅金及附加是指企業發生的除企業所得稅和允許抵扣的增值稅以外的各項稅金及其附加，即企業按規定繳納的消費稅、城市維護建設稅、出口關稅、資源稅、土地增值稅、教育費附加等產品銷售稅金及附加。這些已納稅金準予稅前扣除。扣除的方式有兩種：一是發生當期扣除；二是在發生當期計入相關資產的成本，在以後各期分攤扣除。

（4）損失。

損失是指企業在生產經營活動中發生的固定資產和存貨的盤虧、毀損、報廢損失，轉讓財產損失、呆帳損失、壞帳損失、自然災害等不可抗力因素造成的損失及其他損失。

企業發生的損失，減除責任人賠償和保險賠款后的餘額，依照國務院財政、稅務主管部門的規定扣除。企業已經作為損失處理的資產，在以後納稅年度又全部收回或部分收回時，應當計入當期收入。

（5）其他支出。

其他支出是指除成本、費用、稅金、損失外，企業在生產經營活動中發生的與生產經營活動有關的、合理的支出。

3. 扣除項目的標準

在計算應納稅所得額時，下列項目可按照實際發生額或者規定的標準扣除。

（1）工資、薪金支出。

工資、薪金支出是企業每一納稅年度支付給在本企業任職或者與其有雇傭關係的員工的所有現金或非現金形式的勞動報酬，包括基本工資、資金、津貼、補貼、年終加薪、加班工資，以及與任職或受雇有關的其他支出。企業發生的合理的工資、薪金支出準予據實扣除。

（2）職工福利費、工會經費、職工教育經費。

企業發生的職工福利費、工會經費、職工教育經費按標準扣除，未超過標準的按實際數扣除，超過標準的只能按標準扣除。三項費用不是採用預提的方法支出，而是採用據實開支、限度控製的方法。其中教育經費超支的，可結轉下年，用以後年度未用完的限度扣除。

①企業發生的職工福利費支出，不超過工資、薪金總額14%的部分準予扣除。

②企業撥繳的工會經費，不超過工資、薪金總額2%的部分準予扣除。

③除國務院財政、稅務主管部門另有規定外，企業發生的職工教育經費支出，不超過工資、薪金總額2.5%的部分準予扣除，超過部分準予在以后納稅年度結轉扣除。

例5-4 天翔公司2016年實際支付工資總額500萬元，發生職工福利費支出65萬元、工會經費10萬元、職工教育經費14萬元。據以計算該公司當年應納稅所得額時，準予從收入總額中扣除的工資與職工福利費、工會經費、職工教育經費。

①職工福利費扣除限額＝500×14%＝70（萬元），實際發生數小於限額，準予全部扣除。

②工會經費扣除限額＝500×2%＝10（萬元），實際發生數等於限額，準予全部扣除。

③職工教育經費扣除限額＝500×2.5%＝12.5（萬元），實際發生數大於限額，準予扣除額為12.5萬元，超過的1.5萬元準予結轉以后納稅年度扣除。

(3) 社會保險費。

①企業依照國務院有關主管部門或省級人民政府規定的範圍和標準為職工繳納的「五險一金」，即基本養老保險費、基本醫療保險費、失業保險費、工傷保險費、生育保險費等社會保險費和住房公積金準予扣除。

②企業為投資者或職工支付的補充養老保險費、補充醫療保險費，在國務院財政、稅務主管部門規定的範圍和標準內準予扣除。企業依照國家有關規定為特殊工種職工支付的人身安全保險費和符合國務院財政、稅務主管部門規定可以扣除的商業保險費準予扣除。

③企業參加財產保險，按照規定繳納的保險費準予扣除。企業為其投資者或雇員個人向商業保險機構投保的人壽保險或財產保險，不得在計算應納稅所得額前扣除，而且在支付時應計算繳納個人所得稅。

(4) 利息費用。

企業在生產、經營活動中發生的利息費用，按下列規定扣除。

①非金融企業向金融企業借款的利息支出、金融企業的各項存款利息支出和同業

拆借利息支出、企業經批准發行債券的利息支出可據實扣除。

②非金融企業向非金融企業借款的利息支出，不超過按照金融企業同期同類貸款利率計算的數額的部分可據實扣除，超過部分不得扣除。

③關聯企業利息費用的扣除。企業從其關聯方接受的債權性投資與權益性投資的比例超過規定標準而發生的利息支出，不得在計算應納稅所得額時扣除，也不能結轉到以後年度扣除。一般企業的債資比例為2：1，金融企業的債資比例為5：1。

④企業向自然人借款的利息支出可以在計算應納稅所得額前扣除。

企業向股東或其他與企業有關聯關係的自然人借款的利息支出，符合規定條件的，準予扣除。

企業向除上述規定以外的內部職工或其他人員借款的利息支出，其借款情況同時符合以下條件的，其利息支出在不超過按照金融企業同期同類貸款利率計算的數額的部分，準予扣除。企業與個人之間的借貸是真實、合法、有效的，並且不具有非法集資目的或其他違反法律、法規的行為；企業與個人之間簽訂了借款合同。

例5-5 某居民企業2016年發生財務費用50萬元，其中含向非金融企業借款350萬元，所支付的年利息28萬元（當年金融企業貸款的年利率為5.8%）。計算該居民企業財務費用的應納稅所得額。

利息稅前扣除額＝350×5.8%＝20.3（萬元）

財務費用調增的應納稅所得額＝28－20.3＝7.7（萬元）

例5-6 甲公司為增值稅一般納稅人，註冊資本1,500萬元（其中關聯方乙企業的權益性投資1,100萬元）。2016年甲公司發生財務費用520萬元，其中向乙企業借款2,500萬元，支付的利息費用為150萬元，其餘為向金融機構借款利息。已知向關聯企業借款的年利率為6%，金融機構同期貸款利率為4%。計算該企業財務費用的納稅調整額。

甲公司2016年度企業所得稅前應扣除的財務費用＝（520－150）＋1,100×2×4%＝370＋88＝458（萬元）

財務費用的納稅調整額＝520－458＝62（萬元）

（5）借款費用。

企業在生產經營活動中發生的合理的、不需要資本化的借款費用準予扣除。

企業為購置、建造固定資產、無形資產和經過12個月以上的建造才能達到預定可銷售狀態的存貨發生借款的，在有關資產購置、建造期間發生的合理的借款費用，應予以資本化，作為資本性支出計入有關資產的成本；有關資產交付使用后發生的借款利息，可在發生當期扣除。

例5-7 天翔公司在2015年8月發生財務費用500萬元，其中包括用於在建工程支付銀行貸款的利息350萬元和企業擴大再生產向其他企業支付借款2,000萬元的本年利息150萬元（同期銀行貸款年利率為6%）。計算該公司當年應納稅所得額準予扣除的財務費用。

在建工程應負擔的貸款利息350萬元，在計算應納稅所得額時不得扣除。

擴大再生產的利息支出在不超過同期銀行貸款利率的限額內扣除，準予扣除的財務費用＝2,000×6%＝120（萬元）。

該公司當年應納稅所得額準予扣除的財務費用為120萬元。

例5-8 某企業在2016年5月1日向銀行借款500萬元用於建造廠房，借款期限為1年，當年向銀行支付了3個季度的借款利息22.5萬元，該廠房於11月31日竣工結算並投入使用，計算稅前可扣除的利息費用。

稅前可扣除的利息費用＝22.5÷9×2＝5（萬元）

（6）匯兌損失。

匯率折算形成的匯兌損失，除已經計入有關資產成本及與向所有者進行利潤分配相關的部分外，準予扣除。

（7）業務招待費。

企業實際發生的與生產經營活動有關的業務招待費支出，按照實際發生額的60%扣除，但最高不得超過當年銷售（營業）收入的5‰。即允許扣除的標準是實際發生額的60%與銷售（營業）收入的5‰相比較小者。

例 5-9 2016 年某生產企業實現自產產品銷售收入 7,000 萬元,當年發生計入管理費用中的業務招待費為 200 萬元。計算該企業當年可以稅前扣除的業務招待費。

該企業可扣除的限額＝7,000×5‰＝35（萬元）

該企業業務招待費的發生額＝200×60%＝120（萬元）

由於該企業的業務招待費發生額的 60% 為 120 萬元＞扣除限額 35 萬元,因此,當年可以扣除的業務招待費為 35 萬元。

（8）廣告費和業務宣傳費。

企業發生的符合條件的廣告費和業務宣傳費支出,除國務院財政、稅務主管部門另有規定外,不超過當年銷售（營業）收入 15% 的部分,準予扣除;超過部分,準予結轉以后納稅年度扣除。

企業申報扣除的廣告費支出應與贊助支出嚴格區分。贊助支出不得扣除。廣告費支出必須符合下列條件:廣告是通過工商部門批准的專門機構製作的;已實際支出費用,並已取得相應發票;通過一定的媒體傳播。

例 5-10 某服裝廠 2016 年銷售收入 3,500 萬元,發生現金折扣 100 萬元,轉讓技術使用權收入 500 萬元,廣告費支出 1,000 萬元,業務宣傳費 40 萬元。該服裝廠計算應納稅所得額時調整所得（廣告費和業務宣傳費扣除標準）是多少?

廣告費和業務宣傳費扣除標準＝（3,500+500）×15%＝600（萬元）

（9）環境保護專項資金。

企業依照法律、行政法規的有關規定提取的用於環境保護、生態恢復等方面的專項資金準予扣除;上述專項資金提取后改變用途的,不得扣除。

（10）保險費。

企業參加財產保險,按照規定繳納的保險費,準予扣除。

（11）租賃費。

租入固定資產的方式分為兩種:經營性租賃是指所有權不轉移的租賃;融資租賃是指在實質上轉移與一項資產所有權有關的全部風險和報酬的一種租賃。租入固定資產支付的租賃費,按照以下方法扣除。

①屬於經營性租賃發生的租入固定資產租賃費，根據租賃期限均勻扣除。

②屬於融資性租賃發生的租入固定資產租賃費，構成融資租入固定資產價值的部分應當提取折舊費用，分期扣除；租賃費支出不得扣除。

例 5-11 2016 年 5 月 1 日，某貿易公司以經營租賃方式租入一項固定資產使用，租期為 1 年，按獨立納稅人交易原則支付租金 1.2 萬元；9 月 1 日以融資租賃方式租入機器設備 1 臺，租期為 2 年，當年支付租金 1.5 萬元。計算當年該公司應納稅所得額中應扣除的租賃費用。

當年該公司應納稅所得額中應扣除的租賃費用 = 1.2÷12×10 = 1（萬元）

(12) 勞動保護費。
企業發生的合理的勞動保護支出，準予扣除。

(13) 公益性捐贈支出。
企業發生的公益性捐贈支出，不超過年度會計利潤總額 12% 的部分，準予扣除。年度利潤總額是指企業依照國家統一會計制度的規定計算的年度會計利潤。

公益性捐贈是指企業通過公益性社會團體或縣級以上人民政府及其部門，用於《中華人民共和國公益事業捐贈法》規定的公益事業的捐贈。

例 5-12 某企業 2016 年開具增值稅專用發票取得收入 3,500 萬元，同時企業為銷售貨物提供了運輸服務，運費收取標準為銷售貨物收入的 10%，並開具普通發票。收入對應的銷售成本和運輸成本為 2,780 萬元，期間費用為 360 萬元，營業外支出 200 萬元（其中 180 萬元為公益性捐贈支出），上年度企業自行計算虧損 80 萬元，經稅務機關核定的虧損為 60 萬元，銷售稅金及附加 60 萬元。計算企業在繳納所得稅前可以扣除的公益性捐贈支出。

運費收入 = 3,500×10%÷（1+17%）= 299.15（萬元）

年度利潤總額 = 3,500+299.15-2,780-360-200-60 = 399.1,5（萬元）

企業發生的公益性捐贈支出在年度利潤總額 12% 以內的部分，準予稅前扣除。

捐贈扣除限額 = 399.15×12% = 47.9。（萬元）

(14) 有關資產的費用。

項目五　企業所得稅納稅實務

①企業轉讓各類固定資產發生的費用，允許扣除。

②企業按規定計算的固定資產折舊費、無形資產和遞延資產的攤銷費，準予扣除。

(15) 總機構分攤的費用。

非居民企業在中國境內設立的機構、場所，就其中國境外總機構發生的與該機構、場所生產經營有關的費用，能夠提供總機構出具的費用匯集範圍、定額、分配依據和方法等證明文件並合理分攤的，準予扣除。

(16) 資產損失。

①企業當期發生的固定資產和流動資產盤虧、毀損淨損失，由其提供清查盤存資料經主管稅務機關審核后，準予扣除。

②企業因存貨盤虧、毀損、報廢等原因不得從銷項稅金中抵扣的進項稅金，應視同企業財產損失，準予與存貨損失一起在所得稅前按規定扣除。

例 5-13　某企業自行計算全年利潤總額時扣減全年發生營業外支出 4,000 萬元，其中含通過公益性社會團體向貧困山區捐贈 500 萬元，因管理不善，庫存原材料損失 620 萬元（其中含運費成本 20 萬元），需要轉出的增值稅未作處理。計算會計利潤扣除的營業外支出及應納稅所得額扣除的營業外支出。

①會計利潤扣除的營業外支出＝4,000＋600×17%＋20÷(1−7%)×7%＝4,103.51（萬元）。

②應納稅所得額扣除的營業外支出＝4,000＋(500−調整后會計利潤×12%)＋600×17%＋20/(1−7%)×7%＝4,103.44（萬元）。

(17) 其他項目。

其他項目包括依照有關法律、行政法規和國家有關稅法規定準予扣除的其他項目，如會員費、合理的會議費、差旅費、違約金、訴訟費用等。

(18) 手續費及佣金支出。

①企業發生與生產經營有關的手續費及佣金支出，不超過以下規定計算限額以內的部分，準予扣除；超過部分，不得扣除。

保險企業：財產保險企業按當年全部保費收入扣除退保金等后餘額的 15%（含本數，下同）計算限額；人身保險企業按當年全部保費收入扣除退保金等后餘額的 10% 計算限額。

141

其他企業：按與具有合法經營資格的仲介服務機構或個人（不含交易雙方及其雇員、代理人和代表人等）所簽訂服務協議或合同確認的收入金額的5%計算限額。

②除委託個人代理外，企業以現金等非轉帳方式支付的手續費及佣金不得在稅前扣除。企業為發行權益性證券支付給有關證券承銷機構的手續費及佣金不得在稅前扣除。

③企業不得將手續費及佣金支出計入回扣、業務提成、返利、進場費等費用。

④企業已計入固定資產、無形資產等相關資產的手續費及佣金支出，應當通過折舊、攤銷等方式分期扣除，不得在發生當期直接扣除。

⑤企業支付的手續費及佣金不得直接衝減服務協議或合同金額，應如實入帳。

匯總上述有扣除標準的項目，如表5-2所示。

表 5-2　企業所得稅應納稅所得額有扣除標準的項目

項目	扣除標準	超標準處理
職工福利費	不超過工資薪金總額14%的部分準予	超標準當年均不得扣除，但有2項超過部分準予結轉以後納稅年度扣除：職工教育經費；廣告費和業務宣傳費
工會經費	不超過工資薪金總額2%的部分準予	
職工教育經費	不超過工資薪金總額2.5%的部分準予扣除	
利息費用	不超過金融企業同期同類貸款利率計算的利息	
業務招待費	按照發生額的60%扣除，但最高不得超過當年銷售（營業）收入的0.5%	
廣告費和業務宣傳費	不超過當年銷售（營業）收入15%以內的部分，準予扣除	
公益捐贈支出	不超過年度利潤總額12%的部分，準予扣除	

（五）不得扣除的項目

在計算應納稅所得額時，下列支出不得扣除。

①向投資者支付的股息、紅利等權益性投資收益款項。

②資本性支出，是指納稅人購置、建造固定資產和對外投資的支出。

③企業所得稅稅款。

④稅收滯納金，是指納稅人違反稅收法規，被稅務機關處以的滯納金。

⑤罰金、罰款和被沒收財物的損失，是指納稅違反國家有關法律、法規規定，被有關部門處以的罰款，以及被司法機關處以的罰金和被沒收的財物。

⑥超過規定標準的捐贈支出。

⑦贊助支出，是指企業發生的與生產經營活動無關的各種非廣告性質支出。

⑧未經核定的準備金支出，是指不符合國務院財政、稅務主管部門規定的各項資產減值準備、風險準備等準備金支出。

⑨企業之間支付的管理費、企業內營業機構之間支付的租金和特許權使用費，以及非銀行企業內營業機構之間支付的利息。

⑩與取得收入無關的其他支出。

（六）虧損彌補

虧損是指企業依照《企業所得稅法》及其實施條例的規定，將每一納稅年度的收入總額減除不徵稅收入、免稅收入和各項扣除后小於零的數額。稅法規定，企業某一納稅年度發生的虧損可以用下一年度的所得彌補，下一年度的所得不足以彌補的，可以逐年延續彌補，但最長不得超過5年。

企業在匯總計算繳納企業所得稅時，計算的虧損額不包括境外所得或虧損，即境外所得不能用於彌補境內虧損，境外虧損也不能由境內所得彌補。

例5-14 天翔公司2009—2016年的應納稅所得額（見表5-3）

表5-3 天翔公司2009年至2016年的應納稅所得額　　　　（單位：萬元）

年度	2009	2010	2011	2012	2013	2014	2015	2016
應納稅所得額	-30	-10	5	8	-5	15	5	40

計算天翔公司2016年度應繳納的企業所得稅稅額。

2009年的30萬元虧損，可以用2010年至2014年實現的盈利來彌補，還剩-2（-30+5+8+15）萬元未彌補完。

2010年的10萬元虧損，可用2011年至2015年實現的盈利來彌補，還剩-5（-10+5）萬元未彌補完。

2013年的5萬元虧損，可用2014年至2016年實現的盈利來彌補，2016年彌補虧損后的應納稅所得額=40-5=35（萬元）。

2016年應納企業所得稅稅額=35×25%=8.75（萬元）。

二、應納稅所得額的計算方法

企業應納稅所得額的計算以權責發生制為原則。納稅人在計算應納稅所得額時，企業財務、會計處理方法與稅法不一致的，應依照稅法的規定計算納稅。在實際過程中，應納稅所得額的計算一般有兩種方法。

（一）直接計算法

在直接計算法下，企業每一納稅年度的收入總額減除不徵稅收入、免稅收入、各項扣除及允許彌補的以前年度虧損後的餘額為應納稅所得額。計算公式表示如下：

應納稅所得額＝收入總額－不徵稅收入－免稅收入－

各項扣除金額－允許彌補的以前年度虧損

「收入總額」是指會計準則規定的主營業務收入、其他業務收入、營業外收入及投資收益的總和。

例5-15 藍天公司是一個從事商品流通的居民企業。該公司2016年度銷售貨物收入500萬元（其中不徵稅收入8萬元），國債利息收入10萬元、營業外收入80萬元，與收入配比的成本250萬元，全年發生管理費用、銷售費用和財務費用共計50萬元，營業外支出20萬元，2016年度經核定結轉的虧損額15萬元。計算藍天公司2016年度應納稅所得額。

收入總額＝500+5+80=585（萬元）

不徵稅收入＝8（萬元）

免稅收入＝10萬元

應納稅所得額＝585-8-5-（250+50+20）-15=237（萬元）

（二）間接計算法

在間接計算法下，是在會計利潤總額的基礎上加或減按照稅法規定調整的項目金額後，即為應納稅所得額。計算公式表示如下：

應納稅所得額＝每一納稅年度會計利潤總額±納稅調整項目金額

納稅調整項目金額包括兩方面的內容：一是企業的財務會計處理和稅收規定不一

項目五　企業所得稅納稅實務

致的應予以調整的金額；二是企業按稅法規定準予扣除的稅收金額。

例 5-16　某公司 2016 年實現利潤總額 300 萬元，其中，國債利息收入 10 萬元，與收入配比的成本 180 萬元，全年發生管理費用、銷售費用和財務費用共計 60 萬元，營業外支出 50 萬元（其中符合規定的公益性捐贈支出 40 萬元）。計算該公司 2016 年應納稅所得額。

國債利息收入免稅，應作納稅調減。

公益性捐贈支出稅前扣除限額=300×12%=36（萬元），所以捐贈支出納稅調增額=40-36=4（萬元）。

應納稅所得額=300-10+4=294（萬元）

三、資產的稅務處理

資產的稅務處理是指稅法上資產計稅基礎、固定資產的折舊費用、生產性生物資產折舊、無形資產和長期待攤費用的攤銷費用、投資資產成本扣除，以及使用或銷售的存貨的成本計算方法等方面的規定。如果資產的稅務處理規定與企業會計準則不一致，企業計算應納稅額時應嚴格遵循稅法規定。納入稅務處理範圍的資產均以歷史成本為計稅基礎。企業持有各項資產期間資產增值或減值，除國務院財政、稅務主管部門規定可以確認損益外，不得調整該資產的計稅基礎。

（一）固定資產的稅務處理

固定資產是指企業為生產產品、提供勞務、出租或經營管理而持有的、使用時間超過 12 個月（不含 12 個月）的非貨幣性資產，包括房屋、建築物、機器、機械、運輸工具，以及其他與生產經營活動有關的設備、器具、工具等。

1. 固定資產計稅基礎

①外購的固定資產，以購買價款和支付的相關稅費，以及直接歸屬於使該資產達到預定用途發生的其他支出為計稅基礎。

②自行建造的固定資產，以竣工結算前發生的支出為計稅基礎。

③融資租入的固定資產，以租賃合同約定的付款總額和承租人在簽訂租賃合同過程中發生的相關費用為計稅基礎；租賃合同未約定付款總額的，以該資產的公允價值

和承租人在簽訂租賃合同過程中發生的相關費用為計稅基礎。

④盤盈的固定資產，以同類固定資產的重置完全價值為計稅基礎。

⑤通過捐贈、投資、非貨幣性資產交換債務重組等方式取得的固定資產，以該資產的公允值和支付的相關稅費為計稅基礎。

⑥改建的固定資產，除已足額提取折舊的固定資產和租入的固定資產以外的其他固定資產，以改建過程中發生的改建支出增加計稅基礎。

2. 固定資產折舊的範圍

在計算應納稅所得額時，企業按照規定計算的固定資產折舊，準予扣除。下列固定資產不得計算折舊扣除。

①房屋、建築物以外未投入使用的固定資產。

②以經營租賃方式租入的固定資產。

③以融資租賃方式租出的固定資產。

④已足額提取折舊仍繼續使用的固定資產。

⑤與經營活動無關的固定資產。

⑥單獨估價作為固定資產入帳的土地。

⑦其他不得計算折舊扣除的固定資產。

3. 固定資產折舊的計提方法

①企業應當自固定資產投入使用月份的次月起計算折舊；停止使用的固定資產，應當自停止月份的次月起停止計算折舊。

②企業應當根據固定資產的性質和使用情況，合理確定固定資產的預計淨殘值。固定資產的預計淨殘值一經確定，不得變更。

③固定資產按照直線法計算的折舊，準予扣除。

4. 固定資產折舊的計提年限

除國務院財政、稅務主管部門另有規定外，固定資產計算折舊的最低年限如下所述：房屋、建築物為20年；飛機、火車、輪船、機器機械和其他生產設備為10年；與生產經營活動有關的器具、工具、家具等為5年；飛機、火車、輪船以外的運輸工具為4年；電子設備為3年。

從事開採石油、天然氣等礦產資源的企業，在開始商業性生產前發生的費用和有關固定資產的折耗、折舊方法，由國務院財政、稅務主管部門另行規定。石油、天然

項目五　企業所得稅納稅實務

氣開採企業在計提油氣資產折耗（折舊）時，由於會計與稅法規定計算方法不同導致的折耗（折舊）差異，應按稅法規定進行納稅調整。

5. 房屋、建築物在未足額提取折舊前進行改擴建的稅務處理

企業對房屋、建築物固定資產在未足額提取折舊前進行改擴建的，屬於推倒重置的，該資產原值減除提取折舊後的淨值，應並入重置後的固定資產計稅成本，並在該固定資產投入使用後的次月起，按照稅法規定的折舊年限，一併計提折舊；屬於提升功能、增加面積的，該固定資產的改擴建支出，並入該固定資產計稅基礎，並從改擴建完工投入使用後的次月起，重新按稅法規定的該固定資產折舊年限計提折舊；該改擴建後的固定資產尚可使用的年限低於稅法規定的最低年限的，可以按尚可使用的年限計提折舊。

（二）生產性生物資產的稅務處理

生產性生物資產是指企業為生產農產品，提供勞務或出租等而持有的生物資產，包括經濟林、薪炭林、產畜和役畜等。

1. 生產性生物資產的計稅基礎

外購的生產性生物資產，以購買價款和支付的相關稅費為計稅基礎。通過捐贈、投資、非貨幣性資產交換、債務重組等方式取得的生產性生物資產，以該資產的公允價值和支付的相關稅費為計稅基礎。

2. 生產性生物資產折舊的方法和折舊年限

①生產性生物資產按照直線法計算的折舊，準予扣除。
②企業應當自生產性生物資產投入使用月份的次月起計算折舊。
③折舊年限：林木類生產性生物資產為 10 年；畜類生產性生物資產為 3 年。

（三）無形資產的稅務處理

無形資產是指企業為生產產品、提供勞務、出租或經營管理而持有的，沒有實物形態的非貨幣性長期資產，包括專利權、商標權、著作權、土地使用權、非專利技術和商譽等。

1. 無形資產的計稅基礎

無形資產按照以下方法確定計稅基礎。

①外購的無形資產，以購買價款和支付的相關稅費，以及直接歸屬使該資產達到預定用途發生的其他支出為計稅基礎。

②自行開發的無形資產，以開發過程中該資產符合資本化條件後至達到預定用途前發生的支出為計稅基礎。

③通過捐贈、投資、非貨幣性資產交換、債務重組等方式取得的無形資產，以該資產的公允價值和支付的相關稅費為計稅基礎。

2. 無形資產的攤銷範圍

在計算應納稅所得額時，企業按規定計算的無形資產攤銷費用，準予扣除。

下列無形資產不得計算攤銷費用扣除。

①自行開發的支出已在計算應納稅所得額時扣除的無形資產。

②企業自創商譽。

③與經營活動無關的無形資產。

④其他不得計算攤銷費用扣除的無形資產。

3. 無形資產的攤銷方法及年限

無形資產的攤銷，採用直線法計算。無形資產的攤銷年限不得低於10年。作為投資或受讓的無形資產，有關法律規定或者合同約定了使用年限的，可以按照規定或者約定的使用年限分期攤銷。外購商譽的支出，在企業整體轉讓或清算時，準予扣除。

（四）長期待攤費用的稅務處理

長期待攤費用是指企業發生的應在一個年度以上或幾個年度進行攤銷的費用。

1. 長期待攤費用的計稅基礎

在計算應納稅所得額時，企業發生的下列支出作為長期待攤費用，按照規定攤銷的，準予扣除。

①已足額提取折舊的固定資產的改建支出。

②租入固定資產的改建支出。

③固定資產的大修理支出。固定資產的大修理支出是指同時符合下列條件的支出：修理支出達到取得固定資產時的計稅基礎的50%以上；修理後固定資產的使用年限延長2年以上。

④其他應當作為長期待攤費用的支出。

項目五　企業所得稅納稅實務

2. 攤銷方法

①企業的固定資產改良支出，如果有關固定資產尚未提足折舊，可增加固定資產價值；如果有關固定資產已提足折舊，可作為長期待攤費用，在規定的期間平均攤銷。

②已足額提取折舊的固定資產的改建支出，按照固定資產預計尚可使用年限分期攤銷；租入固定資產的改建支出，按照合同約定的剩餘租賃期分期攤銷；改建的固定資產延長使用年限的，除已足額提取折舊的固定資產、租入固定資產的改建支出外，應當適當延長折舊年限。

③大修理支出，按照固定資產尚可使用年限分期攤銷。

④其他應當作為長期待攤費用的支出，自支出發生月份的次月起，分期攤銷，攤銷年限不得低於3年。

(五) 存貨的稅務處理

存貨是指企業持有以備出售的產品或商品，處在生產過程中的在產品、在生產或提供勞務過程中耗用的材料和物料等。

1. 存貨的計稅基礎

存貨按照以下方法確定成本：通過支付現金方式取得的存貨，以購買價款和支付的相關稅費為成本；通過支付現金以外的方式取得的存貨，以該存貨的公允價值和支付的相關稅費為成本；生產性生物資產收穫的農產品，以產出或採收過程中發生的材料費、人工費和分攤的間接費用等必要支出為成本。特殊規定：除國務院財政、稅務主管部門另有規定外，企業在重組過程中，應當在交易發生時確認有關資產的轉讓所得或損失，相關資產應當按照交易價格重新確定計稅基礎。

2. 存貨的計價方法

企業使用或銷售的存貨的成本計算方法，可以在先進先出法、加權平均法、個別計價法中選用一種。計價方法一經確定，不得隨意變更。

(六) 投資資產的稅務處理

投資資產是指企業對外進行權益性投資和債權性投資而形成的資產。

1. 投資資產按照以下方法確定成本

通過支付現金方式取得的投資資產，以購買價款為成本；通過支付現金以外的方

式取得的投資資產，以該資產的公允價值和支付的相關稅費為成本。

2. 投資資產成本的扣除方法

企業對外投資期間，投資資產的成本在計算應納稅所得額時不得扣除，企業在轉讓或處置投資資產時，投資資產的成本準予扣除。

四、源泉扣繳

源泉扣繳是指依照有關法律規定或合同約定對非居民企業直接負有支付相關款項義務的單位或個人，依據企業所得稅法規的相關規定對其應繳納的企業所得稅進行扣繳管理的一種徵收方法。

（一）扣繳義務人及扣繳方法

在中國境內未設立機構、場所的，或者雖設機構、場所但取得的所得與其所設機構、場所沒有實際聯繫的非居民企業應繳納的所得稅，實行源泉扣繳，以支付人為扣繳義務人，並按下列方法計算其應納稅所得額。

①股息、紅利等權益性投資收益和利息、租金、特許權使用費所得，以收入全額為應納稅所得額。

②轉讓財產所得，以收入全額減除財產淨值后的餘額為應納稅所得額。財產淨值是指有關財產的計稅基礎減除已經按照規定扣除的折舊、折耗、攤銷、準備金后的餘額。

③其他所得，參照前兩項規定的方法計算應納稅所得額。

（二）徵收管理

扣繳義務人在每次向非居民企業支付或者到期應支付所得時，應從支付或者到期應支付的款項中扣繳企業所得稅。到期應支付的款項是指支付人按照權責發生制原則應當計入相關成本、費用的應付款項。

扣繳企業所得稅應納稅額計算公式如下：

$$扣繳企業所得稅應納稅額 = 應納稅所得額 \times 實際徵收率$$

應納稅所得額的計算，按上述①至③的規定為標準；實際徵收率是指《企業所得稅法》及其實施條例等相關法律法規規定的稅率，或者稅收協定規定的更低的稅率。

五、應納稅額的計算

(一) 居民企業應納稅額的計算

居民企業應繳納所得稅稅額等於應納稅所得額乘以適用稅率。基本計算公式表示如下：

應納稅額＝應納稅所得額×適用稅率－減免稅額－抵免稅額

例5-17 鴻盛公司為居民企業，於2015年8月成立。企業2016年銷售收入500萬元，轉讓生物資產淨收益20萬元，銷售成本和稅金300萬元，財務費用、管理費用、銷售費用共計100萬元，營業外支出48萬元，企業自行計算的應納稅所得額為90萬元，在匯算清繳時經稅務師事務所審核，發現以下事項未進行納稅調整。

①已計入成本費用中實際支付的合理工資為80萬元，計提並上繳工會經費2萬元，實際發生職工福利費15萬元，實際發生2萬元的職工教育經費。

②管理費用中列支的業務招待費12萬元，會議費和差旅費共計15萬元，為職工支付的五險一金共計20萬元。

③營業外支出為該企業直接向貧困地區的捐款。

④12月，該企業購買符合條件的環境保護專用設備一臺，投資額為50萬元，支出計入固定資產。

根據以上資料和稅法的有關規定，計算鴻盛公司2016年應納的企業所得稅稅額。

①實際支付的工資80萬元，可據實扣除。

工會經費的扣除限額＝80×2%＝1.6（萬元），計提了2萬元，所以納稅調增額＝2-1.6＝0.4（萬元）。

職工福利費扣除限額＝80×14%＝11.2（萬元），實際發生職工福利費15萬元，所以納稅調增額＝15-11.2＝3.8（萬元）；

職工教育經費的扣除限額＝80×2.5%＝2（萬元），由於企業實際使用2萬元，不需要納稅調整。

工資及3項費用調增金額＝0.4+3.8＝4.2（萬元）

②銷售（營業）收入＝500（萬元）

業務招待費扣除限額為2.5（500×0.5%）萬元＜6（10×60%）萬元，只能按2.5萬元扣除。會議費、差旅費和五險一金可以在稅前據實扣除。

納稅調增金額=12-2.5=9.5（萬元）

③企業直接向貧困地區的捐款，不是公益性捐贈，稅前不得扣除。納稅調增48萬元。

④企業購買符合條件的環境保護專用設備，投資額的1%可以抵免稅額。

抵免稅額=50×10%=5（萬元）

⑤2016年度應納稅所得額=90+48+4.2+9.5=151.7（萬元）

⑥2016年度應繳納的企業所得稅稅額=151.7×25%-5=32.925（萬元）

（二）非居民企業應納稅所得額的計算

對於在中國境內未設立機構、場所的，或者雖設立機構、場所但取得的所得與其所設機構、場所沒有實際聯繫的非居民企業的所得，按照下列方法計算應納稅所得額。

①股息、紅利等權益性投資收益和利息、租金、特許權使用費所得，以收入全額為應納稅所得額。

②轉讓財產所得，以收入全額減除財產淨值后的餘額為應納稅所得額。

③其他所得，參照前兩項規定的方法計算應納稅所得額。

財產淨值是指財產的計稅基礎減除已經按照規定扣除的折舊、折耗、攤銷、準備金等后的餘額。

（三）境外所得抵扣稅額的計算

稅收抵免是指國家對企業（居民企業或非居民企業）來自境外所得依法徵收所得稅時，對其來自境內、境外所得一律匯總徵稅，但允許抵扣其已在境外繳納的所得稅稅額，以避免國際重複徵稅。

稅收抵免有全額抵免和限額抵免兩種，在中國實行限額抵免。限額抵免就是規定有抵免的最高限額。中國稅法規定，納稅人來源於中國境外的所得，已在境外實際繳納的所得稅稅款，準予在匯總納稅時，從其應納稅額中抵免。但抵免限額不得超過其境外所得按中國企業法律規定計算的應納稅額。

1. 限額抵免的具體規定

居民企業來源於中國境外的應稅所得，以及非居民企業在中國境內設立機構、場

項目五　企業所得稅納稅實務

所，取得發生在中國境外但與該機構、場所有實際聯繫的應稅所得，可以從當期應納稅額中抵免。抵免限額為該項所得依照規定計算的應納稅額，超過抵免限額的部分，可以在以后 5 個年度（指企業取得的來源於中國境外的所得，已經在中國境外繳納的企業所得稅性質的稅額超過抵免限額的當年的次年起連續 5 個納稅年度）內，用每年抵免限額抵免當年應抵稅額后的餘額進行抵補。

2. 限額抵免的計算方法

除國務院財政、稅務主管部門另有規定外，抵免限額應當分國（區）不分項計算。其計算公式表示如下：

稅收抵免限額＝中國境內、境外所得按中國法律規定計算的應納稅總額×
來源於某國（地區）的所得額÷中國境內、境外應納稅所得總額

例 5-18　某企業 2016 年度境內應納稅所得額為 100 萬元，適用 25%的企業所得稅稅率。另外，該企業分別在 A、B 兩國設有分支機構（中國與 A、B 兩國已經締結避免雙重徵稅協定），在 A 國分支機構的應納稅所得額為 50 萬元，A 國企業所得稅稅率為 20%；在 B 國的分支機構的應納稅所得額為 30 萬元，B 國企業所得稅稅率為 30%。假設該企業在 A、B 兩國所得按中國稅法計算的應納稅所得額和按 A、B 兩國稅法計算的應納稅所得額一致，兩個分支機構在 A、B 兩國分別繳納了 10 萬元和 9 萬元的企業所得稅。計算該企業本年度境內外所得匯總時在中國應繳納的企業所得稅稅額。

①該企業按中國稅法計算的境內、境外所得的應納稅額＝（100+50+30）×25%＝45（萬元）

②A、B 兩國的扣除限額計算如下：

A 國扣除限額＝45×［50÷（100+50+30）］＝12.5（萬元）

B 國扣除限額＝45×［30÷（100+50+30）］＝7.5（萬元）

在 A 國繳納的所得稅稅額為 10 萬元，低於扣除限額 12.5 萬元，可全額扣除。

在 B 國繳納的所得稅稅額為 9 萬元，高於扣除限額 7.5 萬元，其超過扣除限額的部分 1.5 萬元當年不能扣除。

③匯總在中國應繳納的所得稅稅額＝45-10-7.5＝27.5（萬元）

（四）核定徵收應納稅額的計算

在實際工作中，由於各個企業的會計核算情況不同，會計核算質量高低不一等原因，為了加強企業所得稅的徵收管理，中國企業所得稅的徵收辦法針對納稅人的不同情況，分別採用查帳徵收辦法和核定徵收辦法。

1. 查帳徵收

查帳徵收是指由納稅人依據帳簿記載，先自行計算繳納，事後經稅務機關查帳核實，如果有不符合稅法規定的，則多退少補。會計帳簿健全、會計核算規範的企業均應採用這種辦法。因此，它是一種基本的、運用較為廣泛的企業所得稅徵收辦法。本項目前述應納稅所得額和應納稅額的計算，均是針對查帳徵收辦法而言的。

2. 核定徵收

核定徵收是指由於納稅人的會計帳簿不健全，資料殘缺難以查帳，或者其他原因難以準確確定納稅人應納稅額時，由稅務機關採用合理的方法依法核定納稅人應納稅款的一種徵收方式。

核定徵收的具體方法主要分為核定應稅所得率或核定應納稅額兩種。用其中的一種方法不足以正確核定應納稅額的，可以採用兩種以上的方法核定。採用兩種以上方法測算的應納稅額不一致時，可按測算的應納稅額從高核定。

（1）核定應稅所得率。

核定應稅所得率徵收是稅務機關按照一定的標準、程序和方法，首先核定納稅人的應稅所得率，由納稅人根據納稅年度內的收入總額或成本費用等項目的實際發生額，計算出應納稅所得額，然後再乘以稅率計算繳納企業所得稅的辦法。

具有下列情形之一的，核定其應稅所得率。

①能正確核算（查實）收入總額，但不能正確核算（查實）成本費用總額的。
②能正確核算（查實）成本費用總額，但不能正確核算（查實）收入總額的。
③通過合理方法，能計算和推定納稅人收入總額或成本費用總額的。

採用應納稅所得率方法核定徵收企業所得稅的，核定應稅所得率徵收計算公式表示如下：

$$應納稅所得額 = 應稅收入額 \times 應稅所得率$$

或　　$$應納稅所得額 = 成本（費用）支出額 \div (1 - 應稅所得率) \times 應稅所得率$$

項目五　企業所得稅納稅實務

$$應納所得稅額 = 應納稅所得額 \times 適用稅率$$

應稅所得率不是稅率，它是對核定徵收企業所得稅的企業計算其應納稅所得額（不是應納稅額）時預先規定的比例，是企業應納稅的所得額占其經營收入的比例。該比例根據各個行業的實際銷售利潤率或經營利潤率等情況分別測算得出。現行企業執行調整后的應稅所得率如表 5-4 所示：

表 5-4　不同行業企業應稅所得率

行業	應稅所得率
農、林、牧、漁業	3%～10%
製造業	5%～15%
批發和零售貿易業	4%～15%
交通運輸業	7%～15%
建築業	8%～20%
飲食業	8%～25%
娛樂業	15%～30%
其他行業	10%～30%

（2）核定應納稅額。

核定應納稅額是稅務機關依照有關法律、法規的規定，按照一定的程序，核定納稅人在一定經營時期內的應納稅經營額及收益額，並以此為計稅依據，確定其應納稅額的一種徵收方式。

納稅人不具備核定應稅所得率 3 個情形之一的，應採用核定應納稅額的方法。稅務機關採用下列方法核定徵收企業所得稅。

①參照當時同類行業或類似行業中經營規模和收入水平相近的納稅人的稅負水平核定。

②按照應納稅收入額或成本費用支出額定率核定。

③按照耗用的原材料、燃料、動力等推算或測算核定。

④按照其他合理方法核定。

例 5-19 宏發公司是一家飲食企業，因其在會計核算中帳簿設置不規範，憑證殘缺不全，帳目較為混亂，難以查帳，稅務機關認定其為採用應稅所得率核定徵收企業所得稅納稅人。2016 年，該企業向主管稅務機關申報收入總額 120 萬元，成本費用支出總額 150 萬元，全年虧損 7.5 萬元。經稅務機關審核，成本費用支出核算準確，但收入總額不實。稅務機關核定的應稅所得率為 25%。計算 2016 年度該企業應繳納企業所得稅稅額。

應納稅所得額 = 150÷（1－25%）×25% = 50（萬元）

應納所得稅稅額 = 50×25% = 12.5（萬元）

例 5-20 某小型零售企業 2016 年度自行申報收入總額 250 萬元，成本費用 300 萬元，經營虧損 8 萬元。經主管稅務機關審核，發現其發生的成本費用真實，實現的收入無法確認，依據規定對其進行核定徵收。假定應稅所得率為 9%，計算該小型零售企業 2016 年度應繳納的企業所得稅稅額。

應納所得稅稅額 = 300÷（1－9%）×9%×25% = 7.42（萬元）

任務三　特別納稅調整

特別納稅調整是指稅務機關出於實施反避稅目的而對納稅人特定納稅事項所作的稅務調整，包括針對納稅人轉讓定價、資本弱化及其他避稅情況所進行的稅務調整。

一、特別納稅調整具體規定

企業與其關聯方之間的業務往來，不符合獨立交易原則，有減少企業或其關聯方應納稅收入或所得額的，稅務機關有權按照合理方法進行調整。企業與其關聯方共同開發、受讓無形資產，或者共同提供、接受勞務發生的成本，在計算應納稅所得額時應當按照獨立交易原則進行分攤。

二、關聯方

關聯方是指與企業有下列關聯關係之一的企業、其他組織或個人。

①在資金、經營、購銷等方面存在直接或間接的控制關係。

②直接或間接地同為第三者控制。

③在利益上具有相關聯的其他關係。

三、關聯企業之間關聯業務的稅務處理

母子公司之間提供服務支付費用有關企業所得稅處理。

①母公司為其子公司（以下簡稱子公司）提供各種服務而發生的費用，應按照獨立企業之間公平交易原則確定服務的價格，作為企業正常的勞務費用進行稅務處理。母子公司未按照獨立企業之間的業務往來收取價款的，稅務機關有權予以調整。

②母公司向其子公司提供各項服務，雙方應簽訂服務合同或協議，明確約定提供服務的內容、收費標準及金額等，凡按上述合同或協議約定所發生的服務費，母公司應作為營業收入申報納稅，子公司作為成本費用在稅前扣除。

③母公司以管理費形式向子公司提取費用，子公司因此支付給母公司的管理費，不得在稅前扣除。

四、特別納稅調整的內容

特別納稅調整包括稅務機關對企業轉讓定價、預約定價安排、成本分攤協議、受控外國企業、資本弱化，以及一般反避稅等特別納稅調整事項的管理。

五、調整方法

稅法規定對關聯企業所得不實的情況，調整方法如表 5-5 所示。

表 5-5　對關聯企業所得不實的納稅調整方法

方法	含義
可比非受控價格法	按照沒有關聯關係的交易各方進行相同或類似業務往來的價格進行定價的方法
再銷售價格法	按照從關聯方購進商品再銷售給沒有關聯關係的交易方的價格減除相同或類似業務的銷售毛利進行定價的方法。即： 公平成交價格＝再銷售給非關聯方的價格×（1－可比非關聯交易毛利率）
成本加成法	按照成本加合理的費用和利潤進行定價的方法
交易淨利潤法	按照沒有關聯關係的交易各方進行相同或類似業務往來取得的淨利潤水平確定利潤的方法
利潤分割法	根據企業與其關聯方的合併利潤或虧損在各方之間採用合理標準進行分配的方法
其他符合獨立交易原則的方法	

任務四　企業所得稅的會計處理

一、企業所得稅計稅基礎與暫時性差異

（一）計稅基礎

所得稅會計核算的關鍵在於確定資產、負債的計稅基礎。資產、負債計稅基礎的確定，與稅收法規的規定密切關聯。計稅基礎分為資產的計稅基礎與負債的計稅基礎。

1. 資產的計稅基礎

資產的計稅基礎是指企業收回資產帳面價值的過程中，計算應納稅所得額時按照稅法規定可以自應稅經濟利益中抵扣的金額，即某一項資產在未來使用或最終處置時，允許被作為成本或費用用於稅前扣除的金額。資產的計稅基礎可用公式表示如下：

項目五　企業所得稅納稅實務

資產的計稅基礎＝未來可稅前扣除的金額

在通常情況下，各項資產在取得時其入帳價值（會計帳面價值）與計稅基礎是相同的，只是在其后續計量過程中，因企業會計準則規定與稅法規定不同，才可能產生資產的帳面價值與其計稅基礎的差異。

例 5-21　某公司於 2016 年 1 月 1 日取得一項固定資產，初始計量時會計準則與稅法規定相同，初始入帳價值為 150 萬元，與初始計稅基礎相同。但在后續計量中，會計準則規定預計使用壽命 5 年，無殘值，採用直線法計提折舊；稅法規定預計使用壽命 5 年，無殘值，但採用年數總和法計提折舊。2016 年年末該項固定資產的帳面與計稅基礎各為多少？

2016 年年末固定資產的帳面價值＝150－150÷5＝120（萬元）

2016 年年末固定資產的計稅基礎＝150－150×5÷15＝100（萬元）

2. 負債的計稅基礎

負債的計稅基礎是指負債的帳面價值減去未來期間計算應納稅所得額時按照稅法規定可以抵扣的金額，即某一項負債在未來期間計稅時不可以稅前抵扣的金額。負債的計稅基礎用公式表示如下：

負債的計稅基礎＝該項負債的帳面價值－未來可稅前扣除的金額

在一般情況下，負債的確認與償還不會對企業的當期損益和不同期間的應納稅所得額產生影響，計稅基礎即為帳面價值，即未來期間計算應納稅所得額時按照稅法規定可予以抵扣的金額為零，如短期借款、應付票據、應付帳款等。但是，在某些情況下，負債的確認可能會影響損益，進而影響不同期間的應納稅所得額，使計稅基礎與帳面價值之間產生差異。

例 5-22　甲公司 2016 年因銷售產品承諾提供 3 年的保修服務，在當年度利潤表中確認了 500 萬元的銷售費用，同時確認為預計負債。當年度未發生任何保修支出。按照稅法規定，與產品售后服務相關的費用只能在實際發生時稅前扣除。2016 年年末該預計負債的帳面價值與計稅基礎各為多少？

2016 年年末預計負債的帳面價值為 500（萬元）。

按照稅法規定，與產品售后服務相關的費用在發生時允許稅前扣除，該負債的計稅基礎＝500－500＝0（元）。

(二) 暫時性差異

暫時性差異是指資產或負債的帳面價值與其計稅基礎之間的差額。某些未作為資產和負債確認的項目，按照稅法規定可以確定計稅基礎的，其計稅基礎與帳面價值之間的差額也屬於暫時性差異。其中，帳面價值是指按照企業會計準則規定確定的有關資產、負債在企業的資產負債表中應列示的金額。計稅基礎是指按前述方法計算確定的資產或負債的計稅基礎。

根據暫時性差異對未來期間應納稅所得額的影響，分為應納稅暫時性差異和可抵扣暫時性差異。

1. 應納稅暫時性差異

應納稅暫時性差異是指在確定未來收回資產或清償負債期間的應納稅所得額時，將產生應稅金額的暫時性差異。即在未來期間不考慮該事項影響的應納稅所得額的基礎上，由於該暫時性差異的轉回，會進一步增加轉回期間的應納稅所得額和應交所得稅金額，在其產生當期應當確認相關的遞延所得稅負債。應納稅暫時性差異主要由以下情況產生。

(1) 資產的帳面價值大於其計稅基礎。

資產的帳面價值代表的是企業在持續使用及最終出售該項資產時將取得的經濟利益的總額，而計稅基礎代表的是資產在未來期間可予以稅前扣除的總金額。資產的帳面價值大於其計稅基礎，該項資產未來期間產生的經濟利益不能全部稅前抵扣，兩者之間的差額會造成未來期間應納稅所得額和應交所得稅金額的增加，產生應納稅暫時性差異。

例 5-23 某公司交易性金融資產的帳面價值 90 萬元與其計稅基礎 80 萬元之間產生的差額 10 萬元，意味著企業將於未來期間增加應納稅所得額和應交所得稅金額，屬於應納稅暫時性差異，應確認相應的遞延所得稅負債。

(2) 負債的帳面價值小於其計稅基礎。

負債的帳面價值為企業預計在未來期間清償該項負債時的經濟利益流出，而計稅基礎代表的是帳面價值在扣除稅法規定未來期間允許稅前扣除的金額之後的差額。因負債的帳面價值與其計稅基礎不同產生的暫時性差異，實質上是稅法規定該項負債在

未來期間可以稅前扣除的金額。負債的帳面價值小於其計稅基礎，則意味著就該項負債在未來期間應納稅所得額的基礎上調增，增加應納稅額，產生應納稅暫時性差異。

2. 可抵扣暫時性差異

可抵扣暫時性差異是指在確定未來收回資產或清償負債期間的應納稅所得額時，將產生可抵扣金額的暫時性差異。該差異在未來期間轉回時會減少轉回期間的應納稅所得額，減少未來期間的應交所得稅金額。在可抵扣暫時性差異產生當期，符合確認條件時，應當確認相關的遞延所得稅資產。可抵扣暫時性差異一般產生於以下情況。

（1）資產的帳面價值小於其計稅基礎。

從經濟含義來看，資產在未來期間產生的經濟利益少，按照稅法規定允許稅前扣除的金額多，則企業在未來期間可以減少應納稅所得額並減少應交所得稅金額，產生可抵扣暫時性差異。

（2）負債的帳面價值大於其計稅基礎。

負債的暫時性差異實質上是稅法規定就該項負債可以在未來期間稅前扣除的金額。負債的帳面價值大於其計稅基礎，意味著未來期間按稅法規定與負債相關的全部或部分金額可以從未來應稅經濟利益中扣除，減少未來期間的應納稅所得額和應交所得稅金額，產生可抵扣暫時性差異。

二、會計科目的設置

（一）「所得稅費用」科目

「所得稅費用」科目是損益類科目，採用資產負債表債務法的企業，需要增設「當期所得稅費用」「當期所得稅收益」「遞延所得稅費用」和「遞延所得稅收益」4個二級科目。將本期應計入損益的所得稅費用，記入借方；本期轉回的遞延所得稅資產，按轉回數借記本科目；本期轉回的遞延所得稅負債，按轉回數貸記本科目（為簡化核算，本書所舉例的「所得稅費用」科目不進行明細核算）。期末，應將餘額轉入「本年利潤」科目，結轉后，「所得稅費用」科目無餘額。

（二）「遞延所得稅資產」科目

「遞延所得稅資產」科目核算由於可抵減性暫時性差異形成的所得稅影響金額，以

及以后各期轉回的金額和因稅率變動調整的金額。借方反映企業本期因可抵扣暫時性差異產生的納稅影響金額，以及因所得稅適用稅率提高而調增的納稅影響金額；貸方反映企業本期轉銷已確認的暫時性差異對納稅影響的金額，以及因所得稅適用稅率降低而調減的納稅影響金額；期末借方餘額，反映未轉回可抵扣暫時性差異形成的所得稅影響金額。

(三)「遞延所得稅負債」科目

「遞延所得稅負債」科目核算企業由於應納稅暫時性差異形成的所得稅影響金額，以及以后各期轉回的金額和因稅率變動調整的金額。本科目貸方反映企業本期因應納稅暫時性差異形成的所得稅影響金額，以及本期因所得稅適用稅率提高而調增的納稅影響金額；借方反映企業本期轉銷已確認的應納稅暫時性差異對納稅影響的金額，以及因所得稅適用稅率降低而調減的納稅影響金額；期末貸方餘額，反映尚未轉回的暫時性差異形成的所得稅影響金額。

三、遞延所得稅資產的確認和計量

(一) 遞延所得稅資產的確認

遞延所得稅資產產生於可抵扣暫時性差異。企業在確認因可抵扣暫時性差異產生的遞延所得稅資產時，應遵循以下原則。

①遞延所得稅資產的確認應以未來期間可能取得的應納稅所得額為限。

②企業對於能夠結轉以后年度的未彌補虧損，應視同可抵扣暫時性差異，以很可能獲得用來抵扣該部分虧損的未來應納稅所得額為限，確認相應的遞延所得稅資產。

③企業合併中，按照企業會計準則規定確定的合併中取得各項可辨認資產、負債的公允價值與其計稅基礎之間形成可抵扣暫時性差異的，應確認相應的遞延所得稅資產，同時調整合併中應予以確認的商譽。

④與直接計入所有者權益的交易或事項相關的可抵扣暫時性差異，相應的遞延所得稅資產應計入所有者權益。例如，因可供出售金融資產公允價值下降而應確認的遞延所得稅資產。

（二）不確認遞延所得稅資產的情況

在某些情況下，如果企業發生的某項交易或事項不是企業合併，並且交易或事項發生時既不影響會計利潤，也不影響應納稅所得額，則所產生的資產、負債的初始確認金額與其計稅基礎不同，形成可抵扣暫時性差異的，交易或事項發生時不確認相應的遞延所得稅資產。

（三）遞延所得稅資產的計量

同遞延所得稅負債的計量原則相一致，確認遞延所得稅資產時，應當以預期收回該資產期間的適用所得稅稅率為基礎計算確定。無論相關的可抵扣暫時性差異轉回如何，遞延所得稅資產均不要求折現。

資產負債表日，企業應當對遞延所得稅資產的帳面價值進行復核。如果未來期間很可能無法取得足夠的應納稅所得額用以利用遞延所得稅資產的利益，則應當減記遞延所得稅資產的帳面價值；在很可能獲得足夠的應納稅所得額時，減記的金額應當轉回。

四、遞延所得稅負債的確認和計量

（一）遞延所得稅負債的確認

企業在確認因應納稅暫時性差異產生的遞延所得稅負債時，應遵循以下原則：除企業會計準則中明確規定可不確認遞延所得稅負債的情況以外，企業對所有的應納稅暫時性差異均應確認相關的遞延所得稅負債。除直接計入所有者權益的交易或事項及企業合併外，在確認遞延所得稅負債的同時，應增加利潤表中的所得稅費用。

（二）不確認遞延所得稅負債的情況

在有些情況下，雖然資產、負債的帳面價值與其計稅基礎不同，產生了應納稅暫時性差異，但出於各方面考慮，企業會計準則中規定不確認遞延所得稅負債，主要包括如下情況。

①商譽的初始確認。非同一控製下的企業合併中，企業合併成本大於合併中取得

的被購買方可辨認淨資產公允價值份額的差額，按照會計準則規定應確認為商譽。因會計與稅收的劃分標準不同，會計上作為非同一控製下的企業合併但按稅法規定計稅時作為免稅合併的情況下，商譽的計稅基礎為零。其帳面價值與計稅基礎不同形成的應納稅暫時性差異，準則中規定不確認與其相關的遞延所得稅負債。

②與子公司、聯營企業、合營企業投資等相關的應納稅暫時性差異，一般應確認相應的遞延所得稅負債，但同時滿足以下兩個條件的除外：一是投資企業能夠控製暫時性差異轉回的時間；二是該暫時性差異在可預見的未來很可能不會轉回。滿足上述條件時，投資企業可以運用自身的影響力決定暫時性差異的轉回。

③除企業合併以外的其他交易或事項中，如果該項交易或事項發生時既不影響會計利潤，也不影響應納稅所得額，則所產生的資產、負債的初始確認金額與其計稅基礎不同，形成應納稅暫時性差異的，交易或事項發生時不確認相應的遞延所得稅負債。

(三) 遞延所得稅負債的計量

資產負債表日，對於遞延所得稅負債，應當根據稅法規定，按照預期收回該資產或清償該負債的適用稅率計量。即遞延所得稅負債應以相關應納稅暫時性差異轉回期間適用的所得稅稅率計量。但是，無論應納稅暫時性差異的轉回期間如何，遞延所得稅負債不要求折現。適用稅率是指按照稅法規定，在暫時性差異預計轉回期間執行的稅率。

五、所得稅費用的確認和計量

在採用資產負債表債務法核算所得稅的情況下，利潤表中的所得稅費用由兩個部分組成：當期所得稅和遞延所得稅費用。

(一) 當期所得稅費用

當期所得稅費用是指企業按照稅法規定計算確定的、針對當期發生的交易和事項，應繳納給稅務部門的所得稅金額，即當期應交所得稅。

企業在確定當期所得稅時，對於當期發生的交易或事項，會計處理與稅收處理不同的，應在會計利潤的基礎上，按照適用稅收法規的要求進行調整，計算出當期應納稅所得額，按照應納稅所得額與適用所得稅稅率計算當期應交所得稅稅額。當期所得

稅費用即當期應交所得稅金額。

（二）遞延所得稅費用（收益）

遞延所得稅費用（收益）是指企業在某一會計期間確認的遞延所得稅資產及遞延所得稅負債的綜合結果，即按照企業會計準則規定，應予以確認的遞延所得稅資產和遞延所得稅負債。在期末應有的金額相對於原已確認金額之間的差額，即遞延所得稅資產及遞延所得稅負債的當期發生額，但不包括計入所有者權益的交易或事項及企業合併所得稅影響。用公式表示如下：

期末遞延所得稅資產＝可抵扣暫時性差異期末餘額×預計稅率

期末遞延所得稅負債＝應納稅暫時性差異期末餘額×預計稅率

當期遞延所得稅資產（負債）＝期末遞延所得稅資產（負債）－

期初遞延所得稅資產（負債）

（三）所得稅費用

計算確定了當期所得稅及遞延所得稅以後，利潤中應予以確認的所得稅費用為兩者之和。用公式表示如下：

所得稅費用＝應交所得稅＋遞延所得稅費用（收益）

＝應交所得稅＋（期末遞延所得稅負債－期初遞延所得稅負債）－

（期末遞延所得稅資產－期初遞延所得稅資產）

六、資產負債表債務法的應用

例5-24 2016年度，潤田實業股份有限公司（以下簡稱潤田公司）應納稅所得額為305萬元。該公司適用的所得稅稅率為25%。2016年1月1日，潤田公司資產、負債的帳面價值與其計稅基礎存在差異的項目如表5-6所示：

表 5-6　資產、負債帳面價值與計稅基礎比較　　　　（單位：萬元）

項目	帳面價值	計稅基礎	暫時性差異	
			應納稅暫時性差異	可抵扣暫時性差異
存貨	800	830		30
固定資產				
固定資產原價	600	600		
減：累計折舊	60	120		
減：固定資產減值準備	0	0		
固定資產帳面價值	540	480	60	
其他應付款	100	100		
合計	−	−	60	30

計算潤田公司所得稅費用：

遞延所得稅費用 = 60×25% = 15（萬元）

遞延所得稅收益 = 30×25% = 7.5（萬元）

遞延所得稅稅額 = 15−7.5 = 7.5（萬元）

利潤表中應確認的所得稅費用 = 305+7.5 = 312.5（萬元）

編制會計分錄如下：

（單位：元）

借：所得稅費用——當期所得稅費用　　　　　　　　　　3,050,000

　　所得稅費用——遞延所得稅費用　　　　　　　　　　　 75,000

　　遞延所得稅資產　　　　　　　　　　　　　　　　　　 75,000

　貸：應交稅費——應交所得稅　　　　　　　　　　　　3,050,000

　　　遞延所得稅負債　　　　　　　　　　　　　　　　　 75,000

七、應付稅款法下的所得稅會計處理

在實際工作中，通常用應付稅款法進行會計處理。該方法比較簡單易行，一般的中小型企業也通常採用應付稅款法。

計算實際應繳納稅額時，應作如下會計處理：

借：所得稅費用

貸：應交稅費——應交所得稅
上交所得稅時，應作如下會計處理：
　　借：應交稅費——應交所得稅
　　貸：銀行存款

任務五　企業所得稅納稅申報與繳納

一、企業所得稅納稅地點

企業所得稅納稅地點如下所述。

①除稅收法律、行政法規另有規定外，居民企業以企業登記註冊地為納稅地點；但登記註冊地在境外的，以實際管理機構所在地為納稅地點。

②居民企業在中國境內設立不具有法人資格的營業機構的，應當匯總后在中國境內繳納。

③非居民企業在中國境內設立機構、場所的，應當就其所設機構、場所取得的來源於中國境內的所得，以及發生在中國境內但與其所設機構、場所有實際聯繫的所得，以機構、場所所在地為納稅地點。

非居民企業在中國境內設立兩個或者兩個以上機構、場所的，經稅務機關審核批准，可以選擇由其主要機構、場所匯總繳納企業所得稅。

④非居民企業在中國境內未設立機構、場所的，或者雖設立機構、場所但取得的所得與其所設機構、場所沒有實際聯繫的所得，以扣繳義務人所在地為納稅地點。

⑤除國務院另有規定外，企業之間不得合併繳納企業所得稅。

二、企業所得稅納稅期限

企業所得稅納稅期限如下所述。

①企業所得稅按年度計算，分月或分季預繳，年終匯算清繳，多退少補。

②企業的納稅年度，自公歷 1 月 1 日起至 12 月 31 日止。企業在一個納稅年度中間開業，或者終止經營活動，使該納稅年度的實際經營期不足 12 個月的，應當以其實際經營期為一個納稅年度。企業依法清算時，應當以清算期間作為一個納稅年度。

③企業應當自年度終了之日起 5 個月內，向稅務機關報送年度企業所得稅納稅申報表，並匯算清繳，結清應繳應退稅款。

④企業在年度中間終止經營活動的，應當自實際經營終止之日起 60 日內，向稅務機關辦理當期企業所得稅匯算清繳。

三、企業所得稅納稅申報

企業所得稅納稅申報如下所述。

①企業所得稅預繳納稅申報表分 A 類申報表和 B 類申報表兩種。企業所得稅月（季）度預繳納稅申報表（A 類）適用於實行查帳（核實）徵收企業所得稅的居民納稅人在月（季）度預繳企業所得稅時使用；企業所得稅月（季）度預繳納稅申報表（B 類）適用於核定徵收企業所得稅的納稅人在月（季、年）度申報繳納企業所得稅時使用。扣繳義務人還要填報扣繳報告表，匯總企業應填報匯總納稅分支機構分配表。

②企業所得稅年度納稅申報表（A）類包括 1 張主表和 39 張附表，主表適用於所有查帳徵收的企業，包括利潤總額的計算、應納稅所得額的計算、應納稅額的計算三大部分。有些附表對應主表各項目，有些附表的數據來源於其他附表，使得主表與附表、附表與附表之間的關係比較複雜。為避免填報混亂，納稅人應明確本企業需要填報的報表、主表與各附表之間的關係及填報順序。

問題思考

1. 企業所得稅的徵稅範圍是如何規定的？
2. 企業所得稅的納稅人有哪些？如何分類？它們的納稅義務是什麼？
3. 企業所得稅規定的稅收優惠有哪些？
4. 現行的企業所得稅各應稅項目適用的稅率是多少？

項目六　個人所得稅納稅實務

學習目標

1. 能夠確定個人所得稅的稅制要素。
2. 能夠判定個人所得稅的應納稅所得額。
3. 能夠正確計算個人所得稅的應納稅額。
4. 根據資料準確辦理個人所得稅納稅申報。

任務一　個人所得稅基本認知

一、個人所得稅的基本稅制要素

個人所得稅（individual income tax）是國家對個人取得的各類應稅所得徵收的一種所得稅。個人所得稅的徵稅對象不僅包括個人還包括具有自然人性質的企業。

個人所得稅具有以下特點：實行分類徵收，累進稅率與比例稅率並用，費用扣除額較寬，計算簡便，採取課源制和申報制兩種徵納方法。

1. 個人所得稅的納稅人和扣繳義務人

個人所得稅以所得人為納稅人，以支付所得的單位或個人為扣繳義務人。納稅人

包括中國公民、個體工商戶、外籍個人、港澳臺同胞等。值得注意的是，自 2000 年 1 月 1 日起，個人獨資企業和合夥企業也為個人所得稅的納稅義務人。

中國按住所和居住時間兩個標準，將個人所得稅納稅人劃分為居民納稅人和非居民納稅人，分別承擔不同的納稅義務。

①居民納稅人是指在中國境內有住所，或者無住所而在境內居住滿一年的個人，從中國境內和境外取得的所得，依照本法規定繳納個人所得稅，承擔無限納稅義務。

②非居民納稅人是指在中國境內無住所又不居住或者無住所而在境內居住不滿一年的個人，從中國境內取得的所得，依照本法規定繳納個人所得稅，承擔有限納稅義務。

2. 個人所得稅的徵稅對象

居民納稅義務人應就來源於中國境內和境外的全部所得徵稅；非居民納稅義務人則只就來源於中國境內所得部分徵稅，境外所得部分不屬於中國徵稅範圍。

所得來源地與所得支付地是不同的兩個概念，有時兩者是一致的，有時是不同的。例如：外籍人員詹姆斯受雇於中國境內某合資企業做常駐總經理，合同期三年。合同規定其月薪 5,000 美元，其中 2,000 美元在中國境內支付，3,000 美元由境外母公司支付給其家人。則其來源於中國境內的所得是每月 5,000 美元。因為所得支付地不等於所得來源地。因其在中國境內任職受雇取得的所得，不管何處支付，都屬於來源於中國境內的所得。

中國個人所得稅依據所得來源地判斷經濟活動的實質，徵收個人所得稅，具體規定如下：

①工資、薪金所得，以納稅義務人任職、受雇的公司、企業、事業單位、機關、團體、部隊、學校等單位所在地作為所得來源地。

②生產、經營所得，以生產、經營活動實現地作為所得來源地。

③勞務報酬所得，以納稅義務人實際提供勞務的地點，作為所得來源地。

④不動產轉讓所得，以不動產坐落地為所得來源地；動產轉讓所得，以實現轉讓的地點為所得來源地。

⑤財產租賃所得，以被租賃財產的使用地作為所得來源地。

⑥利息、股息、紅利所得，以支付利息、股息、紅利的企業、機構、組織的所在地作為所得來源地。

⑦特許權使用費所得，以特許權的使用地作為所得來源地。

3. 個人所得稅的稅目

按應納稅所得的類別劃分，現行個人所得稅的應稅項目，大致可以分為 3 類，共 11 個應稅項目。

（1）工資、薪金所得。

工資、薪金所得，是指個人因任職或者受雇而取得的工資、薪金、獎金、年終加薪、勞動分紅、津貼、補貼以及與任職或者受雇有關的其他所得。下列項目不屬於工資、薪金性質的補貼、津貼，不予徵收個人所得稅：

①獨生子女補貼；

②執行公務員工資制度未納入基本工資總額的補貼、津貼差額和家屬成員的副食補貼；

③托兒補助費；

④差旅費津貼、誤餐補助。

退休人員再任職取得的收入，在減除按稅法規定的費用扣除標準後，按「工資、薪金所得」應稅項目繳納個人所得稅。

（2）個體工商戶的生產、經營所得。

個體工商戶的生產、經營所得包括：

①個體工商戶從事工業、手工業、建築業、交通運輸業、商業、飲食業、服務業、修理業及其他行業取得的所得；

②個人經政府有關部門批准，取得執照，從事辦學、醫療、諮詢以及其他有償服務活動取得的所得；

③個體工商戶和個人取得的與生產、經營有關的各項應稅所得；

④其他個人從事個體工商業生產、經營取得的所得；

⑤個人獨資企業和合夥企業比照個體工商戶的生產、經營項目徵稅。

（3）企業、事業單位的承包經營、承租經營所得。

企業、事業單位的承包經營、承租經營所得，是指個人承包經營或承租經營以及轉包、轉租取得的所得。

（4）勞務報酬所得。

勞務報酬所得，是指個人獨立從事非雇傭的各種勞務所取得的所得，包括：設計、

裝潢、安裝、製圖、化驗、測試、醫療、法律、會計、諮詢、講學、新聞、廣播、翻譯、審稿、書畫、雕刻、影視、錄音、錄像、演出、表演、廣告、展覽、技術服務、介紹服務、經紀服務、代辦服務及其他勞務。

(5) 稿酬所得。

稿酬所得，是指個人因其作品以圖書、報刊形式出版、發表而取得的所得。

(6) 特許權使用費所得。

特許權使用費所得，是指個人提供專利權、商標權、著作權、非專利技術以及其他特許權的使用權取得的所得。提供著作權的使用權取得的所得，不包括稿酬所得。

(7) 利息、股息、紅利所得。

利息、股息、紅利所得，是指個人擁有債權、股權而取得的利息、股息、紅利所得。

(8) 財產租賃所得。

財產租賃所得，是指個人出租建築物、土地使用權、機器設備、車船以及其他財產取得的所得。

(9) 財產轉讓所得。

財產轉讓所得，是指個人轉讓有價證券、股票、建築物、土地使用權、機器設備、車船以及其他財產取得的所得。

目前，國家對股票轉讓所得暫不徵收個人所得稅。對個人出售自有住房取得的所得按照「財產轉讓所得」徵收個人所得稅，但對個人轉讓自用 5 年以上並且是家庭唯一生活用房取得的所得，繼續免徵個人所得稅。

(10) 偶然所得。

偶然所得，是指個人得獎、中獎、中彩以及其他偶然性質的所得。得獎是指參加各種有獎競賽活動，取得名次得到的獎金；中獎、中彩是指參加各種有獎活動，如有獎銷售、有獎儲蓄，或者購買彩票，經過規定程序，抽中、搖中號碼而取得的獎金。偶然所得應繳納的個人所得稅稅款，一律由發獎單位或機構代扣代繳。

(11) 經國務院財政部門確定徵稅的其他所得。

除上述列舉的各項個人應稅所得外，其他確有必要徵稅的個人所得，由國務院財政部門確定。個人取得的所得，難以界定應納稅所得項目的，由主管稅務機關確定。

4. 個人所得稅稅率

個人所得稅的稅率按所得項目不同分別確定為以下五類：

項目六　個人所得稅納稅實務

（1）工資、薪金所得。

工資、薪金所得，適用5%~45%的七級超額累進稅率（見表6-1）。

表6-1　工資、薪金所得個人所得稅稅率表

級數	全月應納稅所得額	稅率（%）	速算扣除數
1	不超過1,500的	3	0
2	超過1,500~4,500元的部分	10	105
3	超過4,500~9,000元的部分	20	555
4	超過9,000~35,000元的部分	25	1,005
5	超過35,000~55,000元的部分	30	2,755
6	超過55,000~80,000元的部分	35	5,505
7	超過80,000元的部分	45	13,505

註：本表所稱全月應納稅所得額是以每月收入額減除費用3,500元后的餘額或者減除附加減除費用后的餘額。

（2）個體工商戶的生產、經營所得和企事業單位的承包經營、承租經營所得。

個體工商戶的生產、經營所得和企事業單位的承包經營、承租經營所得，適用5%~35%的超額累進稅率（見表6-2）。

表6-2　個體工商戶的生產、經營所得個人所得稅稅率表

級數	全年應納稅所得額	稅率（%）	速算扣除數
1	不超過15,000元的	5	0
2	超過15,000~30,000元的部分	10	750
3	超過30,000~60,000元的部分	20	3,750
4	超過60,000~100,000元的部分	30	9,750
5	超過100,000元的部分	35	14,750

註：本表所稱全年應納稅所得額是指依照《個人所得稅法》第六條的規定，個體工商戶的生產、經營所得是指以每一納稅年度的收入總額，減除成本、費用以及損失后的餘額；對企事業單位的承包經營、承租經營所得是指以每一納稅年度的收入總額減除必要費用后的餘額。

（3）稿酬所得。

稿酬所得，適用比例稅率，稅率為20%，並按應納稅額減徵30%。其實際稅率為14%。

（4）勞務報酬所得。

勞務報酬所得，適用比例稅率，稅率為20%。對勞務報酬所得一次收入畸高的，

可以實行加成徵收，即個人取得勞務報酬收入的應納稅所得額一次超過 2 萬~5 萬元的部分，按照稅法規定計算應納稅額後，再按照應納稅額加徵 5 成，超過 5 萬元的部分，加徵 10 成（見表 6-3）。

表 6-3 勞務報酬所得個人所得稅稅率表

級數	每次應納稅所得額	稅率（%）	速算扣除數
1	不超過 20,000 元的部分	20	0
2	超過 20,000~50,000 元的部分	30	2,000
3	超過 50,000 元的部分	40	7,000

註：本表所稱「每次應納稅所得額」，是指每次收入額減除費用 800 元（每次收入額不超過 4,000 元時）或者減除 20% 的費用（每次收入額超過 4,000 元時）後的餘額。

（5）特許權使用費所得，利息、股息、紅利所得，財產租賃所得，財產轉讓所得，偶然所得和其他所得。

特許權使用費所得，利息、股息、紅利所得，財產租賃所得，財產轉讓所得，偶然所得和其他所得，適用比例稅率，稅率為 20%。

從 2008 年 10 月 9 日起暫免徵儲蓄存款利息的個人所得稅。對個人出租居民住房所得減按 10% 的稅率徵收個人所得稅。

為鼓勵長期投資，抑制短期炒作，促進資本市場長期健康發展，從 2013 年 1 月 1 日起，對個人從公開發行和轉讓市場取得的上市公司股票，股息紅利所得按持股時間長短實行差別化個人所得稅政策。持股超過 1 年的，稅負為 5%；持股 1 個月至 1 年的，稅負為 10%；持股 1 個月以內的，稅負為 20%。

二、個人所得稅徵收管理

1. 稅款徵收方式

個人所得稅實行代扣代繳和納稅義務人自行申報兩種計徵辦法。其中以支付所得的單位或者個人為扣繳義務人。

（1）代扣代繳方式。

個人所得稅以所得人為納稅人，以支付所得的單位或個人為代扣代繳義務人；稅務機關應根據扣繳義務人所扣繳的稅款，支付 2% 的手續費，由扣繳義務人用於代扣代繳費用開支和獎勵代扣代繳工作做得較好的辦稅人員。

納稅義務人的 11 個應稅所得項目中，除個體工商戶的生產、經營所得之外，均屬代扣代繳範圍。

（2）自行納稅申報。

納稅義務人有下列情形之一的，應當按照規定到主管稅務機關辦理納稅申報：

①年所得 12 萬元以上的；

②從中國境內兩處或者兩處以上取得工資、薪金所得的；

③從中國境外取得所得的；

④取得應納稅所得，沒有扣繳義務人的；

⑤國務院規定的其他情形。

「年所得 12 萬元以上」是指一個納稅年度內以下 11 項所得合計達到 12 萬元，包括「工資、薪金所得」「個體工商戶的生產、經營所得」「對企事業單位的承包經營、承租經營所得」「勞務報酬所得」「稿酬所得」「特許權使用費所得」「利息、股息、紅利所得」「財產租賃所得」「財產轉讓所得」「偶然所得」，以及「其他所得」，不包括稅法規定的各項免稅所得，也不得減除稅法規定允許扣除的各項費用。

2. 個人所得稅納稅期限

（1）代扣代繳期限。

扣繳義務人、自行申報納稅義務人每月應納的稅款，都應當在次月 15 日內繳入國庫，並向稅務機關報送納稅申報表。

（2）自行申報納稅期限。

一般情況下，納稅人應在取得應納稅所得的次月 15 日內向主管稅務機關申報所得並繳納稅款。具體規定如下：

①年所得 12 萬元以上的納稅義務人，在年度終了後 3 個月內到主管稅務機關辦理納稅申報。

②工資、薪金所得應納的稅款，按月計徵，由扣繳義務人或者納稅義務人在次月 15 日內繳入國庫，並向稅務機關報送納稅申報表。特定行業的工資、薪金所得應納稅款，可以實行按年計算、分月預繳的方式計徵，即工資、薪金所得應納的稅款，按月預繳，年度終了後 30 日內，合計其全年工資、薪金所得，然後按 12 個月平均並計算實際應納稅款，多退少補。

③對帳冊健全的個體工商戶和個人獨資、合夥企業投資者的生產經營所得應納的

稅款，按年計算，分月預繳，由納稅義務人在次月 15 日內申報預繳，年度終了後 3 個月內匯算清繳，多退少補。對帳冊不健全的個體工商戶，其納稅期限，由稅務機關確定徵收方式。

④企事業單位的承包經營、承租經營所得應納的稅款，按年計算，由納稅義務人在年度終了後 30 日內繳入國庫。納稅義務人在 1 年內分次取得承包經營、承租經營所得的，應當在每次取得所得後的 15 日內預繳，年度終了後 3 個月內匯算清繳，多退少補。

⑤從中國境外取得所得的納稅義務人，應當在年度終了後 30 日內，將應納稅款繳入國庫，並向稅務機關報送納稅申報表。

⑥納稅人取得的其他各項所得須申報納稅的，在取得所得的次月 15 日內向主管稅務機關辦理納稅申報。

納稅人、扣繳義務人確有困難，不能按期辦理納稅申報或報送代扣代繳、代收代繳稅款報告表的，經主管稅務機關核準，可以延期申報。

3. 個人所得稅納稅申報地點

(1) 年所得 12 萬元以上的納稅義務人，納稅申報地點分別為：

①在中國境內有任職、受雇單位的，向任職、受雇單位所在地主管地稅機關申報；

②在中國境內有兩處或者兩處以上任職、受雇單位的，選擇並固定向其中一處單位所在地主管地稅機關申報；

③在中國境內無任職、受雇單位，年所得項目中有個體工商戶的生產、經營所得或者對企事業單位的承包經營、承租經營所得（以下統稱生產、經營所得）的，向其中一處實際經營所在地主管地稅機關申報；

④在中國境內無任職、受雇單位，年所得項目中無生產、經營所得的，向戶籍所在地主管地稅機關申報。在中國境內有戶籍，但戶籍所在地與中國境內經常居住地不一致的，選擇並固定向其中一地主管地稅機關申報。在中國境內沒有戶籍的，向中國境內經常居住地主管地稅機關申報。

(2) 個人所得稅自行申報的，其申報地點一般應為收入來源地的主管稅務機關。

(3) 納稅人從兩處或兩處以上取得工資、薪金的，可選擇並固定在其中一地稅務機關申報納稅。

(4) 從中國境外取得所得的，應向其境內戶籍所在地或經營居住地稅務機關申報

項目六　個人所得稅納稅實務

納稅。

（5）扣繳義務人應向其主管稅務機關進行納稅申報。

（6）個體工商戶向實際經營地主管稅務機關申報。

（7）個人獨資企業和合夥企業投資者應向企業實際經營管理所在地主管稅務機關申報繳納個人所得稅。

三、個人所得稅的稅收優惠

1. 免稅項目

（1）省級人民政府、國務院部委和中國人民解放軍軍以上單位，以及外國組織、國際組織頒發的科學、教育、技術、文化、衛生、體育、環境保護等方面的獎金。

（2）國債和國家發行的金融債券利息。

（3）按照國家統一規定發給的補貼、津貼：指按照國務院規定發給的政府特殊津貼、院士津貼、資深院士津貼，以及國務院規定免納個人所得稅的其他補貼、津貼。

（4）福利費、撫恤金、救濟金。

（5）保險賠款。

（6）軍人的轉業費、復員費。

（7）按照國家統一規定發給幹部、職工的安家費、退職費、退休工資、離休工資、離休生活補助費。但離退休人員按規定領取離退休工資或養老金外，另從原任單位取得的各類補貼、獎金、實物，不屬於免稅的退休工資、離休工資、離休生活補助費，應按「工資、薪金所得」應稅項目的規定繳納個人所得稅。

（8）依照中國有關法律規定應予免稅的各國駐華使館、領事館的外交代表、領事官員和其他人員的所得。

（9）中國政府參加的國際公約、簽訂的協議中規定免稅的所得。

（10）在中國境內無住所，但是在一個納稅年度中在中國境內連續或者累計居住不超過90日的個人，其來源於中國境內的所得，由境外雇主支付並且不由該雇主在中國境內的機構、場所負擔的部分，免於繳納個人所得稅。

（11）對外籍個人取得的探親費免徵個人所得稅；僅限於外籍個人在中國的受雇地與其家庭所在地（包括配偶或父母居住地）之間搭乘交通工具且每年不超過2次的費用。

(12) 按照國家規定，單位為個人繳付和個人繳付的住房公積金、基本醫療保險費、基本養老保險費、失業保險費從納稅人的應納稅所得額中扣除。

(13) 按照國家有關城鎮房屋拆遷管理辦法規定的標準，被拆遷人取得的拆遷補償款，免徵個人所得稅。

2. 減徵項目

(1) 殘疾、孤老人員和烈屬的所得。

(2) 因嚴重自然災害造成重大損失的。

(3) 其他經國務院財政部門批准減稅的。

3. 暫免徵稅項目

(1) 外籍個人以非現金形式或實報實銷形式取得的住房補貼、伙食補貼、搬遷費、洗衣費。

(2) 外籍個人按合理標準取得的境內、境外出差補貼。

(3) 外籍個人取得的語言訓練費、子女教育費等，經當地稅務機關審核批准為合理的部分。

(4) 外籍個人從外商投資企業取得的股息、紅利所得。

(5) 凡符合下列條件之一的外籍專家取得的工資、薪金所得，可免徵個人所得稅：

①根據世界銀行專項借款協議，由世界銀行直接派往中國工作的外國專家；

②聯合國組織直接派往中國工作的專家；

③為聯合國援助項目來華工作的專家；

④援助國派往中國專為該國援助項目工作的專家；

⑤根據兩國政府簽訂的文化交流項目來華工作兩年以內的文教專家，其工資、薪金所得由該國負擔的；

⑥根據中國大專院校國際交流項目來華工作兩年以內的文教專家，其工資、薪金所得由該國負擔的；

⑦通過民間科研協定來華工作的專家，其工資、薪金所得由該國政府機構負擔的。

(6) 個人舉報、協查各種違法、犯罪行為而獲得的獎金。

(7) 個人辦理代扣代繳手續，按規定取得的扣繳手續費。

(8) 個人轉讓自用達5年以上，並且是唯一的家庭生活用房取得的所得，暫免徵收個人所得稅。

（9）對個人購買福利彩票、賑災彩票、體育彩票，一次中獎收入在 1 萬元以下的（含 1 萬元）暫免徵收個人所得稅；超過 1 萬元的，全額徵收個人所得稅。

（10）達到離休、退休年齡，但確因工作需要，適當延長離休、退休年齡的高級專家（指享受國家發放的政府特殊津貼的專家、學者），其在延長離休、退休期間的工資、薪金所得，視同離休、退休工資免徵個人所得稅。

（11）對國有企業職工，因企業依照《中華人民共和國企業破產法（試行）》宣告破產，從破產企業取得的一次性安置費收入，免予徵收個人所得稅。

（12）職工與用人單位解除勞動關係取得的一次性補償收入（包括用人單位發放的經濟補償金、生活補助費和其他補助費用），在當地上年職工年平均工資 3 倍數額內的部分，可免徵個人所得稅。超過該標準的一次性補償收入，應按照國家有關規定徵收個人所得稅。

（13）城鎮企業、事業單位及其職工個人按照《失業保險條例》規定的比例，實際繳付的失業保險費，均不計入職工個人當期的工資、薪金收入，免予徵收個人所得稅。

（14）企業和個人按照國家或地方政府規定的比例，提取並向指定金融機構實際繳付的住房公積金、醫療保險金、基本養老保險金，免予徵收個人所得稅。

（15）個人領取原提存的住房公積金、醫療保險金、基本養老保險金，以及具備《失業保險條例》中規定條件的失業人員領取的失業保險金，免予徵收個人所得稅。

（16）個人取得的教育儲蓄存款利息所得和按照國家或省級人民政府規定的比例繳付的住房公積金、醫療保險金、基本養老保險金、失業保險金存入銀行個人帳戶所取得的利息所得，免予徵收個人所得稅。

（17）自 2008 年 10 月 9 日（含）起，對儲蓄存款利息所得暫免徵收個人所得稅。

（18）自 2009 年 5 月 25 日起，對以下情形的房屋產權無償贈與，對當事雙方不徵收個人所得稅：

①房屋產權所有人將房屋產權無償贈與配偶、父母、子女、祖父母、外祖父母、孫子女、兄弟姐妹；

②房屋產權所有人將房屋產權無償贈與對其承擔直接撫養或者贍養義務的撫養人或贍養人；

③房屋產權所有人死亡，依法取得房屋產權的法定繼承人、遺囑繼承人或受遺贈人。

4. 對在中國境內無住所的納稅人的減免稅優惠

（1）在中國境內無住所，但是在一個納稅年度中在中國境內連續或者累計居住不超過 90 天的個人，其來源於中國境內的所得，由境外雇主支付並且不由該雇主在中國境內的機構、場所負擔的部分，免予繳納個人所得稅。

（2）在中國境內無住所，但是居住 1 年以上 5 年以下的個人，其來源於中國境外的所得，經主管稅務機關批准，可以只就由中國境內公司、企業以及其他經濟組織或者個人支付的部分繳納個人所得稅；居住超過 5 年的個人，從第 6 年起，應當就其來源於中國境外的全部所得繳納個人所得稅。

5. 稅前扣除

個人將其所得通過中國境內非營利的社會團體、國家機關向教育、公益事業和遭受嚴重自然災害地區、貧困地區的捐贈，捐贈額不超過應納稅所得額的 30% 的部分，可以從其應納稅所得額中扣除。

個人通過非營利性的社會團體和國家機關進行的下列公益救濟性捐贈支出，在計算繳納個人所得稅時，準予在稅前的所得額中全額扣除：①向紅十字事業的捐贈；②向農村義務教育的捐贈；③向公益性青少年活動場所（其中包括新建）的捐贈；④向汶川地震災區的捐贈。

任務二　個人所得稅應納稅額的計算

個人所得稅的計稅依據是納稅人取得的應納稅所得額。應納稅所得額是個人取得的各項收入減去稅法規定的扣除項目或扣除金額之後的餘額。在計算確定應納稅所得額時，應區分不同應稅所得項目，分項進行費用扣除，即根據不同稅目分別實行定額、定率或採用其他會計處理方法進行扣除。

一、工資、薪金所得的應納稅額的計算

(一) 一般性工資薪金所得應納個人所得稅的計算

工資、薪金所得實行按月計徵的辦法。以每月收入（含公務車補貼收入、提前退休獲得的一次性補貼）扣除其每月計提的基本養老保險費、基本醫療保險費、失業保險費和住房公積金後，再減去免徵額 3,500 元後的餘額，作為每月應納稅所得額。

在中國境內無住所而在中國境內取得工資、薪金所得的納稅人和在中國境內有住所而在中國境內取得工資、薪金所得的納稅人，可以根據其平均收入水平、生活水平及匯率變化情況，在減除 3,500 元費用的基礎上，再附加減除費用 1,300 元，即合計減除費用 4,800 元。

工資薪金所得的應納稅額的計算公式如下：

應納稅額＝應納稅所得額×適用稅率－速算扣除數

＝（每月收入額－3,500 或 4,800）×適用稅率－速算扣除數

速算扣除數是指在採用超額累進稅率徵稅的情況下，根據超額累進稅率表中劃分的應納稅所得額級距和稅率，先用全額累進方法計算稅額，再減去用超額累進方法計算的應徵稅額以後的差額。

工資、薪金所得適用的速算扣除數見表 6-1。

例 6-1 假定某納稅人 2016 年 8 月份的工資為 6,200 元，該納稅人不適用附加減除費用的規定。計算其當月應納個人所得稅稅額。

應納稅所得額＝6,200－3,500＝2,700（元）

應納稅額＝2,700×10%－105＝165（元）

例 6-2 假定在某外商投資企業中工作的美國專家（假設為非居民納稅人）2016 年 8 月份取得由該企業發放的工資收入 10,400 元人民幣。計算其應納個人所得稅稅額。

應納稅所得額＝10,400－（3,500＋1,300）＝5,600（元）

應納稅額＝5,600×20%－555＝565（元）

(二) 個人取得全年一次性獎金等應納個人所得稅的計算

1. 全年一次性獎金的概念

全年一次性獎金是指行政機關、企事業單位等扣繳義務人根據其全年經濟效益和對雇員全年工作業績的綜合考核情況，向雇員發放的一次性獎金，也包括年終加薪、實行年薪制和績效工資辦法的單位根據考核情況兌現的年薪和績效工資、單位低於構建成本價對職工售房、對雇員以非上市公司股票期權形式取得的工資薪金所得，一次收入較多的，但半年獎、季度獎、加班獎、先進獎和考勤獎等除外。

2. 全年一次性獎金的計算方法

納稅人取得全年一次性獎金，單獨作為一個月工資、薪金所得計算納稅，並按以下計稅辦法，由扣繳義務人發放時代扣代繳。

(1) 計算確定適用稅率。

先將雇員當月內取得的全年一次性獎金，除以12個月，按其商數確定適用稅率和速算扣除數。

如果在發放年終一次性獎金的當月，雇員當月工資薪金所得低於稅法規定的費用扣除額，應將全年一次性獎金減除「雇員當月工資薪金所得與費用扣除額的差額」後的餘額，按上述辦法確定全年一次性獎金的適用稅率和速算扣除數。

(2) 根據按上述第 (1) 條確定的適用稅率和速算扣除數計算稅額。

將雇員個人當月內取得的全年一次性獎金，按照上述方法確定的適用稅率和速算扣除數計算徵稅。計算公式如下：

①如果雇員當月工資薪金所得高於（或等於）稅法規定的費用扣除額，則適用公式一。

公式一：

應納稅額＝雇員當月取得全年一次性獎金適用稅率－速算扣除數

例6-3 中國公民張江為居民納稅人，在東風有限責任公司工作。2016年8月的工資、薪金應稅收入為4,500元，該月份取得2015年一次性獎金12,000元。計算張江2016年8月應繳納的個人所得稅。

①確定當月工資薪金所得是否高於（或等於）稅法規定的費用扣除額，選擇適用計算公式。因為當月工資薪金為4,500元，高於3,500元，所以適用計算公式一。

②找適用稅率。12,000÷12＝1,000（元），適用稅率為3%。

③當月應納稅額＝當月工資應納稅額＋年終獎應納稅額＝（4,500－3,500）×3%＋12,000×3%＝30＋360＝390（元）

②如果雇員當月工資薪金所得低於稅法規定的費用扣除額，則適用公式二。

公式二：

應納稅額＝（雇員當月取得全年一次性獎金－雇員當月工資薪金所得與費用扣除額的差額）×適用稅率－速算扣除數

例6-4 仍以例6-3資料為例，假設張江2016年8月工資、薪金應稅收入為2,500元，其他資料不變。計算張江2016年8月應繳納的個人所得稅。

①確定當月工資薪金所得是否高於（或等於）稅法規定的費用扣除額，選擇適用計算公式。因為當月工資薪金2,500元<3,500元，所以適用公式二。

②找適用稅率。[12,000－（3,500－2,500）]÷12＝916.67（元），適用稅率為3%。

③當月應納稅額＝（雇員當月取得全年一次性獎金－雇員當月工資薪金所得與費用扣除額的差額）×適用稅率－速算扣除數＝[12,000－（3,500－2,500）]×3%－0＝11,000×3%－0＝330（元）

3. 對個人因解除勞動合同取得經濟補償金的計稅方法

①企業依照國家有關法律規定宣告破產，企業職工從該破產企業取得的一次性安置費收入，免徵個人所得稅。

②個人因與用人單位解除勞動關係而取得的一次性補償收入（包括用人單位發放的經濟補償金、生活補助費和其他補助費用），其收入在當地上年職工平均工資3倍數額以內的部分，免徵個人所得稅；超過3倍數額部分的一次性補償收入，可視為一次取得數月的工資、薪金收入，允許在一定期限內平均計算。計算方法為：以超過3倍數額部分的一次性補償收入，除以個人在本企業的工作年限數（超過12年的按12年

計算），以其商數作為個人的月工資、薪金收入，按照稅法規定計算繳納個人所得稅。

③個人領取一次性補償收入時按照國家和地方政府規定的比例實際繳納的住房公積金、醫療保險費、基本養老保險費、失業保險費，可以在計徵其一次性補償收入的個人所得稅時予以扣除。

例6-5 中國公司王某為居民納稅人，在新興公司工作了15年。2016年8月與該單位解除聘用關係，取得一次性補償收入108,000元。新興公司所在地上年平均工資為18,000元。計算王某的補償收入應繳納的個人所得稅。

①個人所得額＝（108,000-18,000×3）÷12＝4,500（元）

②找適用稅率。4,500-3,500＝1,000（元），適用稅率為3%。

③應繳納個人所得稅＝〔（4,500-3,500）×3%〕×12＝360（元）

二、個體工商戶的生產、經營所得應納稅額的計算

（一）應納稅所得額的計算

個體工商戶的生產、經營所得應納稅所得額的計算公式表示如下：

應納稅所得額＝全年收入總額-成本、費用及損失

上式中，「全年收入總額」是指個體工商戶從事生產、經營及與生產經營有關的活動所取得的各項收入，包括主營業務收入、其他業務收入和營業外收入；「成本、費用」是指納稅義務人從事生產、經營所發生的各項直接支出和分配計入成本的間接費用及銷售費用、管理費用、財務費用；「損失」是指個體工商戶在生產、經營過程中發生的各項營業外支出。

從事生產經營的納稅義務人未能提供完整、準確的納稅資料，不能正確計算應納稅所得額的，由主管稅務機關核定其應納稅所得額。

（二）應納稅額的計算

個體工商戶的生產、經營所得應納稅額的計算公式表示如下：

應納稅額＝應納稅所得額×適用稅率-速算扣除數

＝（全年收入總額-成本、費用及損失）×適用稅率-速算扣除數

項目六　個人所得稅納稅實務

實際應用過程中，應注意如下問題。

1. 對個體工商戶個人所得稅計算徵收的有關規定

①自 2011 年 9 月 1 日起，個體工商戶業主的費用扣除標準統一確定為 42,000 元/年，即 3,500 元/月。

②個體工商戶向其從業人員實際支付的合理的工資、薪金支出，允許在稅前據實扣除。

③個體工商戶撥繳的工會經費、發生的職工福利費、職工教育經費支出分別在工資薪金總額 2%、14%、1.5%的標準內據實扣除。

④個體工商戶每一納稅年度發生的廣告費和業務宣傳費用不超過當年銷售（營業）收入 15%的部分，可據實扣除；超過部分，準予在以后納稅年度結轉扣除。

⑤個體工商戶每一納稅年度發生的與其生產經營業務直接相關的業務招待費支出，按照發生額的 60%扣除，但最高不得超過當年銷售（營業）收入的 5‰。

⑥個體工商戶在生產、經營期間借款利息支出，凡有合法證明的，不高於按金融機構同類、同期貸款利率計算的數額部分，準予扣除。

⑦個體工商戶或個人專營種植業、養殖業、飼養業、捕撈業，應對其所得計徵個人所得稅。兼營上述四業並且四業的所得單獨核算的，對屬於徵收個人所得稅的，應與其他行業的生產、經營所得合併計徵個人所得稅；對於上述四業的所得不能單獨核算的，應就其全部所得計徵個人所得稅。

2. 個人獨資企業和合夥企業應納個人所得稅的計算

對個人獨資和合夥企業生產經營所得，其個人所得稅應納稅額的計算有以下兩種方法。

(1) 查帳徵稅。

①自 2011 年 9 月 1 日起，個人獨資企業和合夥企業投資者的生產經營所得依法計徵個人所得稅時，個人獨資企業和合夥企業投資者本人的費用扣除標準統一確定為 42,000 元/年，即 3,500 元/月。投資者的工資不得在稅前扣除。

②投資者及其家庭發生的生活費用不允許在稅前扣除。投資者及其家庭發生的生活費用與企業生產經營費用混合在一起，並且難以割分的，全部視為投資者個人及其家庭發生的生活費用，不允許在稅前扣除。

③企業生產經營和投資者及其家庭生活共用的固定資產，難以割分的，由主管稅

務機關根據企業的生產經營類型、規模等具體情況,核定準予在稅前扣除的折舊費用的數額或比例。

④企業向其從業人員實際支付的合理的工資、薪金支出,允許在稅前據實扣除。

⑤企業撥繳的工會經費、發生的職工福利費、職工教育經費支出分別在工資薪金總額2%、14%、2.5%的標準內據實扣除。

⑥每一納稅年度發生的廣告費和業務宣傳費不超過當年銷售(營業)收入15%的部分,可據實扣除;超過部分準予在以後納稅年度結轉扣除。

⑦每一納稅年度發生的與其生產經營業務直接相關的業務招待費支出,按照發生額的60%扣除,但最高不得超過當年銷售(營業)收入的5‰。

上述第②、⑤、⑥、⑦條規定,從2008年1月11日起執行。

⑧企業計提的各種準備金不得扣除。

⑨投資者興辦兩個或兩個以上企業,並且企業性質全部是獨資的,年度終了後,匯算清繳時,應納稅的計算按以下方法進行:匯總其投資興辦的所有企業的經營所得作為應納稅所得額,經此確定適用稅率,計算出年經營所得的應納稅額,再根據每個企業的經營所得占所有企業經營所得的比例,分別計算出每個企業的應納稅額和應補繳稅額。

實行核定徵稅的投資者,不能享受個人所得稅的優惠政策。

(2) 核定徵收。

核定徵收方式,包括定額徵收、核定應稅所得率徵收及其他合理的徵收方式。實行核定應稅所得率徵收方式的,應納所得稅額的計算公式表示如下:

應納所得稅額=應納稅所得額×適用稅率

應納稅所得額=收入總額×應稅所得率

或 應納稅所得額=成本費用支出額÷(1-應納稅所得率)×應稅所得率

其中,工業、交通運輸業、商業的應稅所得率為5%~20%;建築業、房地產開發業的應稅所得率為7%~20%;飲食服務業的應稅所得率為7%~25%;娛樂業的應稅所得率為20%~40%;其他行業的應稅所得率為10%~30%。

例6-6 某個體工商戶從事飲食服務業，2016年度營業額為85,000元。經核定，可予以扣除的必要成本費用為42,000元。計算該個體工商戶本年應納的個人所得稅。

應納稅所得額＝85,000－42,000＝43,000（元）

應納稅額＝43,000×30％－4,250＝8,650（元）

三、企事業單位的承包、承租經營所得應納稅額的計算

企事業單位的承包經營、承租經營所得，其個人所得稅應納稅額的計算公式表示如下：

應納稅額＝應納稅所得額×適用稅率－速算扣除數

＝（納稅年度收入總額－必要費用）×適用稅率－速算扣除數

例6-7 張某為企業的承包人。2016年張某完成承包指標，按照合同約定，張某每年上繳30,000元利潤后，經營成果全部歸其所有。當年上繳完利潤后，張某分得稅后利潤43,000元。此外，張某還每月領取工資2,700元。計算張某當年應納個人所得稅稅額。

應納稅所得額＝43,000＋2,700×12－（2,000×8＋3,500×4）＝45,400（元）

應納稅額＝45,400×30％－4,250＝9,370（元）

例6-8 李某承包了自己單位的飯店。按照合同約定，若完成利潤指標，每年李某可以獲取40,000元的承包費用，其餘作為利潤上繳單位。此外，李某可按月領取工資3,700元。李某在2016年完成了利潤指標。計算當年李某應繳納的個人所得稅稅額。

每月的應納稅所得額＝40,000÷12＋3,700－3,500＝3,533.33（元）

每月應納稅額＝3,533.33×10％－105＝248.33（元）

當年應納稅額＝248.33×12＝2,979.96（元）

四、勞務報酬所得應納稅額的計算

1. 每次收入不超過4,000元的計算

其個人所得稅應納稅額的計算公式表示如下：

$$應納稅額 = 應納稅所得額 \times 適用稅率$$
$$= （每次收入額 - 800） \times 20\%$$

2. 每次收入超過4,000元的計算

其個人所得稅應納稅額的計算公式表示如下：

$$應納稅額 = 應納稅所得額 \times 適用稅率$$
$$= 每次收入額 \times （1 - 20\%） \times 20\%$$

3. 每次收入的應納所得額超過20,000元的計算

其個人所得稅應納稅額的計算公式表示如下：

$$應納稅額 = 應納稅所得額 \times 適用稅率 - 速算扣除數$$
$$= 每次收入額 \times （1 - 20\%） \times 適用稅率 - 速算扣除數$$

勞務所得適用的速算扣除數見表6-3。

例6-9 歌星趙燕於2016年8月到大連參加商業性演出，一次取得勞務報酬（含稅）60,000元。計算趙燕本次商業性演出應繳納的個人所得稅。

該納稅人一次演出取得的應納稅所得額超過20,000元，按稅法規定應實行加成徵稅。

應納稅所得額 = 60,000 × （1 - 20%） = 48,000（元）

應納稅額 = 48,000 × 30% - 2,000 = 12,400（元）

4. 為納稅人代付稅款的計算

如果單位或個人為納稅人代付稅款的，應當將單位或個人支付給納稅人的不含稅支付額（或稱納稅人取得的不含稅收入額）換算為應納稅所得額，然後按規定計算應代付的個人所得稅稅款。

其計算公式表示如下：

（1）不含稅收入額不超過3,360元的計算公式：

應納稅所得額＝（不含稅收入額−800）÷（1−稅率）

應納稅額＝應納稅所得額×適用稅率

（2）不含稅收入額超過3,360元的計算公式：

應納稅所得額＝［（不含稅收入額−速算扣除數）×（1−20%）］÷1−稅率×（1−20%）］

＝［（不含稅收入額−速算扣除數）×（1−20%）］÷當級換算系數

應納稅額＝應納稅所得額×適用稅率−速算扣除數

上述公式中的稅率是指不含稅勞務報酬收入所對應的稅率；公式中的適用稅率是指應納稅所得額按含稅級距所對應的稅率（見表6-4）。

表6-4 應納稅所得額按含稅級距對應的稅率

級數	不含稅勞務報酬收入額	適用稅率/（%）	速算扣除數	換算系數/（%）
1	未超過3,360元的部分	20	0	—
2	超過3,360元至21,000元的部分	20	0	84
3	超過21,000元至49,500元的部分	30	2,000	76
4	超過49,500元的部分	40	7,000	68

例6-10 高級工程師趙某為泰華公司進行一項工程設計，按照合同約定，公司應支付趙某的勞務報酬為48,000元，與其報酬相應的個人所得稅由公司分期代付。在不考慮其他稅收的情況下，計算泰華公司應代付的個人所得稅稅額。

代付個人所得稅的應納稅所得額＝［（48,000−2,000）×（1−20%）］÷76%

＝48,421.05（元）

應代付個人所得稅稅額＝48,421.05×30%−2,000＝12,526.32（元）

五、稿酬所得應納稅額的計算

①稿酬所得每次收入不足4,000元的，應納稅額的計算公式表示如下：

應納稅額＝應納稅所得額×適用稅率×（1−30%）

＝（每次收入額−800）×20%×（1−30%）

②稿酬所得每次收入在4,000元以上的，應納稅額的計算公式表示如下：

應納稅額＝應納稅所得額×適用稅率×（1−30%）

＝每次收入額×（1−20%）×20%×（1−30%）

例 6-11 作家王芝於 2016 年 6 月出版教材,獲得稿酬 9,000 元;2016 年 10 月因教材重印又得到稿酬 4,000 元。計算作家王芝取得的稿酬應繳納的個人所得稅稅額。

王芝稿酬所得按規定應屬於一次收入,須合併計算應納稅額(實際繳納稅額)。

應納稅所得額 = (9,000+4,000) × (1-20%) = 10,400(元)

實際繳納稅額 = 10,400×20%× (1-30%) = 1,456(元)

六、特許權使用費所得應納稅額的計算

①特許權使用費所得每次收入不足 4,000 元的,應納稅額的計算公式表示如下:

應納稅額 = 應納稅所得額×適用稅率 = (每次收入額-800)×20%

②特許權使用費所得每次收入在 4,000 元以上的,應納稅額的計算公式表示如下:

應納稅額 = 應納稅所得額×適用稅率 = 每次收入額×(1-20%)×20%

例 6-12 張某將自己申請註冊的某電動玩具的發明專利轉讓給天天玩具有限公司,取得專利權轉讓收入 50,000 元。計算張某應繳納的個人所得稅稅額。

應納稅額 = 50,000×(1-20%)×20% = 8,000(元)

例 6-13 2016 年 6 月,某電視劇製作中心編劇張志從該中心取得工資 3,000 元、第二季度的獎金 1,500 元及劇本使用費 10,000 元。計算張志 6 月份應繳納的個人所得稅稅額。

季度獎並入當月工資,按照工資薪金所得繳納個人所得稅;劇本使用費按照特許權使用費所得繳納個人所得稅。

應納稅額 = (3,000+1,500-3,500)×3%+10,000×(1-20%)×20%
= 30+1,600 = 1,630(元)

七、利息、股息、紅利所得應納稅額的計算

利息、股息、紅利所得應納稅額的計算公式表示如下:

應納稅額 = 應納稅所得額×適用稅率 = 每次收入額×20%(或 5%)

八、財產租賃所得的應納稅額的計算

在確定財產租賃的應納稅所得額時，納稅人在出租財產過程中繳納的稅金和教育費附加，可持完稅憑證，從其財產租賃收入中扣除。準予扣除的項目除了規定費用和有關稅費外，還準予扣除能夠提供有效、準確的憑證，證明由納稅人負擔的該出租財產實際開支的修繕費用。允許扣除的修繕費用，以每次800元為限，一次扣除不完的，準予在下一次繼續扣除，直到扣完為止。

計算財產租賃的應納稅所得額採用了定額扣除和定率扣除相結合的方法，具體計算公式如下。

①每次（月）收入不超過4,000元。

應納稅所得額=每次（月）收入額-準予扣除項目-修繕費用（800元為限）-800

應納稅額=應納稅所得額×20%

②每次（月）收入超過4,000元。

應納稅所得額=［每次（月）收入額-

準予扣除項目-修繕費用（800元為限）］×（1-20%）

應納稅額=應納稅所得額×20%

九、財產轉讓所得應納稅額的計算

財產轉讓所得以轉讓財產取得的收入額減除財產原值和合理費用後的餘額為應納稅所得額。

財產轉讓所得中允許減除的財產原值具體包括如下內容。

①有價證券。其原值為買入價及買入時按規定繳納的有關費用。

②建築物。其原值為建造費或購進價格及其他有關稅費。

③土地使用權。其原值為取得土地使用權所支付的金額、開發土地的費用及其他有關稅費。

④機器設備、車船。其原值為購進價格、運輸費、安裝費及其他有關費用。

⑤其他資產。其原值參照以上方法確定。

納稅人如果不能提供合法、完整、準確的財產原值憑證，不能正確計算財產原值的，按轉讓收入額的3%徵收率計算繳納個人所得稅；拍賣品為經文物部門認定是海外

回流文物的，按轉讓收入額的2%徵收率計算繳納個人所得稅。

「合理費用」是指賣出財產時按照規定支付的有關稅費，經稅務機關認定方可減除。

財產轉讓所得的應納稅額的計算公式如下：

應納稅額＝應納稅所得額×適用稅率

＝（收入總額－財產原值－合理費用）×20%

財產轉讓所得應繳個人所得稅採用按轉讓的每項財產計徵的方法。

例6-14 某人建房一幢，造價36,000元，支付費用2,000元。此人轉讓房屋，售價為60,000元。在賣房過程中，按規定支付交易費等有關費用2,500元。計算其應納個人所得稅稅額。

應納稅所得額＝財產轉讓收入－財產原值－合理費用

＝60,000－（36,000+2,000）－2,500＝19,500（元）

應納稅額＝19,500×20%＝3,900（元）

十、偶然所得應納稅額的計算

偶然所得應納稅額的計算公式表示如下：

應納稅額＝應納稅所得額×適用稅率＝每次收入額×20%

任務三　個人所得稅的會計處理

一、個體工商戶生產、經營所得個人所得稅的會計核算

對採用自行申報繳納個人所得稅的納稅人，除實行查帳徵收的個體工商戶外，一般不需要進行會計核算。實行查帳徵收的個體工商戶，其應繳納的個人所得稅，應通過「留存利潤」和「應交稅費——應交個人所得稅」等科目進行核算。在計算應納個人所得稅時，借記「留存利潤」科目，貸記「應交稅費——應交個人所得稅」科目。實際上繳稅款時，借記「應交稅費——應交個人所得稅」科目，貸記「銀行存款」科目。

例 6-15 某個體工商戶 2016 年全年經營收入為 500,000 元，其中生產經營成本、費用總額為 400,000 元。計算其全年應繳納的個人所得稅稅額。

應納稅所得額 = 500,000 - 400,000 = 100,000（元）

應納稅額 = 100,000 × 35% - 6,750 = 28,250（元）

①計算應納個人所得稅稅額時，編制如下會計分錄：

借：留存利潤　　　　　　　　　　　　　　　　　　　28,250
　　貸：應交稅費——應交個人所得稅　　　　　　　　　28,250

②實際繳納稅款時，編制如下會計分錄：

借：應交稅費——應交個人所得稅　　　　　　　　　　28,250
　　貸：銀行存款　　　　　　　　　　　　　　　　　　28,250

二、代扣代繳個人所得稅的會計核算

現行會計制度並未對代扣稅款核算作出規定，但在實際工作中，一般可在「應交稅費」總帳下設置「代扣個人所得稅」明細帳進行核算。同時，根據代扣款的具體項目不同，將代扣的稅額衝減「應付職工薪酬」「應付帳款」和「其他應付款」等帳戶。

1. 支付工資、薪金所得的單位代扣代繳個人所得稅核算

企業對支付給職工的工資、薪金代扣個人所得稅時，借記「應付職工薪酬」和「應付帳款」等科目，貸記「應交稅費——代扣個人所得稅」科目；實際繳納個人所得稅稅款時，借記「應交稅費——代扣個人所得稅」科目，貸記「銀行存款」科目。

例 6-16 某企業按月發放職工工資時，代扣代繳職工李某個人所得稅 230 元，該企業如何進行會計處理？

①計算代扣個人所得稅時，編制如下會計分錄：

借：應付職工薪酬　　　　　　　　　　　　　　　　　　230
　　貸：應交稅費——代扣個人所得稅　　　　　　　　　　230

②按規定期限上繳稅款時，編制如下會計分錄：

借：應交稅費——代扣個人所得稅　　　　　　　　　　　230
　　貸：銀行存款　　　　　　　　　　　　　　　　　　　230

企業納稅實務

2. 向個人購買財產代扣代繳個人所得稅（財產轉讓所得個人所得稅）的會計核算

企業向個人購買財產屬於購建企業固定資產項目的，代扣的稅金應作為企業購建固定資產的價值組成部分，借記「固定資產」科目，貸記「銀行存款」「應交稅費——代扣個人所得稅」科目；企業向個人購買資產屬於無形資產項目的，代扣的稅金應作為企業取得無形資產的價值組成部分，借記「無形資產」科目，貸記「銀行存款」「應交稅費——代扣個人所得稅」科目；企業向個人購買資產屬於原材料項目的，代扣的稅金應作為企業取得原材料的價值組成部分，借記「原材料」科目，貸記「銀行存款」「應交稅費——代扣個人所得稅」科目實際繳納時，借記「應交稅費——代扣個人所得稅」科目，貸記「銀行存款」科目。

任務四　個人所得稅納稅申報與繳納

一、納稅人自行申報納稅

個人所得稅的納稅辦法有兩種：一是納稅人自行申報；二是代扣代繳。

（一）自行申報納稅

自行申報納稅是指在稅法規定的納稅期限內，由納稅人自行向稅務機關申報取得的應稅所得項目和數額，如實填寫個人所得稅納稅申報表，並按稅法規定計算應納稅額的一種納稅方法。

1. 自行申報納稅的納稅義務人

稅法規定，凡有下列情形之一的，納稅人必須向稅務機關申報所得並繳納稅款。
①年所得 12 萬元以上的納稅人。
②從中國境內兩處或兩處以上取得工資、薪金所得的。
③從中國境外取得所得的。

④取得應納稅所得，沒有扣繳義務人的。

⑤國務院規定的其他情形。

其中，年所得12萬元以上的納稅人，無論取得的各項所得是否已足額繳納了個人所得稅，均應當按照本辦法的規定，於納稅年度終了后向主管稅務機關辦理納稅申報；其他情形的納稅人，均應按照自行申報納稅管理辦法的規定，於取得所得后向主管稅務機關辦理納稅申報。同時需注意，年所得12萬元以上的納稅人，不包括在中國境內無住所，且在1個納稅年度中在中國境內居住不滿1年的個人。從中國境外取得所得的納稅人，是指在中國境內有住所，或者無住所而在1個納稅年度中在中國境內居住滿1年的個人。

2. 自行申報納稅的內容

年所得12萬元以上的納稅人，在納稅年度終了後，應當填寫個人所得稅納稅申報表（適用於年所得12萬元以上的納稅人申報），並在辦理納稅申報時報送主管稅務機關，同時報送個人有效身分證件複印件，以及主管稅務機關要求報送的其他有關資料。

（1）構成12萬元的所得。

工資、薪金所得；個體工商戶的生產、經營所得；對企事業單位的承包經營、承租經營所得；勞務報酬所得；稿酬所得；特許權使用費所得；利息、股息、紅利所得；財產租賃所得；財產轉讓所得；偶然所得；經國務院財政部門確定徵稅的其他所得。

（2）不包含在12萬元中的所得。

①免稅所得。

②暫免徵稅所得。

③可以免稅的來源於中國境內的所得，如按照國家規定單位為個人繳付和個人繳付的基本養老保險費、基本醫療保險費、失業保險費、住房公積金。

（3）各項所得的年所得的計算方法。

①工資、薪金所得。按照未減除費用及附加減除費用的收入額計算。

②勞務報酬所得、特許權使用費所得。不得減除納稅人在提供勞務或讓渡特許權使用權過程中繳納的有關稅費。

③財產租賃所得。不得減除納稅人在出租財產過程中繳納的有關稅費；對於納稅人一次取得跨年度財產租賃所得的，全部視為實際取得年度的所得。

④個人轉讓房屋所得。採取核定徵收個人所得稅的，按照實際徵收率（1%、2%、

3%）分別換算為應稅所得率（5%、10%、15%），據此計算年所得。

⑤個人儲蓄存款利息所得、企業債券利息所得。全部視為納稅人實際取得所得年度的所得。

⑥對個體工商戶、個人獨資企業投資者、按照徵收率核定個人所得稅的，將徵收率換算為應稅所得率，據此計算應納稅所得稅額。

⑦股票轉讓所得。以1個納稅年度內，個人股票轉讓所得與損失盈虧相抵后的正數為申報所得數額，盈虧相抵為負數的，此項所得按0填寫。

3. 自行申報納稅的納稅期限

①年所得12萬元以上的納稅人，在納稅年度終了后3個月內向主管稅務機關辦理納稅申報。

②個體工商戶取得的生產、經營所得應納的稅款，分月預繳的，納稅人在每月終了后15日內辦理納稅申報；分季預繳的，納稅人在每個季度終了后15日內辦理納稅申報；納稅年度終了后，納稅人在3個月內進行匯算清繳。

③納稅人年終一次性取得承包經營、承租經營所得的，自取得收入之日起30日內申報納稅；在1年內分次取得承包經營、承租經營所得的，應在取得每次所得后的15日內申報預繳稅款，年度終了后3個月內匯算清繳，多退少補。

④從中國境外取得所得的納稅人，在納稅年度終了后30日內向中國境內主管稅務機關辦理納稅申報。

⑤個人獨資企業和合夥企業取得的生產、經營所得應納的稅款，每月或每季度終了后15日內預繳，年度終了后3個月內匯算清繳，多退少補。年度中間合併、分立、終止，在停止生產經營之日起60日內，向主管稅務機關辦理個人所得稅匯算清繳，以其實際經營期為一個納稅年度；年度中間開業，以其實際經營期為一個納稅年度。

4. 自行申報納稅的申報方式

納稅人採取數據電文方式申報的，應當按照稅務機關規定的期限和要求保存有關紙質資料；納稅人採取郵寄方式申報的，以郵政部門掛號信函收據作為申報憑據，以寄出的郵戳日期為實際申報日期。

5. 自行申報納稅的申報地點

①在中國境內有任職、受雇單位的，向任職、受雇單位所在地主管稅務機關申報。

②在中國境內有兩處或兩處以上任職、受雇單位的，選擇並固定向其中一處單位

所在地主管稅務機關申報。

③在中國境內無任職、受雇單位，年所得項目中有個體工商產的生產、經營所得或對企事業單位的承包經營、承租經營所得的，向其中一處實際經營所在地主管稅務機關申報。

④在中國境內無任職、受雇單位，年所得項中無生產、經營所得的，向戶籍所在地主管稅務機關申報。在中國境內有戶籍，但戶籍所在地與中國境內經常居住地不一致的，選擇並固定向其中一地主管稅務機關申報。在中國境內沒有戶籍的，向中國境內經常居住地主管稅務機關申報。

(二) 代扣代繳納稅

代扣代繳是指按照稅法規定負有扣繳稅款義務的單位或個人，在向個人支付應納稅所得時，應計算應納稅額，從其所得中扣除並繳入國庫，同時向稅務機關報送扣繳個人所得稅報告表。

1. 扣繳義務人

稅法規定，個人所得稅以取得應稅所得的個人為納稅義務人，以支付所得的單位或個人為扣繳義務人，包括企業（公司）、事業單位、財政部門、機關事務管理部門、人事管理部門、社會團體、軍隊、駐華機構、個體工商戶等單位和個人。

2. 代扣代繳的範圍

扣繳義務人在向個人支付下列所得時，應代扣代繳個人所得稅：工資、薪金所得；對企事業單位的承包經營、承租經營所得；勞務報酬所得；稿酬所得；特許權使用費所得；利息、股息、紅利所得；財產租賃所得；財產轉讓所得；偶然所得，以及經國務院財政部門確定徵稅的其他所得。

3. 扣繳義務人的法定義務

納稅人為持有完稅依據而向扣繳義務人索取代扣代收稅款憑證的，扣繳義務人不得拒絕。扣繳義務人向納稅人提供非正式扣稅憑證的，納稅人可以拒收。

扣繳義務人違反規定不報送或報送虛假納稅資料的，一經查實，其未在支付個人收入明細表中反映的向個人支付的款項，在計算扣繳義務人應納稅所得額時，不得作為成本費用扣除。

4. 法律責任

扣繳義務人應扣未扣、應收而不收稅款的，由稅務機關向納稅人追繳稅款，對扣

繳義務人處應扣未扣、應收而不收稅款 50% 以上、3 倍以下的罰款。

5. 代扣代繳稅款的手續費

稅務機關應根據扣繳義務人所扣繳的稅款，付給 2% 的手續費，由扣繳義務人用於代扣代繳費用開支和獎勵代扣代繳工作做得較好的辦稅人員。

6. 代扣代繳期限

扣繳義務人每月所扣的稅款，應當在次月 15 日內繳入國庫，並向主管稅務機關報送扣繳個人所得稅報告表、代扣代收稅款憑證和包括每一納稅人姓名、單位、職務、收入、稅款等內容的支付個人收入明細表及稅務機關要求報送的其他有關資料。

二、納稅申報地點、期限和管理

(一) 個人所得稅申報地點

年所得 12 萬元以上的納稅人，納稅申報地點分別如下所述。

①在中國境內有任職、受雇單位的，向任職、受雇單位所在地主管稅務機關申報。

②在中國境內有兩處或兩處以上任職、受雇單位的，選擇並固定向其中一處單位所在地主管稅務機關申報。

③在中國境內無任職、受雇單位，年所得項目中有個體工商戶的生產、經營所得或對企事業單位的承包經營、承租經營所得（以下統稱生產、經營所得）的，向其中一處實際經營所在地主管稅務機關申報。

④在中國境內無任職、受雇單位，年所得項目中無生產、經營所得的，向戶籍所在地主管稅務機關申報。在中國境內有戶籍，但戶籍所在地與中國境內經常居住地不一致的，選擇並固定向其中一地主管稅務機關申報。在中國境內沒有戶籍的，向中國境內經常居住地主管稅務機關申報。

其他情形的納稅人，納稅申報地點分別如下所述。

①從兩處或兩處以上取得工資、薪金所得的，選擇並固定向其中一處單位所在地主管稅務機關申報。

②從中國境外取得所得的，向中國境內戶籍所在地主管稅務機關申報。在中國境內有戶籍，但戶籍所在地與中國境內經常居住地不一致的，選擇並固定向其中一地主管稅務機關申報。在中國境內沒有戶籍的，向中國境內經常居住地主管稅務機關申報。

③個體工商戶向實際經營所在地主管稅務機關申報。

④個人獨資、合夥企業投資者興辦兩個或兩個以上企業的，區分不同情形確定納稅申報地點：興辦的企業全部是個人獨資性質的，分別向各企業的實際經營管理所在地主管稅務機關申報；興辦的企業中含有合夥性質的，向經常居住地主管稅務機關申報；興辦的企業中含有合夥性質，個人投資者經常居住地與其興辦企業的經營管理所在地不一致的，選擇並固定向其參與興辦的某一合夥企業的經營管理所在地主管稅務機關申報。除以上情形外，納稅人應當向取得所得所在地主管稅務機關申報。

納稅人不得隨意變更納稅申報地點，因特殊情況變更納稅申報地點的，須報原主管稅務機關備案。

（二）個人所得稅納稅申報期限

①年所得12萬元以上的納稅人，在納稅年度終了后3個月內向主管稅務機關辦理納稅申報。

②個體工商戶和個人獨資、合夥企業投資者取得的生產、經營所得應納的稅款，分月預繳的，納稅人在每月終了后7日內辦理納稅申報；分季預繳的，納稅人在每個季度終了后7日內辦理納稅申報。納稅年度終了后，納稅人在3個月內進行匯算清繳。

③納稅人年終一次性取得對企事業單位的承包經營、承租經營所得的，自取得所得之日起30日內辦理納稅申報；在1個納稅年度內分次取得承包經營、承租經營所得的，在每次取得所得后的次月7日內申報預繳，納稅年度終了后3個月內匯算清繳。

④從中國境外取得所得的納稅人，在納稅年度終了后30日內向中國境內主管稅務機關辦理納稅申報。

⑤除上述情形外，納稅人取得其他各項所得須申報納稅的，在取得所得的次月7日內向主管稅務機關辦理納稅申報。

⑥納稅人不能按照規定的期限辦理納稅申報，需要延期的，按照《稅收徵管法》的相關規定辦理。

（三）個人所得稅申報方式

納稅人可以採取數據電文、郵寄等方式申報，也可以直接到主管稅務機關申報，或者採取符合主管稅務機關規定的其他方式申報。納稅人採取數據電文方式申報的，

應當按照稅務機關規定的期限和要求保存有關紙質資料；納稅人採取郵寄方式申報的，以郵政部門掛號信函收據作為申報憑據，以寄出的郵戳日期為實際申報日期。

納稅人可以委託有稅務代理資質的仲介機構或他人代為辦理納稅申報。

(四) 個人所得稅納稅申報管理

①主管稅務機關應當將各類申報表，登載到稅務機關的網站上，或者擺放到稅務機關受理納稅申報的辦稅服務廳，免費供納稅人隨時下載或取用。

②主管稅務機關應當在每年法定申報期間，通過適當方式，提醒年所得12萬元以上的納稅人辦理自行納稅申報。

③受理納稅申報的主管稅務機關根據納稅人的申報情況，按照規定辦理稅款的徵、補、退、抵手續。

④主管稅務機關按照規定為已經辦理納稅申報並繳納稅款的納稅人開具完稅憑證。

⑤稅務機關依法為納稅人的納稅申報信息保密。

⑥納稅人變更納稅申報地點，並報原主管稅務機關備案的，原主管稅務機關應當及時將納稅人變更納稅申報地點的信息傳遞給新的主管稅務機關。

⑦主管稅務機關對已辦理納稅申報的納稅人建立納稅檔案，實施動態管理。

問題思考

1. 個人所得稅的納稅人有哪些？如何分類？它們的納稅義務如何確定？
2. 個人所得稅的徵稅範圍是如何規定的？
3. 現行個人所得稅各應稅項目適用的稅率是多少？
4. 個人所得稅有哪些稅收優惠？
5. 現行個人所得稅各應稅項目的費用扣除標準是什麼？
6. 對個人境外所得已納稅款的扣除是怎樣規定的？
7. 企業如何進行個人所得稅的代扣代繳？

項目七　其他地方性稅種納稅實務

學習目標

1. 掌握其他主要地方性稅種的徵稅範圍和納稅義務人的認定。
2. 掌握其他主要地方性稅種應納稅額的計算。
3. 掌握其他主要地方性稅種的會計處理方法。
4. 提高其他主要地方性稅種會計核算的實務操作能力。

任務一　城市維護建設稅和教育費附加納稅實務

一、城市維護建設稅的概念和特點

城市維護建設稅（以下簡稱城建稅）是對從事工商經營，繳納增值稅、消費稅的單位和個人徵收的一種稅。

城建稅具有4個特點：稅款專款專用，具有收益稅性質；屬於一種附加稅；根據城建規模設計稅率；徵收範圍較廣。

二、納稅義務人

（一）徵收範圍

城建稅的徵收範圍比較廣。城建稅以增值稅、消費稅稅額作為稅基，只要是繳納增值稅、消費稅的地方，一般都屬於城建稅的徵稅範圍。

（二）納稅人

城建稅的納稅人是在徵稅範圍內從事工商經營，並繳納增值稅、消費稅的單位和個人，包括國有企業、集體企業、私營企業、外商投資企業、股份制企業、外國企業、其他企業和行政單位、事業單位、軍事單位、社會團體、其他單位，以及個體工商戶、其他個人、外籍個人。只要繳納了增值稅、消費稅中的任何一種稅，都必須同時繳納城建稅。

三、稅率

城建稅實行地區差別比例稅率。按照納稅人所在地的不同，稅率分別規定為7%、5%、1%三個檔次。不同地區的納稅人，適用不同檔次的稅率。具體適用範圍如下。

①納稅人所在地為市區的，稅率為7%。
②納稅人所在地為縣城、建制鎮的，稅率為5%。
③納稅人所在地不在市區、縣城或建制鎮的，稅率為1%。

城建稅的適用稅率，應當按納稅人所在地的規定稅率執行。但是，對下列兩種情況，可按繳納增值稅、消費稅所在地的規定稅率就地繳納城建稅。

由受託方代扣代繳、代收代繳增值稅、消費稅的單位和個人，其代扣代繳、代收代繳的城建稅按受託方所在地適用稅率執行。

流動經營等無固定納稅地點的單位和個人，在經營地繳納增值稅、消費稅的，其城建稅的繳納按經營地適用稅率執行。

四、納稅地點

納稅人繳納增值稅、消費稅的地點，就是該納稅人繳納城建稅的地點。但是，屬

於下列情況的，納稅地點另行規定。

①代扣代繳、代收代繳增值稅、消費稅的單位和個人，同時也是城建稅的代扣代繳、代收代繳義務人，其城建稅的納稅地點在代扣代收地。

②跨省開採的油田，下屬生產單位與核算單位不在一個省內的，其生產的原油，在油井所在地繳納增值稅，其應納稅款由核算單位按照各油井的產量和規定稅率，計算匯撥各油井繳納。因此，各油井應納的城建稅，應由核算單位計算，隨同增值稅一併匯撥油井所在地，由油井在繳納增值稅的同時，一併繳納。

③對管道局輸油部分的收入，由取得收入的各管道局於所在地繳納營業稅。因此，其應納城建稅，也應由取得收入的各管道局於所在地繳納營業稅時一併繳納。

④對流動經營等無固定納稅地點的單位和個人，應隨同增值稅、消費稅在經營地按適用稅率繳納。

五、納稅期限

由於城建稅是由納稅人在繳納增值稅、消費稅時同時繳納的，因此其納稅期限分別與增值稅、消費稅的納稅期限一致。根據增值稅法和消費稅法的規定，增值稅、消費稅的納稅期限均分別為1日、3日、5日、10日、15日或1個月。增值稅、消費稅納稅人的具體納稅期限，由主管稅務機關根據納稅人應納稅額大小分別核定；不能按照固定期限納稅的，可以按次納稅。增值稅、消費稅由國家稅務局徵收管理，而城建稅由地方稅務局徵收管理，因此，繳稅入庫的時間不一定完全一致。

六、減稅、免稅

城建稅原則上不單獨減免，但因城建稅又具有附加稅性質，當主稅發生減免時，城建稅相應發生稅收減免。城建稅的稅收減免具體有以下幾種情況。

①城建稅按減免後實際繳納的增值稅、消費稅稅額計徵，即隨增值稅、消費稅的減免而減免。

②對於因減免稅而需進行增值稅、消費稅退庫的，城建稅也可同時退庫。

③海關對進口產品代徵的增值稅、消費稅，不徵收城建稅。

④對增值稅、消費稅實行先徵後返、先徵後退、即徵即退辦法的，除另有規定外，對隨增值稅、消費稅附徵的城建稅和教育費附加，一律不予退（返）還。

⑤對國家重大水利工程建設基金免徵城建稅。

七、應納稅額的計算

(一) 計稅依據

城建稅的計稅依據是納稅人實際繳納的增值稅、消費稅的稅額，不包括加收的滯納金和罰款，但納稅人在被查補增值稅、消費稅和被處以罰款時，應同時對其偷漏的城建稅進行補稅、徵收滯納金和罰款。此外，對於生產企業出口貨物實行免、抵、退稅辦法后，經國家稅務局正式審核批准的當期免抵的增值稅稅額應納入城建稅和教育費附加的計徵範圍，分別按規定的稅率徵收城建稅和教育費附加。

(二) 計稅方法

城建稅應納稅額的計算公式表示如下：

應納稅額＝（實際繳納的增值稅稅額＋實際繳納的消費稅稅額）×適用稅率

例 7-1 南陽市的一家生產企業為增值稅一般納稅人，主要經營內銷和出口業務，2016 年 4 月實際繳納增值稅 40 萬元，出口貨物免抵稅額 4 萬元。另外，進口貨物繳納增值稅 17 萬元，繳納消費稅 30 萬元。計算該企業 2016 年 4 月應納城建稅稅額。

4 月份應納城建稅稅額＝（40+4）×7%＝3.08（萬元）

八、教育費附加的基本認知

(一) 教育費附加的概念

教育費附加是對繳納增值稅、消費稅的單位和個人，就其實際繳納的稅額為計稅依據徵收的一種附加費。

教育費附加是為加快地方教育事業，擴大地方教育經費的資金而徵收的一項專用基金。國務院於 1986 年 4 月 28 日頒布了《徵收教育費附加的暫行規定》，決定從同年 7 月 1 日起開始在全國範圍內徵收教育費附加。

(二) 教育費附加的徵收範圍

教育費附加對繳納增值稅、消費稅的單位和個人徵收，自 2010 年 12 月 1 日起，對外商投資企業和外國企業及外籍個人開始徵收教育費附加。

(三) 計徵比率

現行教育費附加徵收比率為 3%。

(四) 教育費附加的計算

1. 計徵依據

教育費附加以納稅人實際繳納的增值稅、消費稅稅額為計徵依據，分別與增值稅、消費稅同時繳納。

2. 減免規定

①對海關進口的產品徵收的增值稅、消費稅，不徵收教育費附加。

②對由於減免增值稅、消費稅而發生退稅的，可同時退還已徵收的教育費附加。但對出口產品退還增值稅、消費稅的，不退還已徵的教育費附加。

3. 應納稅額的計算

教育費附加應納稅額的計算公式表示如下：

應納教育費附加=（實際繳納的增值稅稅額+實際繳納的消費稅稅額）×3%

> **例 7-2** 南陽市的一家外貿公司 2016 年 8 月出口貨物退還增值稅 15 萬元，退還消費稅 30 萬元；進口半成品繳納進口環節增值稅 60 萬元，內銷產品繳納增值稅 200 萬元；本月將一棟閒置的房屋轉讓，取得收入 1,500 萬元，購置成本 500 萬元，購置時支付各種稅費 10 萬元。計算該公司本月應納的教育費附加。
>
> 該公司 8 月份應納教育費附加=200×3%+（1,500-500）×10%×3%=7.5（萬元）

九、城市維護建設稅和教育費附加的會計處理

計提城市維護建設稅和教育費附加是以實際繳納的增值稅、消費稅稅額為計稅依

據的。計提時應借記「稅金及附加」科目，貸記「應交稅費——應交城建稅」「應交稅費——應交教育費附加」科目。上繳時借記「應交稅費——應交城建稅」「應交稅費——應交教育費附加」科目，貸記「銀行存款（或庫存現金）」科目。

例7-3 某汽車廠所在地為省會城市，當月實際繳納增值稅600萬元、消費稅8,013萬元。請作該企業有關城建稅和教育費的會計處理。

該汽車廠應作如下會計處理：

城建稅＝（600+800）×7%＝98（萬元）

教育費附加＝（600+800）×3%＝42（萬元）

編制會計分錄如下：

（單位：萬元）

借：稅金及附加	98
貸：應交稅費——應交城市維護建設費	98
借：應交稅費——應交城市維護建設稅	98
貸：銀行存款	98
借：稅金及附加	42
貸：應交稅費——應交教育費附加	42
借：應交稅費——應交教育費附加	42
貸：銀行存款	42

任務二　房產稅納稅實務

一、房產稅的概念

房產稅是以房屋為徵稅對象，按照房屋的計稅餘值或租金收入，向房屋的產權所有人或經營管理人徵收的一種財產稅。

二、納稅義務人及徵稅對象

(一) 納稅義務人

①產權屬國家所有的，由經營管理單位納稅；產權屬集體和個人所有的，由集體單位和個人納稅。

房產稅的納稅義務人是徵稅範圍內的房屋的產權所有人，包括國家所有和集體、個人所有房屋的產權所有人、承典人、代管人或使用人4類。

②產權出典的，由承典人納稅。

③產權所有人、承典人不在房屋所在地的，由房產代管人或使用人納稅。

④產權未確定及租典糾紛未解決的，也由房產代管人或使用人納稅。

⑤無租使用其他房產的，由房產使用人納稅。自2009年1月1日起，外商投資企業、外國企業和組織及外籍個人，依照《中華人民共和國房產稅暫行條例》繳納房產稅。

(二) 徵稅對象

房產稅的徵稅對象是房產。房產是指有屋面和圍護結構，能遮風避雨，可供人們生產、學習、工作、生活的場所。與房屋不可分割的各種附屬設施或不單獨計價的配套設施，也屬於房產、應一併徵收房產稅；但獨立於房屋之外的建築物（如水塔、圍牆等）不屬於房產，不徵收房產稅。房地產開發企業建造的商品房，在出售前，不徵收房產稅；但對出售前房地產開發企業已使用或出租、出借的商品房應按規定徵收房產稅。（注意：房產不等於建築物。）

三、徵稅範圍

房產稅的徵稅範圍是城市、縣城、建制鎮和工礦區。房產稅的徵稅範圍不包括農村。

①城市是指國務院批准設立的市。

②縣城是指縣人民政府所在地的地區。

③建制鎮是指經省、自治區、直轄市人民政府批准設立的建制鎮。

④工礦區是指工商業比較發達、人口比較集中、符合國務院規定的建制鎮標準但尚未設立建制鎮的大中型工礦企業所在地。開徵房產稅的工礦區必須經省、自治區、直轄市人民政府批准。

四、稅率

房產稅採用的是比例稅率，具體分為兩種：從價計徵的，稅率為1.2%；從租計徵的，稅率為12%。對個人出租的住房，不區分用途按4%的稅率徵收房產稅；對企事業單位、社會團體及其他組織按市場價格向個人出租用於居住的住房，減按4%的稅率徵收房產稅。

五、房產稅應納稅額的計算

（一）從價計徵

從價計徵是依照房產原值一次減除10%~30%后的餘值計算繳納。

對依照房產原值計稅的房產，無論是否記載在會計帳簿「固定資產」科目中，均應按照房產原值計算繳納房產稅。房產原值應根據國家有關會計制度的規定進行核算。對納稅人未按國家會計制度規定核算並記載的，應按規定予以調整或重新評估。各地扣除比例的由當地省、自治區、直轄市人民政府確定。

從價計徵是按房產的原值減除一定比例后的餘值計徵。其計算公式表示如下：

應納稅額＝應稅房產原值×（1－扣除比例）×1.2%

例7-4 某企業經營用房產原值為2,000萬元，按照當地規定允許減除30%后的餘值計稅，適用稅率為1.2%。計算其應納房產稅稅額。

應納稅額＝2,000×（1－30%）×1.2%＝16.8（萬元）

（二）從租計徵

從租計徵是以房產出租的租金收入為房產稅的計稅依據。房產的租金收入是房屋產權所有人出租房產使用權所得的報酬，包括貨幣收入和實物收入。如果是以勞務或其他形式為報酬抵付房租收入的，應根據當地同類房產的租金水平，確定一個標準租

項目七 其他地方性稅種納稅實務

金額從租計徵。

從租計徵是按房產的租金收入計徵。其計算公式表示如下：

$$應納稅額 = 租金收入 \times 12\% （或 4\%）$$

例 7-5 某公司出租房屋 3 間，年租金收入為 30,000 元，適用稅率為 12%。計算其應納房產稅稅額。

應納稅額 = 30,000×12% = 3,600（元）

（三）稅收優惠

房產稅的稅收優惠是根據國家政策需要和納稅人的負擔能力制定的。目前，房產稅的稅收優惠政策主要有以下幾項。

①國家機關、人民團體、軍隊自用的房產免徵房產稅。但免稅單位的出租房產及非自身業務使用的生產、營業用房，不屬於免稅範圍。

②由國家財政部門撥付事業經費的單位，如學校、醫療衛生單位、托兒所、幼兒園、敬老院、文化、體育、藝術這些實行全額或差額預算管理的事業單位，本身業務範圍內使用的房產免徵房產稅。

③宗教寺廟、公園、名勝古跡自用的房產免徵房產稅。

④個人所有非營業用的房產免徵房產稅。個人所有的非營業用房，主要是指居民住房，不分面積多少，一律免徵房產稅。對個人擁有的營業用房或出租的房產，不屬於免稅房產，應照章納稅。

⑤對行使國家行政管理職能的中國人民銀行總行（含國家外匯管理局）所屬分支機構自用的房產，免徵房產稅。

⑥經財政部批准免稅的其他房產。

・損壞不堪使用的房屋和危險房屋，經有關部門鑒定，在停止使用后，可免徵房產稅。

・納稅人因房屋大修導致連續停用半年以上的，在房屋大修期間免徵房產稅。

・在基建工地為基建工程服務的各種工棚、材料棚等臨時性房屋，在施工期間一律免徵房產稅。當施工結束后，施工企業將這種臨時性房屋交還或估價轉讓給基建單位的，應從基建單位接受的次月起照章納稅。

- 對房管部門經租的居民住房免徵房產稅。
- 對高校后勤實體免徵房產稅。
- 對非營利性醫療機構、疾病控製機構和婦幼保健機構等衛生機構自用的房產，免徵房產稅。
- 對老年服務機構自用的房產免徵房產稅。
- 對按政府規定價格出租的公有住房和廉租住房免徵房產稅。
- 向居民供熱並向居民收取採暖費的供熱企業暫免徵收房產稅。供熱企業包括專業供熱企業、兼營供熱企業、單位自供熱以及為小區居民供熱的物業公司等，不包括從事熱力生產但不直接向居民供熱的企業。
- 自2013年1月1日至2015年12月31日，對專門經營農產品的農產品批發市場、農貿市場使用的房產，暫免徵收房產稅。對同時經營其他產品的農產品批發市場和農貿市場使用的房產，按其他產品與農產品交易場地面積的比例確定徵免房產稅。農產品批發市場和農貿市場，是指經工商登記註冊，供買賣雙方進行農產品及其初加工品現貨批發或零售交易的場所。農產品包括糧油、肉禽蛋、蔬菜、干鮮果品、水產品、調味品、棉麻、活畜、可食用的林產品，以及由省、自治區、直轄市財稅部門確定的其他可食用的農產品。

六、房產稅的會計處理

為了對房產稅進行會計核算，應在「應交稅費」科目下增設「應交房產稅」明細科目。企業計算應納房產稅稅金時，借記「管理費用」科目，貸記「應交稅費——應交房產稅」科目。

①如按期繳納需分月攤銷時，借記「待攤費用」科目，貸記「應交稅費——應交房產稅」科目。

②向稅務機關繳納稅款時，借記「應交稅費——應交房產稅」科目，貸記「銀行存款」等科目。

③每月攤銷應分攤的房產稅金時，借記「管理費用」科目，貸記「待攤費用」科目。

例7-6 橡膠廠有閒置房屋2間，其中一間門面房出租給某飯館，租金按其當年營業收入的10%收取，該飯館當年營業收入100,000元，還有一間出租給當地某商販作為庫房，月租金收入為1,000元。計算該橡膠廠當年應納房產稅稅額並作出相應的會計處理。

橡膠廠應作如下會計處理：

計稅租金收入=100,000×10%+1,000×12=22,000（元）

年應納房產稅稅額=22,000×1.2%=264（元）

編制會計分錄如下：

（單位：元）

借：管理費用　　　　　　　　　　　　　　　　　　264

　　貸：應交稅費——應交房產稅　　　　　　　　　　264

借：應交稅費——應交房產稅　　　　　　　　　　　264

　　貸：銀行存款　　　　　　　　　　　　　　　　264

任務三　印花稅納稅實務

一、印花稅基本認知

（一）印花稅的概念

印花稅是對單位和個人在經濟交往或經濟活動中書立、領受、使用的具有法律效力的應稅憑證徵收的一種稅。它是一種具有行為性質的憑證稅，具有稅源廣泛、稅輕罰重、自行完稅、徵收簡便、不退稅、不抵用等特點。印花稅因在憑證上粘貼印花稅郵票作為完稅的標誌而得名。

（二）納稅義務人

印花稅的納稅義務人是指在中國境內書立、使用、領受印花稅法所列舉的憑證並

應依法履行納稅義務的單位和個人。單位和個人是指國內各類企業、事業、機關、團體、部隊，以及中外合資企業、合作企業、外資企業、外國公司和其他經濟組織及其在華機構等單位和個人。

上述單位和個人，按照書立、使用、領受應稅憑證的不同，可以分別確定為立合同人、立據人、立帳簿人、領受人和使用人等。

①立合同人指合同的當事人，即對憑證有直接權利義務關係的單位和個人，但不包括合同的擔保人、證人、鑒定人。

②立據人是指產權轉移書據的單位和個人。

③立帳簿人是指設立並使用營業帳簿的單位和個人。

④領受人是指領取或接受並持有該項憑證的單位和個人。

⑤使用人是指在國外書立、領受，但在國內使用的應稅憑證的單位和個人。

⑥各類電子應稅憑證的簽訂人。

（三）徵收範圍

印花稅的徵稅範圍是指應稅憑證的具體指向，即應稅憑證類別或名稱。下列憑證為應納稅憑證。

①合同，包括購銷合同、加工承攬合同、建設工程勘察設計合同、建築安裝工程承包合同、財產租賃合同、貨物運輸合同、倉儲保管合同、借款合同、財產保險合同、技術合同。融資租賃合同屬於借款合同。一般的法律、會計、審計等方面的諮詢合同，不屬於印花稅應稅合同。

②產權轉移書據，包括財產所有權、版權、商標專用權、專利權、專有技術使用權等轉移書據和土地使用權出讓合同、土地使用權轉讓合同、商品房銷售合同等權力轉移合同。

③營業帳簿，包括單位或個人記載生產經營活動的財務會計核算帳簿。營業帳簿按其反映內容的不同，可分為記載資金的帳簿和其他帳簿。

④權利、許可證照，包括房屋產權證、工商營業執照、商標註冊證、專利證、土地使用證。

⑤財政部確定的其他憑證。納稅人以電子形式簽訂的上述各類憑證，按規定徵收印花稅。

（四）稅率

印花稅稅率分為比例稅率和定額稅率。印花稅稅目、稅率如表 7-1 所示：

表 7-1　印花稅稅目、稅率

類別	稅目	稅率形式	納稅人
一、合同或具有合同性質的憑證	1. 購銷合同	按購銷金額 0.3‰貼花	立合同人
	2. 加工承攬合同	按加工或承攬收入 0.5‰貼花	
	3. 建設工程勘察設計合同	按收取費用 0.5‰貼花	
	4. 建築安裝工程承包合同	按承包金額 0.3‰貼花	
	5. 財產租賃合同	按租賃金額 1‰貼花，稅額不足 1 元的，按 1 元貼花	
	6. 貨物運輸合同	按收取的運輸費用 0.5‰貼花	
	7. 倉儲保管合同	按倉儲保管費用 1‰貼花	
	8. 借款合同(包括融資租賃合同)	按借款金額 0.05‰貼花	
	9. 財產保險合同	按收取的保險費收入 1‰貼花	
	10. 技術合同 　　技術轉讓合同：包括專利申請權轉讓和非專利技術轉讓	按所載金額 0.3‰貼花	
二、書據	11. 產權轉移書據 　　包括：專利實施許可合同、土地使用權出讓合同、土地使用權轉讓合同、商品房銷售合同、專利權轉讓合同；個人無償贈送不動產所簽訂的個人無償贈與不動產登記表	按所載金額 0.5‰貼花	立據人
三、帳簿	12. 營業帳簿 　　包括：日記帳簿和各明細分類帳簿	記載資金的帳簿，按實收資本和資本公積的合計金額 0.5‰；其他帳簿按件貼花 5 元	立帳簿人
四、證照	13. 權利、許可證照 　　包括：房屋產權證、工商營業執照、商標註冊證、專利證、土地使用證	按件貼花 5 元	領受人

二、計稅依據

(一) 計稅依據的一般規定

1. 從價計徵的應稅憑證的計稅依據

各種合同和產權轉移書據的計稅依據，為合同或書據上記載的金額，如購銷額、收入額、費用額、承包額、租賃額、借款額等。

記載資金的帳簿的計稅依據為「實收資本」與「資本公積」兩項的合計金額。

2. 從量計稅的應稅憑證的計稅依據

從量計徵的其他帳簿和權利、許可證照的計稅依據，為應稅憑證的件數。

(二) 計稅依據的特殊規定

①應稅憑證以「金額」「收入」「費用」作為計稅依據的，應當全額計稅，不得作任何扣除。

②同一憑證，載有兩個或兩個以上經濟事項而適用不同稅目、稅率的，若分別記載金額，應分別計算應納稅額，相加后按合計稅額貼花；若未分別記載金額，按稅率高的計稅貼花。

③按金額比例貼花的應稅憑證，未標明金額的，應按照憑證所載數量及國家牌價計算金額；沒有國家牌價的，按市場價格計算金額，然后按規定稅率計算應納稅額。

④應稅憑證所載金額為外國貨幣的，應按照憑證書立當日國家外匯管理局公布的外匯牌價折合成人民幣，然后計算應納稅額。

⑤應納稅額不足1角的，免徵印花稅；1角以上的，其稅額尾數不滿5分的不計，滿5分的按1角計算。

⑥有些合同，在簽訂時無法確定計稅金額。例如，技術轉讓合同中的轉讓收入，是按銷售收入的一定比例收取或是按實現利潤分成的；財產租賃合同，只是規定了月(日)租金標準而無租賃期限。對這類合同，可在簽訂時先按定額5元貼花，以后結算時再按實際金額計稅，補貼印花。

⑦應稅合同在簽訂時納稅義務即已產生，應計算應納稅額並貼花。因此，無論合

同是否兌現或是否按期兌現，均應貼花。

對已履行並貼花的合同，所載金額與合同履行后實際結算金額不一致的，只要雙方未修改合同金額，一般不再辦理完稅手續。

印花稅票為有價證券，其票面金額以人民幣為單位，分為1角、2角、5角、1元、2元、5元、10元、50元、100元9種。

三、計稅方法

納稅人的應納稅額，根據應納稅憑證的性質，分別按比例稅率或定額稅率計算。其計算公式表示如下：

應納稅額＝應稅憑證計稅金額（或應稅憑證件數）×適用稅率

例7-7 某企業2016年9月開業，當年發生以下有關業務事項：領受房屋產權證、工商營業執照、土地使用證各一件；與其他企業訂立轉移專有技術適用權書據一份，所載金額為100萬元；訂立產品購銷合同一份，所載金額為200萬元；訂立借款合同一份，所載金額為400萬元；企業記載資金的帳簿，「實收資本」「資本公積」為800萬元；其他營業帳簿10本。計算該企業當年應繳納的印花稅稅額。

①計算企業領受權利、許可證照應納稅額。

應納稅額＝3×5＝15（元）

②計算企業訂立產權轉移書據應納稅額。

應納稅額＝1,000,000×0.5‰＝500（元）

③計算企業訂立購銷合同應納稅額。

應納稅額＝2,000,000×0.3‰＝600（元）

④計算企業訂立借款合同應納稅額。

應納稅額＝4,000,000×0.5‰＝2,000（元）

⑤計算企業記載資金的帳簿應納稅額。

應納稅額＝8,000,000×0.5‰＝4,000（元）

⑥計算企業其他營業帳簿應納稅額。

應納稅額＝10×5＝50（元）

⑦計算當年企業應納印花稅稅額。

15＋500＋600＋2,000＋4,000＋50＝7,165（元）

四、稅收優惠

下列憑證免徵印花稅。

①已繳納印花稅憑證的副本。副本或抄本視同正本使用的，應另貼印花。

②財產所有人將財產贈給政府、社會福利單位、學校所立的書據。社會福利單位是指扶養孤老傷殘者的單位。

③國家指定的收購部門與村民委員會、農民個人書立的農副產品收購合同。

④房地產管理部門與個人簽訂的用於生活居住的租賃合同。

⑤農牧業保險合同。

⑥軍事物資運輸憑證、搶險救災物資運輸憑證、新建鐵路的工程臨管線運輸憑證。

⑦與高校學生簽訂的學生公寓租賃合同。

⑧2011年11月1日至2014年10月31日，對金融機構與小型、微型企業簽訂的借款合同免徵印花稅。

⑨對公租房經營管理單位建造公租房涉及的印花稅予以免徵。

⑩對改造安置住房經營管理單位、開發商與改造安置住房相關的印花稅，以及購買安置住房的個人涉及的印花稅自2013年7月4日起予以免徵。

五、印花稅的會計處理

繳納印花稅的會計處理，一般分為兩種情況。

①如果企業上繳的印花稅稅額或購買的印花稅票數額較小，可以直接計入管理費用。上繳印花稅或購買印花稅票時，借記「管理費用——印花稅」科目，貸記「銀行存款」或「現金」科目。

②如果企業上繳的印花稅稅額較大，先計入待攤費用，然後再轉入管理費用。上繳印花稅時，借記「待攤費用」科目，貸記「銀行存款」等科目；分期攤銷印花稅時，借記「管理費用——印花稅」科目，貸記「待攤費用」科目。

例7-8 益大建築公司與甲企業簽訂一份建築承包合同，合同金額12,000萬元（含相關費用500萬元）。施工期間，該建築公司又將其中價值2,800萬元的安裝工程分包給乙企業，並簽訂分包合同。計算該建築公司此項業務應繳納的印花稅並作出相應的會計處理。

益大建築公司應交印花稅 = 14,800×0.000,3 = 4.44（萬元）

計提時，編制會計分錄如下：

（單位：元）

借：管理費用——印花稅		44,400
貸：應交稅費——應交印花稅		44,400

繳納時，編制會計分錄如下：

（單位：元）

借：應交稅費——應交印花稅		44,400
貸：銀行存款		44,400

六、印花稅的徵收管理

（一）納稅辦法

印花稅的納稅辦法有以下3種：

①自行貼花辦法。它是在納稅義務發生時，由納稅人根據稅法規定，自行計算應納稅額，自行購買印花稅票，自行一次貼足印花稅票並加以註銷或劃銷，即「三自」納稅辦法。這種辦法，一般適用於應稅憑證較少或貼花次數較少的納稅人。

②匯貼或匯繳辦法。一份憑證應納稅額超過500元的，應向當地稅務機關申請填寫繳款書或完稅證明，將其中一聯粘貼在憑證上或者由稅務機關在憑證上加註完稅標記代替貼花。這就是通常所說的「匯貼」辦法。

同一種類應納稅憑證，需頻繁貼花的，納稅人可以根據實際情況自行決定是否採用按期匯總繳納印花稅的方式，匯總繳納的期限為1個月。這種納稅辦法稱為匯繳。

匯貼或匯繳辦法適用於應納稅額較大或貼花次數頻繁的納稅人。

③委託代徵辦法。這一辦法主要是通過稅務機關的委託，經發放或辦理應納稅憑

證的單位代為徵收印花稅稅款。例如，工商行政管理機關核發各類營業執照和商標註冊證的同時，負責代售印花稅票，徵收印花稅稅款，並監督領受單位或個人貼花。

(二) 納稅地點

印花稅一般實行就地納稅。對於全國性商品物資訂貨會（包括展銷會、交易會等）上所簽訂合同應納的印花稅，由納稅人回其所在地後及時辦理貼花完稅手續；對地方主辦、不涉及省際關係的訂貨會、展銷會上所簽合同應納的印花稅，其納稅地點由各省、自治區、直轄市人民政府自行確定。

(三) 納稅時間

印花稅應當在書立或領受時貼花，具體是指在合同簽訂時、帳簿啟用時和證照領受時貼花。如果合同是在國外簽訂，並且不便在國外貼花的，應在將合同帶入境時辦理貼花納稅手續。

任務四　車船稅納稅實務

一、車船稅基本認知

(一) 車船稅的概念

車船稅是以車船為徵稅對象，向擁有車船的單位和個人徵收的一種稅。

(二) 納稅義務人及稅率

車船稅的納稅義務人是指在中華人民共和國境內，車輛、船舶的所有人或管理人。

(三) 徵稅範圍

車船稅的徵收範圍是指依法應當在中國車船管理部門登記的車船（除規定減免的

車船外)。

1. 車輛

車輛包括機動車輛和非機動車輛。機動車輛指依靠燃油、電力等能源作為動力運行的車輛，如汽車、拖拉機、無軌電車等；非機動車輛指依靠人力、畜力運行的車輛，如三輪車、自行車、畜力駕駛車等。

2. 船舶

船舶包括機動船舶和非機動船舶。機動船舶指依靠燃料等能源作為動力運行的船舶，如客船、貨船、氣墊船等；非機動船舶指依靠人力或其他力量運行的船舶，如木船、帆船等。

(四) 稅目與稅率

車船稅實行定額稅率，又稱固定稅額。車船稅的稅目、稅額如表 7-2 所示：

表 7-2 車船稅稅目、稅額

稅目	計稅單位	基準稅額	備註
乘用車 1.0 升 (含) 以下的	每輛/年	60~360 元	核定載客人數 9 人 (含) 以下
乘用車 1.0 升以上至 1.6 升 (含) 的	每輛/年	300~540 元	核定載客人數 9 人 (含) 以下
乘用車 1.6 升以上至 2.0 升 (含) 的	每輛/年	360~660 元	核定載客人數 9 人 (含) 以下
乘用車 2.0 升以上至 2.5 升 (含) 的	每輛/年	660~1,200 元	核定載客人數 9 人 (含) 以下
乘用車 2.5 升以上至 3.0 升 (含) 的	每輛/年	1,200~2,400 元	核定載客人數 9 人 (含) 以下
乘用車 3.0 升以上至 4.0 升 (含) 的	每輛/年	2,400~3,600 元	核定載客人數 9 人 (含) 以下
乘用車 4.0 升以上的	每輛/年	2,400~3,600 元	核定載客人數 9 人 (含) 以下
商用車客車	每輛/年	480~1,440 元	核定載客人數 9 人以上，包括電車

表 7-2（續）

稅目	計稅單位	基準稅額	備註
商用車貨車	整備質量 每噸/年	16～120 元	包括半掛牽引車、三輪汽車和低速載貨汽車等
掛車	整備質量 每噸/年	按照貨車稅額的 50% 計算	
其他車輛專用作業/車	整備質量 每噸/年	16～120 元	不包括拖拉機
摩托車	每輛/年	36～180 元	
機動船舶	淨噸位 每噸/年	3～6 元	拖船、非機動駁船分別按照機動船舶稅額的 50% 計算
船舶遊艇	艇身長度 每米/年	600～2,000 元	

二、車船稅應納稅額的計算

（一）計稅依據

車船稅分別以輛、整備質量噸數、淨噸位噸數、艇身長度米數 4 種計量單位作為計稅依據。

①乘用車、商用車客車、摩托車，以「輛」為計稅依據。

②商用車貨車、掛車、其他車輛，按整備質量噸數為計稅依據。

③機動船舶，按淨噸位噸數為計稅依據。

④船舶遊艇，按艇身長度米數為計稅依據。

在確定車船計稅依據時，應注意以下特殊情況的處理方法。

①拖船按照發動機功率每 2 馬力折合淨噸位 1 噸計算徵收車船稅。

②車輛整備質量尾數不超過 0.5 噸（含 0.5 噸）的，按照 0.5 噸計算；超過 0.5 噸的，按照 1 噸計算。整備質量不超過 1 噸的車輛，按照 1 噸計算。

③船舶淨噸位尾數不超過 0.5 噸（含 0.5 噸）的不予計算；超過 0.5 噸的按照 1 噸計算。淨噸位 1 噸以下的船舶，按照 1 噸計算。

（二）應納稅額的計算

購置的新車船，購置當年的應納稅額自納稅義務發生的當月起按月計算。其計算公式表示如下：

$$年應納稅額＝計稅依據×適用單位稅額$$

$$應納稅額＝年應納稅額÷12×應納稅月份數$$

例7-9 某運輸公司擁有載貨汽車15輛（載貨汽車淨噸位全部為10噸），大客車20輛，小客車10輛。計算該公司應納車船稅稅額。

注意：載貨汽車每噸年應納稅額為80元，大客車每輛年應納稅額為500元，小客車每輛年應納稅額為400元。

①載貨汽車應納稅額＝15×10×80＝12,000（元）

②客車應納稅額＝20×500+10×400＝14,000（元）

③全年應納車船稅稅額＝12,000+14,000＝26,000（元）

（三）稅收優惠

下列車船免徵車船稅。

①捕撈、養殖用的漁船。

②軍隊、武裝警察部隊專用的車船。

③警用車船。

④依照法律規定應當予以免稅的外國駐華使領館、國際組織駐華代表機構及其有關人員的車船。

⑤對節約能源、使用新能源的車船可以減徵或免徵車船稅；對受嚴重自然災害影響而納稅困難及有其他特殊原因確需減稅、免稅的，可以減徵或免徵車船稅。具體辦法由國務院規定，並報全國人民代表大會常務委員會備案。

⑥省、自治區、直轄市人民政府根據當地的實際情況，可以對公共交通車船、農村居民擁有並主要在農村地區使用的摩托車、三輪汽車和低速載貨汽車定期減徵或免徵車船稅。

三、車船稅的會計處理

根據新企業會計準則的規定，公司計提繳納車船稅應該通過「應交稅費——應交車船稅」科目進行核算。

①確認時，應編制會計分錄如下：

借：管理費用——車船稅

　　貸：應交稅費——車船稅

②實際繳納時，應編制會計分錄如下：

借：應交稅費——車船稅

　　貸：銀行存款

例7-10 某運輸公司擁有並使用以下車輛：農業機械部門登記的拖拉機5輛，自重噸位為2噸；自重6噸的載貨卡車10輛；自重噸位為4.5噸的汽車掛車5輛。中型載客汽車10輛，其中包括2輛電車。當地政府規定，載貨汽車的車輛年應納稅額為60元/噸，載客汽車的年應納稅額是420元/車。計算該公司當年應納的車船稅並編制相應的會計分錄。

應納車船稅＝6×60×10＋4.5×60×5＋420×10＝9,150（元）

編制會計分錄如下：

（單位：元）

借：管理費用　　　　　　　　　　　　　　　　　　　　　9,150

　　貸：應交稅費——應交車船稅　　　　　　　　　　　　9,150

借：應交稅費——應交車船稅　　　　　　　　　　　　　　9,150

　　貸：銀行存款　　　　　　　　　　　　　　　　　　　9,150

四、車船稅納稅申報與繳納

（一）納稅義務發生時間

車船稅納稅義務發生時間為取得車船所有權或管理權的當月（以購買車船的發票或其他證明文件所載日期的當月為準）。納稅人在購車繳納交強險的同時，由保險機構

項目七　其他地方性稅種納稅實務

代收代繳車船稅。

(二) 納稅地點

車船稅的納稅地點為車船的登記地或車船稅扣繳義務人所在地。依法不需要辦理登記的車船，車船稅的納稅地點為車船的所有人或管理人所在地。

(三) 納稅期限

車船稅按年申報繳納。具體申報納稅期限由省、自治區、直轄市人民政府確定。

任務五　土地增值稅納稅實務

一、土地增值稅的概念

土地增值稅是指對轉讓國有土地使用權、地上建築物及其附著物 (以下簡稱轉讓房地產) 並取得收入的單位和個人，就其轉讓房地產取得的增值額徵收的一種稅。

二、納稅義務人

土地增值稅的納稅人為轉讓國有土地使用權、地上建築及其附著物並取得收入的單位和個人。單位指各類企事業單位、國家機關和社會團體及其他組織，具體包括國家機關、社會團體、部隊、企事業單位、外國企業及外國機構和其他單位等；個人包括中國公民、個體工商業戶、個人獨資企業、合夥企業、華僑、港澳臺同胞及外國公民等。就土地增值稅納稅而言，不分法人與自然人、不分經營性質、不分內資與外資企業、不分中國公民與外籍個人、不分營利組織與非營利組織，只要有償轉讓房地產，都是納稅義務人。

三、徵稅範圍

1. 徵稅範圍及其判斷標準

土地增值稅的徵稅範圍包括轉讓國有土地使用權，以及連同國有土地使用權一併轉讓的地上建築物及其附著物。轉讓是指以出售或其他方式有償轉讓房地產的行為，不包括以繼承、贈予方式無償轉讓房地產的行為。國有土地是指按國家法律規定屬於國家所有的土地。地上的建築物是指建於土地上的一切建築物，包括地上地下的各種附屬設施。附著物是指附著於土地上的不能移動或一經移動即遭損壞的物品。

土地增值稅的徵稅範圍常用以下 3 個標準來判定。

①轉讓的是國有土地使用權。農村集體所有的土地不得自行轉讓，只有依法對集體土地實行徵用變為國家所有以後，才能進行轉讓。

②土地使用權、地上建築物及其附著物的產權發生轉讓。房地產的出租不屬於土地增值稅的徵稅範圍，因為所有者沒有對其產權進行轉讓。

③轉讓房地產取得收入。繼承、贈與等無償轉讓房地產的行為，不屬於土地增值稅的徵稅範圍，儘管房地產權屬發生了變更，但權屬人並沒有取得收入，因此不徵收土地增值稅。

總之，無論是單獨轉讓國有土地使用權，還是房屋產權與國有土地使用權一併轉讓，只要取得收入，均屬於土地增值稅的徵稅範圍，應對其徵收土地增值稅。

2. 徵稅範圍的具體判斷

①房地產的出售，屬於土地增值稅的徵稅範圍，分為以下 3 種情況。

·出售國有土地使用權，是指土地使用者通過出讓方式，向政府繳納了土地出讓金，有償受讓土地使用權后，僅對土地進行通水、通電、通路和平整地面等土地開發，不進行房產開發，然后直接將空地出售。

·取得國有土地使用權后進行房屋開發建造，然后出售，即通常所說的房地產開發。

·存量房地產的買賣，是指已經建成並已投入使用的房地產，其房屋產權和土地使用權一併轉讓給其他單位和個人。

②房地產的繼承、贈予，不屬於土地增值稅的徵稅範圍。

③房地產的出租，不屬於土地增值稅的徵稅範圍。

④房地產的抵押，在抵押期間不徵收土地增值稅。待抵押期滿後，視該房地產是否轉移佔有而確定是否徵收土地增值稅。對於以房地產抵債而發生房地產權屬轉讓的，應列入土地增值稅的徵稅範圍。

⑤房地產的交換，一般屬於土地增值稅的徵稅範圍，但對個人之間互換自有居住用房地產的，經當地稅務機關核實，可以免徵土地增值稅。

⑥以房地產進行投資、聯營。投資方將房地產轉移到所投資的企業，暫免徵收土地增值稅。被投資、聯營企業將上述房地產再轉讓的，應徵收土地增值稅。

⑦合作建房，暫免徵收土地增值稅；建成后轉讓的，應徵收土地增值稅。

⑧因兼併轉讓房地產，暫免徵收土地增值稅。

⑨房地產的代建房行為，不屬於土地增值稅的徵稅範圍。

⑩房地產的重新評估，不屬於土地增值稅的徵稅範圍。

四、稅率

中國土地增值稅稅率設計的基本原則是增值多的多徵，增值少的少徵，無增值的不徵。按照這個原則，中國現行的土地增值稅實行四級超率累進稅率。其中，最低稅率為30%，最高稅率為60%。實行這樣的稅率結構和負擔水平，一方面，可以對正常的房地產開發商通過較低稅率體現優惠政策；另一方面，對炒買炒賣房地產獲取暴利的單位和個人，能發揮一定的調節作用。土地增值稅四級超率累進稅率如表7-3所示：

表7-3　土地增值稅四級超率累進稅率

級次	增值額與扣除項目金額的比率稅率	稅率/（%）	速算扣除率/（%）
1	50%（含）以下	30	0
2	50%以上~100%（含）	40	5
3	100%以上~200%（含）	50	15
4	200%以上	60	35

五、土地增值稅應納稅額的計算

（一）增值額的確定

土地增值稅納稅人轉讓房地產取得的收入減除規定的扣除項目金額后的餘額為增

值額。

1. 應稅收入的確定

增值稅納稅人取得的收入包括轉讓房地產的全部價款和相關經濟收益，形式上包括貨幣收入、實物收入和其他收入。

①貨幣收入。貨幣收入是指納稅人轉讓房地產取得的現金、銀行存款、支票、銀行本票、匯票等各種信用票據和國庫券、金融債券、企業債券、股票等有價證券。

②實物收入。實物收入是指納稅人轉讓房地產取得的各種實物形態的收入。實物收入的價值不太容易確定，一般要對這些實物形態的財產進行估價。

③其他收入。其他收入是指納稅人轉讓房地產取得的無形資產收入或者具有財產價值的權利，如專利權、商標權、著作權、專有技術使用權、土地使用權、商譽權等。這種類型的收入比較少見，其價值需要進行專門的評估。

2. 扣除項目金額的確定

（1）取得土地使用權支付的金額。

這一金額包括納稅人為取得土地使用權支付的地價款或出讓金，以及按國家統一規定繳納的有關費用之和。

（2）房地產開發成本。

房地產開發成本指納稅人開發房地產項目實際發生的成本，包括土地徵用及拆遷補償費、前期工程費、建築安裝工程費、基礎設施費、公共配套設施費、開發間接費用等。

①土地徵用及拆遷補償費，包括土地徵用費、耕地占用稅、勞動力安置費及有關地上、地下附著物拆遷補償的淨支出，安置動遷用房支出等。

②前期工程費，包括規劃、設計、項目可行性研究、水文、地質、勘察、測繪、「三通一平」等支出。三通一平指的是通水、通電、通路和土地平整。

③建築安裝工程費，是指以出包方式支付給承包單位的建築安裝工程費，以自營方式發生的建築工程安裝費。

④基礎設施費，包括開發小區內的道路、供水、供電、供氣、排污、排洪、通信、照明、環衛、綠化等工程發生的支出。

⑤公共配套設施費，包括不能有償轉讓的開發小區內公共配套設施發生的支出。

⑥開發間接費用，是指直接組織、管理開發項目所發生的費用，包括工資、職工

福利費、折舊費、修理費、辦公費、水電費、勞動保護費、週轉房攤銷等。

（3）房地產開發費用。

房地產開發費用是指與房地產開發項目有關的銷售費用、管理費用、財務費用。財務費用中的利息支出，凡能按轉讓房地產項目計算分攤利息並提供金融機構證明的，允許據實扣除，但最高不能超過按商業銀行同類同期貸款利率計算的金額。其他房地產開發費用，按上述「取得土地使用權支付的金額」和「房地產開發成本」金額之和，在5%以內計算扣除。

凡不能按轉讓房地產項目計算分攤利息支出或不能提供金融機構證明的，利息支出不得單獨計算，應並入房地產開發費用一併計算扣除。房地產開發費用按上述「取得土地使用權支付的金額」和「房地產開發成本」金額之和的10%以內計算扣除。

上述計算扣除的具體比例，由省、自治區、直轄市人民政府規定。

利息的上浮幅度按國家的有關規定執行，超過上浮幅度的部分不允許扣除；超過貸款期限的利息部分和加罰的利息不允許扣除。

（4）與轉讓房地產有關的稅金。

這些稅金包括在轉讓房地產時繳納的印花稅、城市維護建設稅。教育費附加也可視同稅金扣除。房地產開發企業的印花稅列入管理費用，不再單獨扣除。對於個人購入房地產再轉讓的，其在購入環節繳納的契稅，由於已經包含在評估價格之中，同樣不能扣除。

（5）財政部確定的其他扣除項目。

根據財政部的有關規定，對從事房地產開發的納稅人允許按上述「取得土地使用權支付的金額」和「房地產開發成本」金額之和，加計20%扣除。

（6）舊房及建築物的評估價格。

這是指在轉讓已使用的房屋及建築物時，由政府批准設立的房地產評估機構評定的重置成本價乘以成新度折扣率后的價格。評估價格須經當地稅務機關確認。

重置成本價是指對舊房及建築物，按轉讓時的建材價格及人工費用計算，建造同樣面積、同樣層次、同樣結構、同樣建設標準的新房及建築物。

成新度折扣率是指按舊房的新舊程度做一定比例的折扣。

(二) 應納稅額的計算

1. 應納稅額的計算步驟

土地增值稅的計算方法有分步法和簡便方法兩種。在實際工作中多用簡便方法。

應納稅額的計算步驟如下：第一步，計算應稅收入；第二步，計算扣除項目金額；第三步，計算增值額；第四步，計算增值率、確定級次；第五步，計算應納稅額（分步法或簡便方法）。分步法和簡便方法在第五步才區分開來。

2. 應納稅額的計算方法

土地增值稅的應納稅額計算過程比較複雜，涉及增值額、增值率、應納稅額（又分為兩種）等計算公式。

①增值額的計算公式表示如下：

$$增值額 = 收入額 - 扣除項目金額$$

②增值率的計算公式表示如下：

$$增值率 = 增值額 \div 扣除項目金額 \times 100\%$$

③應納稅額的計算公式表示如下：

分步計算法：

$$應納稅額 = \Sigma \ （各個級距的土地增值額 \times 該級次適用稅率）$$

簡便法：

$$應納稅額 = 增值額 \times 適用稅率 - 扣除項目金額 \times 速算扣除率$$

例7-11 某一納稅人轉讓房地產取得的收入為400萬元，其扣除項目金額為250萬元。計算其應納土地增值稅的稅額。

增值率 = 150÷250 = 60%

應納稅額 = 150×40% + 250×5% = 72.5（萬元）

六、土地增值稅會計處理

(一) 房地產開發企業土地增值稅的會計處理

房地產開發企業主營業務為房地產業務，因此，企業應納的土地增值稅應借記

「稅金及附加」科目，貸記「應交稅費——應交土地增值稅」科目；實際繳納土地增值稅時，借記「應交稅費——應交土地增值稅」科目，貸記「銀行存款」科目。

例 7-12 某公司轉讓一幢寫字樓取得收入 1,000 萬元。已知該公司為取得土地使用權所支付的金額為 100 萬元，房地產開發成本為 300 萬元（其中，土地徵用及拆遷補償費 40 萬元，前期工程費 20 萬元，建築安裝工程費用 100 萬元，基礎設施費 20 萬元，開發間接費用 20 萬元）。房地產開發費用為 50 萬元，其中利息不能按項目分開核算。計算該公司應繳納的土地增值稅稅額並編制相應的會計分錄。

①轉讓收入＝1,000 萬元

②計算扣除金額

1）取得土地支付金額＝100（萬元）

2）開發成本＝300（萬元）

3）房地產開發費＝（100+300）×10%＝40（萬元）

4）房地產開發企業加計扣除項目金額＝（100+300）×20%＝80（萬元）

轉讓房地產扣除項目金額＝100+300+40+80＝520（萬元）

③計算土地增值額＝1,000-520＝480（萬元）

④計算增值額占扣除項目金額的比例＝480÷520×100%＝92.3%；適用稅率為第二檔，稅率40%、扣除率5%。

應納土地增值稅稅額＝480×40%-520×5%＝166（萬元）

編制會計分錄如下：

（單位：元）

借：稅金及附加　　　　　　　　　　　　　　　　　　　　1,660,000

　　貸：應交稅費——應交土地增值稅　　　　　　　　　　1,660,000

借：應交稅費——應交土地增值稅　　　　　　　　　　　　1,660,000

　　貸：銀行存款　　　　　　　　　　　　　　　　　　　1,660,000

（二）非房地產開發企業土地增值稅的會計處理

非房地產開發企業轉讓國有土地使用權連同地上建築物及其附著物，通過「固定

資產清理」科目核算。其轉讓房地產取得的收入，貸記「固定資產清理」科目，貸記「應交稅費——應交土地增值稅」科目；企業實際繳納土地增值稅時，借記「應交稅費——應交土地增值稅」科目，貸記「銀行存款」科目。

例7-13 某電器生產公司轉讓一處舊房地產取得收入1,600萬元，該公司取得土地使用權所支付的金額為200萬元，當地政府批准設立的房地產評估機構確認的房屋的重置成本為800萬元，該房屋已使用10年，八成新，繳納的與轉讓該房地產有關的稅金88.8萬元（增值稅80萬元，城建稅5.6萬元，教育費附加2.4萬元，印花稅0.8萬元）。計算該公司轉讓該房地產應繳納的土地增值稅稅額並編制相應的會計分錄。

①扣除項目金額＝200+800×80%+88.8＝928.8（萬元）

②增值額＝1,600-928.8＝671.2（萬元）

③增值額占扣除項目金額的百分比＝671.2÷928.8＝72.3%，說明增值額超過了扣除項目金額的50%，但未超過100%。

④根據速算扣除法，增值額超過扣除項目金額50%、未超過扣除項目金額的100%。計算如下：

公司應納土地增值稅稅額＝增值額×40%-扣除項目金額×5%

＝671.2×40%-928.8×5%＝222.44（萬元）

編制會計分錄如下：

（單位：元）

借：固定資產清理	2,224,400
貸：應交稅費——應交土地增值稅	2,224,400
借：應交稅費——應交土地增值稅	2,224,400
貸：銀行存款式	2,224,400

七、土地增值稅的徵收管理

（一）稅收優惠

①納稅人建造普通標準住宅出售，增值額未超過扣除項目金額20%的，免徵土地

增值稅；超過 20%的，應就其全部增值額按規定計稅。

②因國家建設需要依法徵用、收回的房地產，免徵土地增值稅。

③因城市實施規劃、國家建設的需要而搬遷，由納稅人自行轉讓原房地產的，免徵土地增值稅。

④個人因工作調動或改善居住條件而轉讓原自用住房，經向稅務機關申報核準，凡居住滿 5 年或 5 年以上的，免予徵收土地增值稅；居住滿 3 年未滿 5 年的，減半徵收土地增值稅。居住未滿 3 年的，按規定計徵土地增值稅。

（二）納稅期限和納稅地點

土地增值稅納稅人應自轉讓房地產合同簽訂之日起 7 日內，向房地產所在地的主管稅務機關辦理納稅申報，同時向稅務機關提交房屋及建築物產權證書、土地使用權證書、土地轉讓合同、房產買賣合同、房地產評估報告及其他與轉讓房地產有關的資料。

納稅人因經常發生轉讓房地產行為而難以每次轉讓後申報的，可按月或按各省、自治區、直轄市和計劃單列市地方稅務局規定的期限繳納。

土地增值稅的納稅人，應向房地產所在地主管稅務機關辦理納稅申報。納稅人轉讓的房地產坐落在兩個或兩個以上地區的，應按不同的坐落地分別申報納稅。

任務六　契稅納稅實務

一、契稅基本認知

（一）契稅的概念

契稅是以在中華人民共和國境內轉移的土地、房屋權屬為徵稅對象，向產權承受人徵收的一種財產稅。

(二) 納稅義務人

契稅的納稅義務人是在中國境內轉移土地、房屋權屬，承受的單位和個人。土地、房屋權屬是指土地使用權和房屋所有權。單位是指企業單位、事業單位、國家機關、軍事單位和社會團體及其他組織。個人是指個體經營者及其他個人，包括中國公民和外籍人員。

(三) 稅率

契稅實行3%～5%的幅度稅率。各省、自治區、直轄市人民政府可以在3%～5%的幅度稅率規定範圍內，按照本地區的實際情況決定。

(四) 徵收範圍

契稅的徵稅對象是境內轉移的土地、房屋權屬，具體包括以下5項內容。

①國有土地使用權出讓，是指土地使用者向國家交付土地使用權出讓費用，國家將國有土地使用權在一定年限內讓與土地使用者的行為。

②土地使用權的轉讓，是指土地使用者以出售、贈與、交換或其他方式將土地使用權轉移給其他單位和個人的行為。土地使用權的轉讓不包括農村集體土地承包經營權的轉移。

③房屋買賣，是指以貨幣為媒介，出賣者向購買者過渡房產所有權的交易行為。

④房屋贈與，是指房產權所有人將房屋無償轉讓給他人所有。

⑤房屋交換，是指房屋所有者之間互相交換房屋的行為。

二、契稅應納稅額的計算

(一) 計稅依據

契稅的計稅依據為不動產的價格。由於土地、房屋權屬轉移方式不同，定價方法不同，因而具體計稅依據視不同情況而定。

①國有土地使用權出讓、土地使用權出售、房屋買賣，以成交價格為計稅依據。成交價格是指土地、房屋權屬轉移合同確定的價格，包括承受者應交付的貨幣、實物、

無形資產或其他經濟利益。

②土地使用權贈與、房屋贈與，由徵收機關參照土地使用權出售、房屋買賣的市場價格核定。

③土地使用權交換、房屋交換，為所交換的土地使用權、房屋的價格差額。也就是說，交換價格相等時，免徵契稅；交換價格不等時，由多交付的貨幣、實物、無形資產或其他經濟利益的一方繳納契稅。

④以劃撥方式取得土地使用權，經批准轉讓房地產時，由房地產轉讓者補交契稅。計稅依據為補交的土地使用權出讓費用或土地收益。

成交價格明顯低於市場價格並且無正當理由的，或者所交換土地使用權、房屋價格的差額明顯不合理並且無正當理由的，徵收機關可以參照市場價格核定計稅依據。

（二）應納稅額的計算

契稅應納稅額的計算公式表示如下：

應納稅額＝計稅依據×稅率

例7-14 居民甲有2套住房，將一套出售給居民乙，成交價格為200,000元；將另一套兩室住房與居民丙交換成兩處一室住房，並支付給居民丙換房差價款60,000元。計算甲、乙、丙相關行為應繳納的契稅稅額（假定契稅稅率為4%）。

甲應繳納契稅稅額＝60,000×4%＝2,400（元）

乙應繳納契稅稅額＝200,000×4%＝8,000（元）

丙不繳納契稅。

（三）稅收優惠

契稅的稅收優惠政策主要有以下幾項內容：

①國家機關、事業單位、社會團體、軍事單位承受土地、房屋用於辦公、教學、醫療、科研和軍事設施的，免徵契稅。

②城鎮職工按規定第一次購買公有住房的，免徵契稅。

③因不可抗力滅失住房而重新購買住房的，酌情減免契稅。

④個人購買90平方米及以下普通住房，且該住房屬於家庭唯一住房的，減按1%

稅率徵收契稅。

⑤承受荒山、荒溝、荒丘、荒灘土地使用權，並用於農、林、牧、漁業生產的，免徵契稅。

⑥經外交部確認，依照中國有關法律規定，以及中國締結或參加的雙邊和多邊條約或協定的外國駐華使館、領事館、聯合國駐華機構及其外交代表、領事官員和其他外交人員承受的土地、房屋權屬，免徵契稅。

三、契稅的會計處理

企業按規定計算應繳納的契稅，借記「在建工程」「固定資產」等科目，貸記「應交稅費——應交契稅」科目。實際繳納契稅，借記「應交稅費——應交契稅」科目，貸記「銀行存款」等科目。

例7-15 某企業從當地政府手中取得某塊土地使用權，支付土地使用權出讓費1,200,000元（契稅稅率為3%）。計算應繳納的契稅並編制相應的會計分錄。

應納稅額＝1,200,000×3%＝36,000（元）

編制會計分錄如下：

（單位：元）

借：無形資產——土地使用權　　　　　　　　　　　36,000
　　貸：銀行存款　　　　　　　　　　　　　　　　　36,000

四、契稅的徵收管理

契稅的納稅義務發生時間是納稅人簽訂土地、房屋權屬轉移合同的當天，或者納稅人取得其他具有土地、房屋權屬轉移合同性質憑證的當天。

納稅人應當自納稅義務發生之日起10日內，向土地、房屋所在地的契稅徵收機關辦理納稅申報，並在契稅徵收機關核定的期限內繳納稅款。納稅人辦理納稅事宜後，徵收機關應向納稅人開具契稅完稅憑證。

納稅人持契稅完稅憑證和其他規定的文件材料，依法向土地管理部門、房產管理部門辦理有關土地、房屋的權屬變更登記手續。

任務七　城鎮土地使用稅納稅實務

一、城鎮土地使用稅基本認知

（一）城鎮土地使用稅的概念

城鎮土地使用稅是以城鎮土地為徵稅對象，對擁有土地使用權的單位和個人徵收的一種稅。開徵城鎮土地使用稅，有利於通過經濟手段，加強對土地的管理，變土地的無償使用為有償使用，促進合理、節約地使用土地，提高土地使用效益；有利於適當調節不同地區、不同地段之間的土地級差收入，促進企業加強經濟核算，理順國家與土地使用者之間的分配關係。

（二）納稅義務人

城鎮土地使用稅的納稅義務人，是使用城市、縣城、建制鎮和工礦區土地的單位和個人。其中，單位包括內資企業、外商投資企業、外國企業、事業單位、社會團體、國家機關、軍隊及其他單位；個人包括個體工商戶及個人。

納稅人通常包括以下幾類。

①擁有土地使用權的單位和個人。

②擁有土地使用權的單位和個人不在土地所在地的，其土地的實際使用人和代管人為納稅人。

③土地使用權未確定或權屬糾紛未解決的，其實際使用人為納稅人。

④土地使用權共有的，共有各方都是納稅人，由共有各方分別納稅。

（三）徵稅範圍

城鎮土地使用稅的徵稅範圍包括城市、縣城、建制鎮和工礦區內屬於國家所有和集體所有的土地，不包括農村集體所有的土地。

（四）稅率

城鎮土地使用稅採用定額稅率，即採用有幅度的差別稅額，按大、中、小城市和

縣城、建制鎮、工礦區分別規定每平方米土地使用稅年應納稅額。城鎮土地使用稅稅率如表 7-4 所示。

表 7-4 城鎮土地使用稅稅率

級別	人口/人	每平方米稅額/元
大城市	50 萬以上	1.5～30
中等城市	20 萬至 50 萬	1.2～24
小城市	20 萬以下	0.9～18
縣城、建制鎮、工礦區		0.6～12

各個城市可根據市政建設情況和經濟繁榮程度在規定稅額幅度內，確定所轄地區的適用稅額幅度。一般來說，經濟落後的地區，土地使用稅的適用稅額標準可適當降低，但降低額不得超過上述規定最低稅額的 30%。經濟發達地區的適用稅額標準可以適當提高，但須報財政部批准。

二、城鎮土地使用稅應納稅額的計算

（一）計稅依據

城鎮土地使用稅以納稅人實際占用的土地面積為計稅依據，土地面積的計量標準為平方米，即稅務機關根據納稅人實際占用的土地面積，按照規定計算應納稅額，向納稅人徵收土地使用稅。

納稅人實際占用的土地面積按下列辦法確定。

①以測定面積為計稅依據。此辦法適用於由省、自治區、直轄市人民政府確定的單位組織測定土地面積的納稅人。

②以證書確認的土地面積為計稅依據。此辦法適用尚未組織測量土地面積，但持有政府部門核發的土地使用證書的納稅人。

③以申報的土地面積為計稅依據。此辦法適用於尚未核發土地使用證書的納稅人。

（二）應納稅額的計算方法

城鎮土地使用稅的應納稅額可以通過納稅人實際占用的土地面積乘以該土地所在地段的適用稅額求得。其計算公式表示如下：

全年應納稅額=實際占用的土地面積（平方米）×適用稅額

例7-16 南陽市的一家企業使用土地面積為10,000平方米，經稅務機關核定，該土地為應稅土地，每平方米年稅額為4元。計算該企業全年應納的土地使用稅稅額。

全年應納土地使用稅稅額=10,000×4=40,000（元）

三、城鎮土地使用稅會計處理

企業按規定計算應繳納的城鎮土地使用稅時，借記「管理費用——城鎮土地使用稅」科目，貸記「應交稅費——應交城鎮土地使用稅」科目；企業實際繳納稅款時，借記「應交稅費——應交城鎮土地使用稅」科目，貸記「銀行貸款」科目。

例7-17 某一企業占地面積80,000平方米，其中廠房63,000平方米，行政辦公樓5,000平方米，廠辦子弟學校5,000平方米，廠辦招待所2,000平方米，廠辦醫院和幼兒園各1,000平方米，廠區內綠化用地3,000平方米，該塊土地等級為3級，城鎮土地使用稅單位稅額每平方米3元。計算該企業應繳納城鎮土地使用稅並編制相應的會計分錄。

應納的城鎮土地使用稅=（80,000-5,000-1,000）×3=222,000（元）

編制會計分錄如下：

（單位：元）

借：管理費用——城鎮土地使用稅	222,000
貸：應交稅費——應交城鎮土地使用稅	222,000
借：應交稅費——應交城鎮土地使用稅	222,000
貸：銀行存款	222,000

四、稅收優惠與徵收管理

（一）稅收優惠

1. 法定免繳土地使用稅的優惠

①國家機關、人民團體、軍隊自用的土地，僅指這些單位的辦公用地和公務用地。

②由國家財政部門撥付事業經費的單位自用的土地。

③宗教寺廟、公園、名勝古跡自用的土地。公園、名勝古跡中附設的營業單位、影劇院、飲食部、茶社、照相館、索道公司經營用地等均應按規定繳納城鎮土地使用稅。

④市政街道、廣場、綠化地帶等公共用地。

⑤直接用於農、林、牧、漁業的生產用地。

⑥企業辦的學校、醫院、托兒所、幼兒園，其用地能與企業其他用地明確區分的，免徵城鎮土地使用稅。

⑦免稅單位無償使用納稅單位的土地（如公安、海關等單位使用鐵路、民航等單位的土地），免徵城鎮土地使用稅。納稅單位無償使用免稅單位的土地，納稅單位應照章繳納城鎮土地使用稅。納稅單位與免稅單位共同使用、共有使用權土地上的多層建築，對納稅單位可按其占用的建築面積占建築總面積的比例計徵城鎮土地使用稅。

⑧對行使國家行政管理職能的中國人民銀行總行（含國家外匯管理局）所屬分支機構自用的土地，免徵城鎮土地使用稅。

2. 省、自治區、直轄市地方稅務局確定減免土地使用稅的優惠

①個人所有的居住房屋及院落用地。

②房產管理部門在房租調整改革前經租的居民住房用地。

③免稅單位職工家屬的宿舍用地。

④民政部門舉辦的安置殘疾人占一定比例的福利工廠用地。

⑤集體和個人辦的各類學校、醫院、托兒所、幼兒園用地。

（二）徵收管理

1. 納稅期限

城鎮土地使用稅實行按年計算、分期繳納的徵收方法，具體納稅期限由省、自治區、直轄市人民政府確定。

2. 納稅義務發生時間

①納稅人購置新建商品房，自房屋交付使用的次月起，繳納城鎮土地使用稅。

②以出讓或轉讓方式有償取得土地使用權的，應由受讓方從合同約定的交付土地時間的次月起繳納城鎮土地使用稅；合同未約定交付時間的，由受讓方從合同簽訂的

次月起繳納城鎮土地使用稅。

③納稅人購置存量房，自辦理房屋權屬轉移、變更登記手續，房地產權屬登記機關簽發房屋權屬證書的次月起，繳納城鎮土地使用稅。

④納稅人出租、出借房產，自交付出租、出借房產的次月起，繳納城鎮土地使用稅。

⑤納稅人新徵用的耕地，自批准徵用之日起滿 1 年時開始繳納土地使用稅。

⑥稅人因土地的權利發生變化而依法終止城鎮土地使用稅納稅義務的，其應納稅額的計算應截止到土地權利發生變化的當月末。

3. 納稅地點和徵收機構

城鎮土地使用稅在土地所在地繳納。

納稅人使用的土地不屬於同一省、自治區、直轄市管轄的，由納稅人分別向土地所在地的稅務機關繳納土地使用稅；在同一省、自治區、直轄市管轄範圍內，納稅人跨地區使用的土地，其納稅地點由各省、自治區、直轄市地方稅務局確定。

4. 納稅申報

城鎮土地使用稅的納稅人應按照條例的有關規定及時辦理納稅申報，並如實填寫城鎮土地使用稅納稅申報表。

任務八　資源稅納稅實務

一、資源稅基本認知

（一）資源稅的概念

資源稅是對在中國境內開採應稅礦產品或生產鹽的單位和個人，就其應稅數量徵收的一種稅。它具有調節自然資源級差收入和保障國有資源有償使用的作用。

(二) 資源稅的特點

1. 徵稅範圍較窄

自然資源的範圍很廣，如礦產資源、土地資源、水資源、動植物資源等。目前中國的資源稅徵稅範圍較窄，僅選礦產品和鹽兩大類。

2. 實行從價定率或從量定額的辦法徵收

中國現行資源稅按照從價定率或從量定額的辦法徵收。按照「資源條件好、收入多的多徵；資源條件差、收入少的少徵」的原則區別計稅。

3. 納稅環節的一次性

資源稅以開採者取得的原料產品級差收入為徵稅對象，不包括經過加工的產品，因而具有一次課徵的特點。

(三) 納稅義務人

資源稅的納稅義務人是指在中華人民共和國領域及管轄海域開採或生產應稅產品的單位和個人。

單位是指企業、行政單位、事業單位、軍事單位、社會團體及其他單位。個人是指個體工商戶和其他個人。

(四) 稅目、單位稅額

1. 稅目、稅額

資源稅稅目、稅額包括七大類，在 7 個稅目下面又設有若干個子目。現行資源稅的稅目及子目主要是根據資源稅應稅產品和納稅人開採資源的行業特點設置的。

①原油，指開採的天然原油，不包括人造石油。
②天然氣，指專門開採或與原油同時開採的天然氣，暫不包括煤礦生產的天然氣。
③煤炭，指原煤，不包括以原煤加工的洗煤、選煤及其他煤炭製品。
④其他非金屬礦原礦，指原油、天然氣、煤炭和井礦鹽以外的非金屬礦原礦，如寶石、金剛石、玉石、膨潤土、石墨、石英砂、螢石、重晶石、毒重石和蛭石等。
⑤黑色金屬礦原礦，包括鐵礦石、錳礦石和鉻礦石等。

項目七 其他地方性稅種納稅實務

⑥有色金屬礦原礦,包括銅礦石、鉛鋅礦石、鋁土礦石、鎢礦石、錫礦石、銻礦石、鉬礦石、鎳礦石、黃金礦石和釩礦石(含石煤釩)等。

⑦鹽,指固體鹽和液體鹽。固體鹽包括海鹽原鹽、湖鹽原鹽和井礦鹽;液體鹽(鹵水),是指氯化鈉含量達到一定濃度的溶液,是用於生產鹼和其他產品的原料。

納稅人在開採主礦產品的過程中伴採的其他應稅礦產品,凡未單獨規定適用稅額的,一律按主礦產品或視同主礦產品稅目徵收資源稅。

未列舉名稱的其他非金屬礦原礦和其他有色金屬礦原礦,由省、自治區、直轄市人民政府決定徵收或暫緩徵收資源稅,並報財政部和國家稅務總局備案。

2. 扣繳義務人

獨立礦山、聯合企業和其他收購未稅礦產品的單位為資源稅的扣繳義務人。獨立礦山是指只有採礦或只有採礦和選礦、獨立核算、自負盈虧的單位,其生產的原礦和精礦主要用於對外銷售。聯合企業是指採礦、選礦、冶煉(或加工)連續生產的企業或採礦、冶煉(或加工)連續生產的企業,其採礦單位一般是該企業的二級或二級以下核算單位。其他單位也包括收購未稅礦產品的個體戶。

二、資源稅應納稅額的計算

(一)從價計徵資源稅的計算

納稅人開採原油、天然氣的,以應稅產品的銷售額從價計徵資源稅。其計算公式如下:

$$應納稅額 = 應稅產品銷售額 \times 適用比例稅率$$

銷售額為納稅人銷售應稅產品向購買方收取的全部價款和價外費用,但不包括收取的增值稅銷項稅額。價外費用,包括價外向購買方收取的手續費、補貼、基金、集資費、返還利潤、獎勵費、違約金、滯納金、延期付款利息、賠償金、代收款項、代墊款項、包裝費、包裝物租金、儲備費、優質費、運輸裝卸費,以及其他各種性質的價外收費。但下列項目不包括在內。

承運部門的運輸費用發票開具給購買方的,且納稅人將該項發票轉交給購買方的代墊運輸費用。由國務院或財政部批准設立的政府性基金,由國務院或省級人民政府及其財政、價格主管部門批准設立的行政事業性收費,而且收取時開具省級以上財政

部門印製的財政票據，所收款項全額上繳財政。

納稅人開採應稅產品由其關聯單位對外銷售的，按其關聯單位的銷售額徵收資源稅。納稅人既有對外銷售應稅產品，又有將應稅產品自用於除連續生產應稅產品以外的其他方面的，則自用的這部分應稅產品，按納稅人對外銷售應稅產品的平均價格計算銷售額徵收資源稅。

納稅人將其開採的應稅產品直接出口的，按其離岸價格（不含增值稅）計算銷售額徵收資源稅。

納稅人以人民幣以外的貨幣結算銷售額的，應當折合成人民幣計算。其銷售額的人民幣折合率可以選擇銷售額發生的當天或當月1日的人民幣匯率中間價。納稅人應在事先確定採用何種折合率計算方法，確定后1年內不得變更。

納稅人申報的應稅產品銷售額明顯偏低並且無正當理由的、有視同銷售應稅產品行為而無銷售額的，除財政部、國家稅務總局另有規定外，按下列順序確定銷售額。

①按納稅人最近時期同類產品的平均銷售價格確定。

②按其他納稅人最近時期同類產品的平均銷售價格確定。

③按組成計稅價格確定。組成計稅價格計算公式表示如下：

$$組成計稅價格 = 成本 \times (1+成本利潤率) \div (1-稅率)$$

上式中的「成本」是指應稅產品的實際生產成本；「成本利潤率」由省、自治區、直轄市稅務機關確定。

(二) 從量計徵資源稅的計算

除開採原油、天然氣之外的應稅產品，從量計徵資源稅。其計算公式表示如下：

$$應納稅額 = 課稅數量 \times 適用的單位稅額$$

①課稅數量包括納稅人開採或生產應稅產品的實際銷售數量和視同銷售的自用數量。納稅人不能準確提供應稅產品課稅數量的，以應稅產品的產量或主管稅務機關確定的折算比換算成的數量為計徵資源稅的課稅數量。

②煤炭，對於連續加工前無法正確計算原煤移送使用量的，可按加工產品的綜合回收率，將加工產品實際銷量和自用量折算成的原煤數量作為課稅數量。

③金屬和非金屬礦產品原礦，因無法準確掌握納稅人移送使用原礦數量的，可將其精礦按選礦比折算成原礦數量作為課稅數量。其計算公式表示如下：

項目七　其他地方性稅種納稅實務

$$選礦比 = 精礦數量 \div 耗用的原礦數量$$

$$精礦課稅數量 = 精礦數量 \div 選礦比$$

④扣繳義務人代扣代繳資源稅適用的單位稅額的確認。

- 獨立礦山、聯合企業收購與本單位礦種相同的未稅礦產品，按照本單位相同礦種應稅產品的單位稅額，依據收購的數量代扣代繳資源稅。
- 獨立礦山、聯合企業收購與本單位礦種不同的未稅礦產品，以及其他收購單位收購的未稅礦產品，按照收購地相應礦種規定的單位稅額，依據收購的數量代扣代繳資源稅。
- 購地沒有相同品種礦產品的，按收購地主管稅務機關核定的單位稅額，依據收購數量代扣代繳資源稅。

例7-18　華北某油田8月份銷售原油20萬噸，按資源稅稅目稅率明細表的規定，其適用的單位稅額為8元/噸。計算該油田本月應納資源稅稅額。

應納稅額 = 課稅數量 × 單位稅額 = 200,000 × 8 = 1,600,000（元）

三、資源稅的會計處理

企業按規定計算應繳納的資源稅，借記「稅金及附加」科目，貸記「應交稅費——應交資源稅」科目；企業實際繳納稅款時，借記「應交稅費——應交資源稅」科目，貸記「銀行存款」科目。

例7-19　新成立油田公司在2016年8月生產原油20萬噸，當月銷售19.5萬噸，加熱、修井用0.5萬噸；開採天然氣1,000萬立方米，當月銷售900萬立方米，待售100萬立方米。若原油、天然氣的單位稅額分別為30元/噸和15元/千立方米，計算該油田本月應納資源稅稅額並編制相應的會計分錄。

應納資源稅稅額 = 19.5 × 30 + 900 × 15 × 10 ÷ 10,000 = 598.50（萬元）

編制會計分錄如下：

借：稅金及附加		5,985,000
貸：應交稅費——應交資源稅		5,985,000
借：應交稅費——應交資源稅		5,985,000
貸：銀行存款		5,985,000

243

四、稅收優惠與徵收管理

(一) 稅收優惠

資源稅貫徹普遍徵收、級差調節的原則，因此減免稅規定較為嚴格，優惠項目比較少，主要有以下幾點。

①開採原油過程中用於加熱、修井的原油，免稅。

②納稅人在開採或生產應稅產品過程中因意外事故、自然災害等原因遭受重大損失的，由省級人民政府酌情給予減稅或免稅照顧。

③納稅人開採或生產應稅產品，自用於連續生產應稅產品的，不繳納資源稅；自用於其他方面的，視同銷售，按規定繳納資源稅。

④對進口應稅產品不徵收資源稅，相應地，對出口應稅產品也不免徵或退還已納資源稅。

納稅人的減稅、免稅項目，應當單獨核算銷售額或銷售數量；未單獨核算或者不能準確提供銷售額或銷售數量的，不予減稅或免稅。

(二) 徵收管理

1. 納稅義務發生時間

①納稅人採取分期收款結算方式的，其納稅義務的發生時間，為銷售合同約定的收款日期的當天。

②納稅人採取預收貨款結算方式的，其納稅義務的發生時間，為發出應稅產品的當天。

③納稅人採取其他結算方式的，其納稅義務的發生時間，為收訖銷售款或取得索取銷售款憑據的當天。

④納稅人自產自用應稅產品的納稅義務的發生時間，為移送使用應稅產品的當天。

⑤扣繳義務人代扣代繳稅款的納稅義務的發生時間，為支付貨款的當天。

2. 納稅期限

納稅期限是納稅人發生納稅義務後繳納稅款的期限。資源稅的納稅期限為1日、3日、5日、10日、15日或1個月，納稅人的納稅期限由主管稅務機關根據實際情況具

體核定。不能按固定期限計算納稅的，可以按次計算納稅。

納稅人以 1 個月為一期納稅的，自期滿之日起 10 日內申報納稅；以 1 日、3 日、5 日、10 日或 15 日為一期納稅的，自期滿之日起 5 日內預繳稅款，於次月 1 日起 10 日內申報納稅並結清上月稅款。扣繳義務人的解繳稅款期限，比照上述規定執行。

3. 納稅地點

繳納資源稅的納稅人，都應當向應稅產品的開採或生產所在地主管稅務機關繳納稅款。跨省、自治區、直轄市開採或者生產資源稅應稅產品的納稅人，其下屬生產單位與核算單位不在同一省、自治區、直轄市的，對其開採或生產的應稅產品，一律在開採地或生產地納稅。實行從量計徵的應稅產品，其應納稅款一律由獨立核算的單位按照每個開採地或生產地的銷售量及適用稅率計算劃撥；實行從價計徵的應稅產品，其應納稅款一律由獨立核算的單位按照每個開採地或生產地的銷售量、單位銷售價格及適用稅率計算劃撥。

扣繳義務人代扣代繳的資源稅，應當向收購地主管稅務機關繳納。

納稅人在本省（區、市）範圍內開採或生產應稅產品，其納稅地點需要調整的，由省（區、市）人民政府確定。

參考文獻

［1］梁偉祥．稅費計算與申報［M］．北京：高等教育出版社，2011．

［2］中國註冊會計師考試協會．稅法［M］．北京：經濟科學出版社，2012．

［3］中國註冊會計師考試協會．會計［M］．北京：經濟科學出版社，2012．

［4］全國註冊稅務師職業資格考試教材編寫組．稅法（Ⅰ）［M］．北京：中國稅務出版社，2012．

［5］全國註冊稅務師職業資格考試教材編寫組．稅法（Ⅱ）［M］．北京：中國稅務出版社，2012．

［6］全國註冊稅務師職業資格考試教材編寫組．稅務代理實務［M］．北京：中國稅務出版社，2012．

［7］奚衛華．國稅報稅實務［M］．北京：北京大學出版社，2010．

［8］徐偉．地稅報稅實務［M］．北京：北京大學出版社，2010．

［9］王玉娟，馮秀娟．企業所得稅報稅實務稅務流程與納稅申報實訓［M］．北京：北京大學出版社，2010．

［10］孟宵冰，範忠廷．企業納稅實務［M］．青島：中國海洋大學出版社，2011．

［11］趙文紅．納稅實務［M］．北京：北京理工大學出版社，2011．

國家圖書館出版品預行編目(CIP)資料

企業納稅實務 / 肖敏、馬媛、肖薇 主編. -- 第一版.
-- 臺北市：崧燁文化, 2018.08

面；　公分

ISBN 978-957-681-422-8(平裝)

1.稅法 2.論述分析

567.023　　　107012230

書　名：企業納稅實務
作　者：肖敏、馬媛、肖薇 主編
發行人：黃振庭
出版者：崧燁文化事業有限公司
發行者：崧燁文化事業有限公司
E-mail：sonbookservice@gmail.com
粉絲頁　　　　　　網　址：
地　址：台北市中正區重慶南路一段六十一號八樓815室
8F.-815, No.61, Sec. 1, Chongqing S. Rd., Zhongzheng
Dist., Taipei City 100, Taiwan (R.O.C.)
電　話：(02)2370-3310　傳　真：(02) 2370-3210
總經銷：紅螞蟻圖書有限公司
地　址：台北市內湖區舊宗路二段121巷19號
電　話：02-2795-3656　　傳真：02-2795-4100　網址：
印　刷：京峯彩色印刷有限公司（京峰數位）

　　　本書版權為西南財經大學出版社所有授權崧博出版事業股份有限公司獨家發行電子書繁體字版。若有其他相關權利需授權請與西南財經大學出版社聯繫，經本公司授權後方得行使相關權利。

定價：450 元
發行日期：2018 年 8 月第一版
◎ 本書以POD印製發行